哈日情報誌

京都一日乘車券

搭巴士×地鐵暢遊43條路線

U0082324

在此為您介紹

景點×搭車×愉快

京都之旅

悠久歷史的神社、寺院，
以及老字號料亭、和菓子店，
四處洋溢著京都獨有的魅力。
市場、公園和咖啡廳
則如實呈現了京都的日常模樣。
來搭乘地鐵與巴士
遊逛處處充滿魅力的街道，
開心☺

人人出版

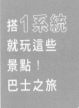

搭1系統就玩這些景點！巴士之旅

只要搭乘同系統的巴士就OK！簡單易懂又好玩

人氣地區型旅遊路線

搭巴士輕鬆遊玩！享受每個地區不同的特色

使用本書前請詳細閱讀下列事項

■本書刊載的內容為2022年3月～5月時採訪、取材的資訊。本書出版後，各項刊載資訊有可能變動。因為消費稅調高，各項費用可能變動，因此會有部分設施的標示費用為未稅的情況，消費之前請務必事先確認。此外，因本書刊載內容而造成的糾紛和損害等，敝公司無法提供賠償，請在確認此點之後再行購買。

■各種資訊使用以下的方式刊載

📞電話號碼　㊡公休日　🕐營業時間、開館時間
💰費用、價錢　📍所在地　🚉交通方式　🅿停車場

● 電話號碼為各設施的洽詢用號碼，因此可能會出現非當地號碼的情況。使用衛星導航等設備查詢地圖時，可能會出現和實際不同的位置，敬請留意。

● 原則上只標示出公休日，基本上省略過年期間、盂蘭盆節和臨時休業情況，請特別留意。

● 營業時間為實際上可以使用的時間。餐飲店到最後點餐時間為止；美術館、娛樂設施則是可入館的最終時間為止。

● 各種費用基本上為大人1人份的費用。

● 停車場無論收費或免費，僅表示停車場的有無。

● 因新冠肺炎疫情影響，各設施的應對方式、措施可能會跟本書刊載資訊有所不同。出遊前請務必確認最新資訊。

京都一日乘車券
搭巴士×地鐵暢遊43條路線

CONTENTS

這個想吃！
那邊也想玩！
能實現心願的行程

目的型 行程導覽

使用優惠的1日乘車券，能便利又快樂地玩遍京都。透過不受塞車影響的舒適地鐵，以及能夠欣賞車窗外風景的巴士，重新發現未知的京都魅力！設施的折扣與優惠等也要快快收好，滿心歡喜地來趟京都之旅吧。

1日乘車券基本款

在此詳細介紹本書所使用的2種便利乘車券。請配合您的旅遊目的，選擇最優惠的乘車券。

洽詢處
京都市交通局、市巴士、地鐵的服務處
☎0570-666-846
（導覽電話）
⏰7:30～19:30
※券面設計有可能變更。使用時請至交通局網站確認。

想更划算玩遍京都的話就用這個！

巴士1日券

700円

可1日無限次數搭乘京都市巴士全線、京都巴士、西日本JR巴士均一區間範圍內的乘車券。巴士1次搭乘金額為230円，搭乘4次就能回本。搭乘超出均一票價區間範圍時，則須加付從範圍邊界巴士站起開始計算的票價。

販售處
●市巴士、地鐵的服務處；京都站站內的定期券販售處、市巴士營業處等

可使用的交通機關

市巴士	京都巴士	市營地鐵	其他
○※	○※	✕	西日本JR巴士※

※僅可於市內230円均一區間內使用
※本券從2023年10月1日起停賣，手持票券的乘客可使用到2024年3月31日。讀者今後仍能參考本書的巴士行程遊玩

總之要便宜地四處移動的話，就買這個！也推薦給想要從巴士車窗欣賞風景的人

還有還有！1日乘車券列表

以本書登場的乘車券為中心，為您介紹其他也很好用的乘車券。

巴士、嵐電1日券

1200円

可1日無限次數搭乘京都市巴士、京都巴士、西日本JR巴士均一區間與嵐電全線，十分划算又方便。嵐電票價一律為220円，搭乘嵐電與巴士各3次以上，便能回本。對要到嵐山觀光來說相當方便。

販售處
●市巴士、地鐵的服務處；嵐電（京福電鐵）四条大宮站、嵐山站、北野白梅町站、西院事務所等處

洽詢處
京都市交通局、市巴士、地鐵的服務處
☎0570-666-846
⏰7:30-19:30

可使用的交通機關

市巴士	京都巴士	市營地鐵	其他
○※	○※	✕	西日本JR巴士※ 嵐電

※僅可於市內230円均一區間內使用

地鐵一日券

800円

可1日無限次數搭乘京都市營地鐵全線的乘車券。地鐵的基本票價為220円，就算是在基本區間內，搭乘4次就能回本。對要到二条城與醍醐區域觀光來說相當方便。

販售處
●地鐵各站自動售票機、地鐵站窗口等處

洽詢處
京都市交通局、市巴士、地鐵的服務處
☎0570-666-846
⏰7:30-19:30

可使用的交通機關

市巴士	京都巴士	市營地鐵	其他
✕	✕	○	✕

木屋造型令人印象深刻的清水道巴士站（往南）。擁有充滿京都風情的格子風、復古綠色屋頂等特色的巴士站也很引人注目

行駛過四条大橋的京都市巴士。發現想去的店就能隨意在中途下車，也是無限次數搭乘的魅力所在

行經伏見區豎橋的京都市巴士。郊外區域的路線，從車窗望去也會有新的邂逅，令人雀躍不已

京都的巴士之旅起點──京都前巴士總站。有超多巴士隨時要發車的樣子，甚是壯觀

想搭乘不會塞車的地鐵，更有效率移動的人，則推薦這款乘車券給您。可用區域廣且具有豐富的優惠活動，深具魅力

重視效率就選這個！優惠活動也很誘人

地鐵、巴士1日券　1100円

可1日無限次數搭乘京都市營地鐵、市巴士全線、京都巴士（部分除外）、西日本JR巴士（部分除外）、京阪巴士（部分除外）的票券。可搭乘「巴士1日券」無法搭乘的京阪巴士和大原方向的京都巴士，因此更加方便。優惠活動（→P.7）也非常多。

販售處
●市巴士、地鐵的服務處：定期券販售處、地鐵站窗口的專用券販賣機、京都綜合觀光服務處「京NAVI」等

可使用的交通機關

市巴士	京都巴士	市營地鐵	其他
○	○※	○	西日本JR巴士※ 京阪巴士

※部分除外

可使用的區域

栂ノ尾・大覚寺・清滝・嵐山・苔寺・すず虫寺・鈴虫寺・苔寺道・西桂坂・洛西バスターミナル・南春日町・JR長岡京東口・京阪淀駅・横大道・府大路・車庫前・横大路・中書島・京阪六地蔵・JR六地蔵・御香宮前・六地蔵・醍醐寺・京都橘大學・醍醐・小山・尾尾・小金塚・山科・神宮道・山科駅・地蔵谷・花園橋・大原・国際会館駅前・国際会館・岩倉村松・岩倉駅前・実相院・岩倉・市原・福王子・三条京阪・五条駅・竹田・京都・四条・烏丸御池・二条・太秦天神川・一条・北大路・烏丸線・地鐵東西線

巴士&叡電 鞍馬・貴船當天往返票　1900円

可1日無限次數搭乘京都市巴士、京都巴士（部分除外），京阪電車（東福寺站～出町柳站間）、叡山電車全線。還附有鞍馬寺、貴船神社、餐廳的折扣等特別優惠，用得到的話就更加划算。

販售處
●市巴士、地鐵服務處，叡山電車出町柳站等

洽詢處
叡山電車 營業課
☎075-702-8111
🕘9:00～17:00（週六、日、假日除外）

可使用的交通機關

市巴士	京都巴士	市營地鐵	其他
○	○※1	✕	京阪電車※2 叡山電車

※1：部分除外
※2：京阪電車僅東福寺站～出町柳站區間

美麗古都通票（阪急阪神版）　1700円

可1日無限次數搭乘阪急、阪神電車，京都市營地鐵、市巴士全線以及京都巴士（部分除外）的乘車券。春秋兩季期間限定販售，能以優惠價格遊覽廣泛的區域。

販售處
●阪急電鐵各站（天神橋筋六丁目站、神戶高速線除外）、阪神電鐵各站（大阪難波站、神戶高速線以及負責站員不在時除外）等

洽詢處
阪急電鐵交通服務中心
☎0570-089-500
🕘9:00～22:00，週六、日、假日～19:00

可使用的交通機關

市巴士	京都巴士	市營地鐵	其他
○	○※1	○	阪急電車 阪神電車※2

※1：部分除外
※2：神戶高速線除外

1日乘車券 用法導航

幾乎涵蓋了京都的主要觀光名勝的巴士與地鐵，熟練地搭乘它們，划算又開心地享受巡遊京都的樂趣吧。只要熟悉基本原則，就能毫不猶豫地隨心移動！

① 事先取得方便的手機資訊！

京都市巴士、地鐵導覽

掃描後就可以知道地鐵、巴士1日券的資訊，以及市巴士路線圖、時刻表、市巴士動態資訊、地鐵時刻表等，擁有移動時相當方便的豐富資訊。

巴士、鐵道達人

這個APP除了可以查詢巴士、鐵道轉乘資訊之外，還有豐富的特別活動資訊。

Android　　iPhone

ポケロケ

手機版巴士位置系統。可使用手機等裝置，檢視市巴士所有巴士站（部分除外）的巴士動態資訊。

② 購買1日乘車券

首先來去購買「巴士1日券」或「地鐵、巴士1日券」吧。推薦簡單易懂的京都站前巴士站D乘車處旁的自動售票機。還能買到兒童用的乘車券。

可在此購買

●市巴士、地鐵服務處
JR京都站前／KOTOCHIKA京都（京都站前地下街）／烏丸御池站／太秦天神川站／北大路巴士總站（地鐵北大路站）

巴士乘車處的旁邊就是市巴士票券中心

位於「KOTOCHIKA京都」的市巴士、地鐵服務處

也可在位於京都站前巴士乘車處的自動售票機購買

別忘了拿取免費的「觀光MAP地鐵、巴士NAVI」哦

③ 準備搭乘巴士&地鐵吧！

巴士為後門上車&下車付款

前門下車
從司機旁邊的門下車。1日乘車券只要在第一次搭乘時過卡即可。在區間範圍外下車時，要支付差額。

後門上車
乘車入口位在巴士後方。搭乘僅在均一區間內行駛的巴士，上車時可不用出示票卡。搭乘會行駛至區間範圍外的巴士，就要在入口處的驗票機先過卡。

搭巴士只要過卡一次就好！

第一次下車時，在運費箱的驗票機過卡，卡片背面就會印上日期。第二次搭乘開始，只要下車時給司機看一下卡片上印的日期就可以了。第一次是搭西日本JR巴士、京阪巴士的話，先在表面用油性麥克筆寫上使用日期吧。

地鐵走自動閘票口就OK

搭乘地鐵時，不用向站務人員出示卡片。只要在自動閘票口過卡就可以了。

④ 瞭解後就很容易看懂！京都市巴士的**路線顏色**

巴士的方向顯示螢幕上，除了有目的地、系統號碼之外，還會顯示路線顏色。能夠大致了解公車會行駛於南北幹線道路的何處或方向，非常方便。

路名　目的地　系統號碼

注意此處的顏色 ➡

■	**西大路通**（以金閣寺為意象）
■	**千本、大宮通**（以紫野的地名為意象）
■	**堀川通**（以二条城和北部行道樹的綠意為意象）
■	**河原町通**（以流經鴨川和高瀨川的水為意象）
■	**東山通**（以八坂神社的樓門和平安神宮的鳥居為意象）
□	**白河通**（以白川通和銀閣寺的單色調為意象）

※不在此列的郊外系統則沒有路線顏色

⑤ 用地鐵、巴士1日券，還能獲得特別的優惠

出示「地鐵、巴士1日券」，就可以獲得優惠折扣和授與品等，不要錯過囉！

在愛宕念佛寺（→P.87）可獲得「厄除千手觀音」千社禮

京都塔（→P.83）的門票會從800→750円

主要優惠活動

- ●舊嵯峨御所 大本山大覺寺…塗香
- ●曼殊院…參觀費600→550円
- ●北野天滿宮…書籤3入組
- ●泉涌寺…散華（花瓣造型紙）
- ●平安神宮…神苑參觀費折50円
- ●六波羅蜜寺…寶物館參觀費折50円

- ●勸修寺…參觀費400→320円
- ●隨心院…參觀費500→450円
- ●元離宮 二条城…入城費折100円
- ●京都鐵道博物館…宣傳禮品
- ●京都市動物園…入園費620→520円
- ●六盛…消費金額95折（限現金支付）等

※金額皆為1位大人的費用

巴士1日券
可獲得以下門票的折扣優惠
- ●吉本祇園花月
- ●東映太秦電影村
- ●京都市京瓷美術館（常設展）
- ●京都鐵道博物館
- ●齒輪-GEAR-專門劇場
- ●琵琶湖疏水紀念館

〔 為您介紹可使用地鐵、巴士1日券的巴士 〕

往高山寺、神護寺等高雄區域

西日本JR巴士

主要路線行駛從京都站前連接高雄、栂ノ尾、周山的「高雄京北線」。到栂ノ尾為止為巴士1日券的適用範圍。

往醍醐、山科等山科區域

京阪巴士

從京都站前（八条口）連接醍醐寺、勸修寺等處的路線。可使用地鐵、巴士1日券，但要注意不可使用巴士1日券。

往嵐山、嵯峨野，以及大原、岩倉

京都巴士

重點設置了從京都車站和三条、四条的繁華街區，往嵐山、嵯峨野方向的路線；還有從出町柳站前，往洛北的大原和岩倉方向的路線。

連接京都市區的主要觀光地

京都市巴士

在市內全區路線廣泛的京都市巴士。系統號碼200號的循環系統在市區內環繞行駛，將觀光地串聯起來。查好目的地，請特別注意不要弄錯行駛的方向。

盡情享受經典王道 × 新穎潮流

暢遊京都時下熱門話題

從京都車站的巴士總站搭乘巴士，目標是風情隨著四季流轉，景色優美的嵐山。從市區出發，欣賞隨著接近嵐山而漸漸變化的車窗風景。在嵐山盡興遊逛渡月橋、竹林小徑等處，接著到新開幕的茶房悠閒地品嘗豪華午餐吧。

往嵐山的行程
→P.19、P.30、P.33、P.36、P.60、P.86

不用轉乘的郊外區域
大原 → P.28、P.74
高雄 → P.30

從京都車站出發不用轉乘！
一路直線前往風光明媚的嵐山

1日乘車券的實用之處

往郊外
不用轉乘＆
也可往中心區域

要前往距離京都市稍遠的郊外，搭巴士也可一路就到，再加上可以搭到觀光方便的中心地區，或是下車地點就在想去的景點面前，相當方便。搭乘約45分的巴士旅程，可抵達嵐山中心的嵐電嵐山站前。

1. 這就是嵐山！令人看絕景看得入神的「渡月橋」（→P.33）。四季變換的景色也讓人很享受
2. 充滿涼爽氛圍的「竹林小徑」（→P.51）
3. 向現代傳遞平安風雅的「野宮神社」（→P.87）　4.求良緣的繪馬上畫著身穿十二單的貴族小姐　5.許多人為求姻緣而來

6.「TEA ROOM KIKI 京都 嵐山本店」限定20份的「KIKI's 特製豬肉咖哩」2420円。司康套餐2970円　7.司康配上使用宇治產抹茶製作、香氣馥郁的抹茶牛奶醬「KIKI's 抹茶 Cream Tea」2057円　8.茶具全部都是英國老字號陶器品牌Burleigh的產品

③ 京都·嵐山本店 TEA ROOM KIKI	10分 步行	② 竹林小徑	10分 步行	① 渡月橋	即到 步行	嵐山公園	44分 市巴士 28系統	京都駅前 乘車處 C6	京都站

行程介紹

為您介紹1日乘車券才有的優惠＆能輕鬆巡遊的王道行程。遊逛王道景點的同時，順道前往話題新景點看看，實際感受當下的京都。也請多多留心巴士獨有的車窗風景。

GOGO COFFEE
金閣寺
竹林小徑
和服森林
ZENBI-鍵善良房
花見小路
TEA ROOM KIKI
紅茶＆スコーン
專門店
START&GOAL
伊藤軒　SOU·SOU
雲ノ茶 KUMONOCHA

白川南通
京都御苑
平安神宮
八坂庚申堂
八坂神社
清水寺
京都站
渡月橋

巴士所屬交通機關

市巴士

用巴士1日券
省下
910円！

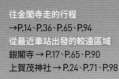

沉醉在代表京都的觀光地
——金閣寺美景之中

從嵐山站走另一條路前往金閣寺。離車站較遠的金閣寺，從巴士站步行也只要5分左右。

路很好認，不用擔心迷路就能抵達。初次到訪的人不用多說，就算是來過好幾次的人，還是會為它璀璨輝煌的模樣而感動。確認好接下來的巴士時刻，接著在巴士站前的咖啡廳進入咖啡休息時間。

往金閣寺走的行程
→P.14、P.36、P.65、P.94
從最近車站出發的較遠區域
銀閣寺→P.17、P.65、P.90
上賀茂神社→P.24、P.71、P.98

在嵐山觀光相當方便的嵐山天龍寺前巴士站

1.和服森林位於「嵐山站Hannari Hokkori Square」(→P.89)一隅。京友禪的燈柱非常適合拍美照
2.「まめものとたい焼き」(→P.89)的紅豆奶油鯛魚燒350円
3.「SASAYA IORI+」(→P.89)的繽紛霜淇淋各650円 4.「嵐山桃肌化妝品總店」(→P.89)的洗顏膏各330円

1日乘車券的實用之處

離最近車站較遠的話，搭巴士更方便

要前往離地鐵或JR車站較遠的地方，搭巴士的話就能簡單移動。例如想參觀金閣寺，從最靠近的車站——嵐電北野白梅町站，就算是走路也要花上17分，而從金閣寺道巴士站只要走5分即可抵達

GoGo COFFEE

6.不管來幾次都會被金閣寺(→P.14)光彩奪目的模樣所震撼 7.400kg重的日本杉長凳令人印象深刻，「GOGO COFFEE」的店內裝潢以枯山水為形象 8.咖啡拿鐵550円～、抹茶拿鐵600円 9.奶油起司銅鑼燒各550円，還有抹茶與季節限定的草莓等口味 10.冰巧克力600円～

GOGO COFFEE
ゴーゴーコーヒー

享用正統咖啡與銅鑼燒稍作休息

在這家咖啡廳能品嘗店家在自家烘焙工房「Roasters Kyoto」烘焙的咖啡。販售從濃縮咖啡、咖啡拿鐵等經典口味，到茉莉花茶咖啡拿鐵等獨特飲品。店家招牌韓式烤牛肉熱狗堡（950円）吃起來很有飽足感。

☎075-466-5550 ⏰10:00～18:00、週六、日、假日為9:00 休無休 🏠京都市北区衣笠街道町13 🚃金閣寺道巴士站步行即到 🅿無 MAP111A-2

金閣寺道（往南）乘車處 B	即到 步行	⑥ GOGO COFFEE	5分 步行	⑤ 金閣寺	5分 步行	金閣寺道	9分 市巴士 205 系統 乘車處 E（往北）	西ノ京円町 轉乘	24分 西ノ京円町 市巴士 93 系統 乘車處 B（往東）	嵐山天龍寺前（往南）轉乘	即到 步行	④ 和服森林	5分 步行

TEA ROOM KIKI
紅茶＆スコーン
專門店
京都・嵐山本店

ティールームキキこうちゃアンドスコーンせんもんてんきょうととあらしやまほんてん

在復古建築裡品嘗Cream Tea

2021年11月開幕的紅茶＆司康專賣店。所有品項皆附免費茶飲，從經典茶到調味茶約有20種茶可選。由三明治、法式鹹派、司康組成的午餐組合也很受歡迎。

☎075-432-7385 ⏰10:30～16:30 外帶～18:00 休不定休 🏠京都市右京区嵯峨天龍寺車道町1 🚃嵐山天龍寺前巴士站步行5分 🅿無 MAP122C-3

盡情逛完清水寺與參拜道路後，到滿溢風情的祇園散步

在參拜以清水舞台聞名的清水寺後，開心地在參拜道路上散步。品嘗話題中的超好拍甜點，同時前往祇園逛逛新開的美術館，悠閒地來趟祇園散步。夜幕低垂後，白川南通與花見小路的氣氛會更添一層。

1.平成大規模修復工程結束，本堂的屋頂與舞台板更新過的「清水寺」（→P.15） 2.從清水寺仁王門望見的京都市區 3.清水寺參拜道路之一的三年坂（產寧坂），這裡林立著人氣甜點店與伴手禮店！

往清水寺的行程
→P.10、P.15、P.16、P.32、P.69、P.77

巴士站密集區域
祇園→P.18、P.22、P.25、P.29、P.66等
下鴨→P.21、P.29、P.68、P.97

1日乘車券的實用之處

距離不遠也能開心地搭乘巴士

五条坂－清水道－東山安井－祇園巴士站間，有諸多值得一見的景點。雖說可以步行抵達，但在下雨、酷暑的日子或攜帶太多行李時，就活用無限次搭乘的優點，輕鬆愉快地搭乘巴士移動吧！

7.「雲ノ茶 KUMONOCHA 清水三年坂店」，能享用抹茶慕斯×紅豆的「雲ノ慕斯」與「雲ノ抹茶拿鐵」的「雲ノ套餐」1080円
8.傳統風格與摩登設計交織而成的店內裝潢也十分漂亮
9.包袱巾調味藥各680円。「八坂的柚子月」與「桃子滾動的櫻花坂道」等名字也取得好可愛

4.「伊藤軒/SOU SOU 清水店」將口感Q軟的豆沙糰「KONASHI」，以及寒天果凍、蒸菓子「浮島」等用竹籤串起來的串和菓子各500円。設計會隨季節變換，也是魅力之一。右邊是經典口味 5.SO-SU-UBOURO霜淇淋500円、琥珀蘇打汽水（柚子口味）500円
6.還有賣烘焙點心等伴手禮。194円～

雲ノ茶 KUMONOCHA 清水三年坂店

くものちゃクモノチャ
きよみずさんねんざかてん

雲朵造型的蛋糕令人會心一笑

在這間日本茶咖啡廳，能感受到京都特有的日式風情與時尚優雅的氛圍。雲朵造型討人喜愛的「雲ノ慕斯」蔚為話題。使用大量宇治抹茶製作的抹茶磅蛋糕290円，還有外帶飲品，非常適合在這裡休息一下。

☎075-551-5570 🕙10:30～18:30
🈚無休 🏠京都市東山区清水3-317
🚌清水道巴士站步行5分
🅿無 MAP121C-5

伊藤軒／SOU・SOU 清水店

いとうけん
ソウソウきよみずみせ

色彩繽紛＆普普風格的新感覺和菓子

創業於1864年的老字號菓子店「伊藤軒」將京都紡織品品牌「SOU・SOU」的設計作成點心，兩家攜手推出的人氣店家。將數字作成蜂蜜蛋糕的點心等，有諸多清水店限定的品項。還有販售烘焙點心與雜貨等商品。

☎0120-929-110（客服）🕙10:00～18:00 🈚不定休 🏠京都市東山区清水3-315
🚌清水道巴士站步行5分
🅿無 MAP121C-5

即到

⑧伊藤軒/SOU·SOU 清水店	3分 步行	⑦清水寺	10分 步行	清水道	32分 市巴士 202系統	西ノ京円町 乘換 B（往東）	西ノ京円町 乘換 A（往南）	9分 市巴士 205系統	金閣寺道 乘換 B（往南）

1.從八坂通望見的「法觀寺‧八坂塔」是充滿京都風情的拍照景點

2.五彩繽紛的束猿十分上相，因而一躍成為話題的「八坂庚申堂」（→P.18），其實擁有1000年以上的歷史

7.藝舞妓也會來參拜的「辰巳大明神」（→P.76） 8.祇園南邊區域的「花見小路」華麗又熱鬧 9.祇園北邊區域滿溢京都風情。在白川沿岸長約200m的石疊小路「白川南通」來趟夜間散步

3.「ZENBI-鍵善良房-」館內風情。展示雕刻鏤空寶結紋的赤漆飾板，以及螺鈿鑲崁的葛切容器（取材時的展示內容） 4.旁邊的美術館商店羅列了擁有京都風情的訂製品與原創商品 5.全10色的裁縫組──いろはりふくろ各9000円
6.將和三盆糖比擬成菊花的菊壽糖 小菊1500円

ZENBI-鍵善良房-

ゼンビかぎぜんよしふさ

傳遞京都文化的美術館

江戶時代起傳承至今的和菓子店「鍵善良房」，2021年在祇園所開的美術館。舉辦介紹優異美術工藝、宣傳京都獨有文化的展覽與企劃展。附設的「Zplus」也因羅列諸多高品質禮品而廣受好評。

☎075-561-2875　🕙10:00～17:30
🈺週一（逢假日則翌平日）
💴1000円（視展覽而異）
📍京都市東山区祇園町南側570-107
🚃祇園巴士站步行3分
🅿無　　MAP119B-4

京都站
京都駅前
🚌市巴士206系統
24分
祇園 乗車處A（往南）
⑫花見小路‧白川南通
步行5分
⑪ZENBI-鍵善良房-
步行3分
祇園
🚌市巴士202‧207系統等
3分
東山安井（往北）
步行5分
⑩八坂庚申堂
步行8分
⑨雲ノ茶KUMONOCHA清水三年坂店

京都站活用導覽

活用車站站內的觀光服務處、行李托運服務
等設施，旅途就能充實愉快！

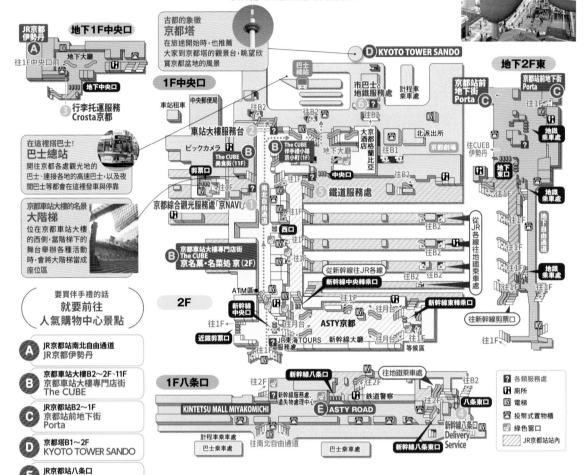

古都的象徵
京都塔
在旅途開始時，也推薦
大家到京都塔的觀景台，眺望欣
賞京都盆地的風景

D KYOTO TOWER SANDO

地下1F中央口

JR京都
伊勢丹 **A**

往1F中央口前
地下大廳
地下中央口

1F中央口

車站租車
中央郵便局

3 行李托運服務
Crosta京都

在這裡搭巴士！
巴士總站
開往京都各處觀光地的
巴士、連接各地的高速巴士，以及夜
間巴士等都會在這裡發車與停靠

京都車站大樓的名景
大階梯
位在京都車站大樓
的西側，當階梯下的
舞台舉辦各種活動
時，會將大階梯當成
座位區

車站大樓服務台 **2**
ビックカメラ

The CUBE
京名菓・名菜処 京(2F)

The CUBE
伴手禮小路 京小町(1F) **B**

剪票口

中央口

B The CUBE
京名菓店街(11F)

5 鐵道服務處

京都綜合觀光服務處「京NAVI」 **1**

西口

京都車站大樓專門店街
The CUBE
京名菓・名菜処 京(2F) **B**

從新幹線往JR各線
新幹線中央轉乘口

要買伴手禮的話
就要前往
人氣購物中心景點

A JR京都站南北自由通道
JR京都伊勢丹

B 京都車站大樓B2~2F、11F
京都車站大樓專門店街
The CUBE

C 京都站前地下街B1~2F
Porta

D 京都塔1~2F
KYOTO TOWER SANDO

E JR京都站八条口
ASTY ROAD

巴士
繩站

市巴士
地鐵服務處 **6**

計程車
乘車處

京都站前
地下街
Porta **C**

京都站前地下街
Porta **C**

地下2F東

地鐵
乘車處

往CUEB
伊勢丹

地下
東口

地鐵
乘車處

地鐵
乘車處

ATM區

新幹線
中央口

近鐵剪票口

ASTY京都

往月台

JR東海TOURS
服務處

新幹線大廳

往新幹線剪票口

從JR各線往地鐵乘車處

新幹線東轉乘口

從JR各線往地鐵乘車處

等候區

1F八条口

KINTETSU MALL MIYAKOMICHI

計程車乘車處
巴士乘車處

往南北自由通道

巴士乘車處

新幹線八条口
新幹線服務處、
遺失物處理中心

鐵道警察

E ASTY ROAD

往地鐵乘車處

新幹線八条東口

八条東口

4
新幹線八条口
Delivery Service

新幹線八条東口

? 各類服務處
廁 廁所
EV 電梯
投幣式置物櫃
綠色窗口
JR京都站站內

為了舒適愉快的旅途請善加利用設施！

取得交通資訊
聰明利用不同交通方式，
有效率地前往目的地吧

5 鐵道服務處

想知道轉乘資訊和時
刻表的時候非常方便。
☎8:00~20:00
休無休

6 市巴士、地鐵服務處

能購買一日乘車券和回
數票等。
☎075-371-4474
⏰7:30~19:30
休無休

要寄放行李就來這裡
提著沉重的行李旅行實在太累人，
減輕負擔再出發吧

3 行李托運服務Crosta京都（地下中央口）

可將行李從車站送旅館，
或從旅館送至車站。
☎075-352-5437
⏰18:00~20:00（受
理~14:00）
休無休
¥1000円※也有暫時寄放服務

4 新幹線八条口Delivery Service

能替客人將行李送至旅
館或京都站。
☎075-662-8255
⏰9:00~20:00（受
理~14:00） 休無休
¥1000円※也有暫時寄放服務

取得觀光資訊
收集活動等當季的資訊，
就能瞬間提升旅途的充實度

1 京都綜合觀光服務處「京NAVI」

提供觀光資訊服務及販
售票券等。
☎075-343-0548
⏰8:30~19:00
休無休

2 車站大樓服務台

在這裡可取得京都大樓
的導覽地圖等。
☎075-361-4401
⏰10:00~19:00
休無休

目的型
行程
導覽

遊覽王道景點

京都觀光的知名景點總複習！

結緣御守
以金線繡上金閣寺的圖樣

風水護身符
將四面八方的能量吸引過來

金閣寺 世界遺產
きんかくじ

象徵北山文化極致繁華的輝煌美麗模樣

正式寺號為鹿苑寺。室町幕府3代將軍足利義滿繼承朝廷的西園寺家山莊後，將其打造成豪華氣派的山莊。適逢應仁之亂，寺殿幾乎燒毀殆盡，而後殘存的金閣也因人為縱火而燒毀。此事件成為三島由紀夫《金閣寺》的主題。現在的金閣寺是1955年重建的。

📞075-461-0013
🕘9:00～17:00
🈺無休 💰400円
🏠京都市北区金閣寺町1 Ｐ有
MAP111A-3

金閣寺道
巴士站
步行5分

務必要來欣賞貼著金箔的舍利殿與隨四季流轉的美麗鏡湖池，一同攜手打造出的美景

竜安寺
巴士站
步行即到

龍安寺 世界遺產
りょうあんじ

謎團環繞的美麗石庭

位在方丈住所南側的枯山水石庭相當出名。雖然設計者與年代不詳，但充滿禪意、簡樸且無多餘裝飾的景觀，仍吸引了許多人。瓦頂泥牆圍起250平方公尺大的庭院裡有白砂與15個大小不同的石頭，也被稱為「幼虎渡河之庭」「七五三之庭」。

📞075-463-2216
🕘8:00～17:00（12～2月為8:30～16:30）
🈺無休 💰500円
（2023年4月起為600円）
🏠京都市右京区龍安寺御陵ノ下町13 Ｐ有
MAP112F-1

以白砂和15個石頭表現禪宗思想的枯山水庭園。設計成無法一次看見所有的石組。照片為屋頂修復前的模樣

鏡容池據說是平安時代貴族遊玩的場所

行程介紹

說到京都觀光，就要先遊覽有名的人氣景點。京都有許多世界遺產，像金閣寺跟清水寺有點遠，想在一天內逛完，就要早點出發。清水寺在春秋兩季還有開放夜間特別參觀。從清水舞台望去的夜景也頗具風情。金閣寺周邊的巴士經常擠滿觀光客與學生，因此建議搭配地鐵移動縮短時間。

竜安寺前 — 5分 — 🚌 金閣寺 市巴士59系統 乗車處A（往西）— ① **金閣寺** — 金閣寺道 — 44分 — 🚌 京都駅前 市巴士205系統 乗車處B3 — **京都站**

金閣寺
龍安寺
下鴨神社
銀閣寺
元離宮
二條城
京都御苑
京都御所
京都駅
天龍寺
八坂神社
清水寺
START
&GOAL
伏見稻荷大社

巴士所屬交通機關

市巴士　市營地鐵

用地鐵、巴士1日券
省下
500円!

祇園的象徵──西樓門聳立在四条通的東向尾端

因應天皇出巡所需，經小堀遠州之手改建的二之丸庭園

元離宮 二條城 世界遺產
もとりきゅうにじょうじょう

盡顯桃山文化之奢華，規模宏偉壯觀的御殿

專為德川家康到京都時建造的住所。3代將軍德川家光後因水尾天皇出巡而進行擴張、整修。當時落成的本丸御殿等模樣跟現在的規模相差無幾。幕末15代將軍德川慶喜以二之丸御殿表明大政奉還之意願。持續260年的江戶幕府就此落幕。
☎075-841-0096 　8:45～16:00
　1300円（含二之丸御殿參觀費）
　12月29～31日 　京都市中京区二条通堀川西入二条城町541番地
　有　MAP115A-1

地鐵二條城前站
步行即到

位於二之丸御殿正門的唐門為重要文化財

祇園
巴士站
步行即到

八坂神社
やさかじんじゃ

以祇園祭地點聞名的神社

以祈求消災解厄、驅瘟除疫、生意興隆聞名的神社，為京都街道的守護神。供奉素戔嗚尊、櫛稻田姬命與八柱御子神。京都三大祭典之一的祇園祭就是以此神社的祭禮而廣為人知。
☎075-561-6155 　24小時皆可參拜
　無休　免費　京都市東山区祇園町北側625 　無　MAP118D-3

入夜後的神社境內會點起明亮的燈火

平成大規模修復工程結束，本堂變得更加美麗

想吃午餐就來這裡

距離二條城非常近的「三條會商店街」是西日本規模最大、全長達800m的拱廊商店街。這裡有很多午餐與咖啡廳景點，順道來逛逛吧！碓屋是由做高級鰻魚料理出身的老闆所經營的日式料理店，在這裡能吃到採用地燒手法料理的關西風蒲燒鰻蓋飯，也可單點。

中午限定的鰻盒飯（1760円～）。第一層有高湯玉子燒、燉菜等約15種

碓屋
うすや

☎075-823-0033 　11:30～14:00、18:00～21:00 　週三
　京都市中京区三条通大宮西入ル上瓦町58 　地鐵二條城前站步行7分
　無　MAP115A-2

女性一人也能輕鬆進入

據說飲用音羽瀑布的水，便能求得長壽不老、消災無病

清水道
巴士站
步行10分

清水寺 世界遺產
きよみずでら

前往本尊欣賞舞樂的「清水舞台」

以本堂舞台──「清水舞台」廣為人知的名寺院，源於奈良時代末期778年由延鎮上人在音羽瀑布附近搭結草庵，祭祀千手觀音開始。鮮明華麗的朱色仁王門、三重塔為在日本最大級的建築物，可在此見到諸多日本國寶和重要文化財。從錦雲溪崖上的本堂可將市區景色盡收眼底。

☎075-551-1234
　6:00～18:00（視季節變動），春秋、8月14～16日夜間特別參觀為～21:00
　無休　本堂400円、夜間特別參觀400円
　京都市東山区清水1-294
　無
MAP121D-6

在京都站要買伴手禮就好好活用「ASTY京都」、「京都車站大樓專門店街The CUBE」、「JR京都伊勢丹」、「京都站前地下街Porta」、「KINTETSU MALL MIYAKOMICHI」這5大購物景點吧（請參考P.12、85）。

京都站

京都駅前

市巴士
206
系統
清水道（往南）

17分

⑤清水寺

清水道

4分

清水道

市巴士
202・206・207
系統
祇園（往南）

也推薦從6點開門的清水寺開始將此行程倒著遊覽的方式

乘車處A

④八坂神社

祇園

29分

祇園

市巴士
12系統
二條城前（往南）

祇園周邊有很多咖啡廳。在京都祇園茶寮，能品嘗到抹茶或焙茶製作的拿鐵

乘車處A

③元離宮二條城

二條城前

2分

二條城前

地鐵東西線（往太秦天神川）
烏丸御池

3分

烏丸御池

地鐵烏丸線（往竹田）
今出川〈1號線〉

今出川

轉乘

烏丸今出川

24分

烏丸今出川

市巴士
59
系統
龍安寺前（往東）

②龍安寺

龍安寺前

也可以自二條城前搭市巴士9系統，在四条堀川轉乘市巴士203、207前往祇園

從金閣寺延續至仁和寺的「衣掛之路」步行要30分

盡情暢遊想去一次看看的人氣寺院！

遊覽令人憧憬的寺院

清水寺 【世界遺産】
きよみずでら

從嚮往的清水舞台盡情享受京都的美景

西國三十三所觀音靈場第十六番禮所，京都具代表性的名剎。位於音羽山山腰，占幅13萬m²，腹地內林立著列為日本國寶的本堂、於斷崖上突出的「清水舞台」與重要文化財的十五堂塔等建築。從平安時代起，清水寺的觀音就為人熟知，熱鬧的參拜道路也深具魅力。

MAP 121D-6
LINK P.15

清水道 巴士站
步行10分

仁王門前的狛犬並非「阿吽」，兩隻都是張大嘴巴的「阿阿」

日本三大門之一的三門。現在的門是由藤原高虎將軍重建的，天花板上繪有天女與鳳凰

168根木頭柱子支撐起的本堂。僅由木頭構造支撐的建築工法也很引人曯目

永觀堂
えいかんどう

以回首阿彌陀佛像廣為人知，也是洛東數一數二的紅葉景點

南禪寺・永觀堂道 巴士站
步行5分

平安時代初期由海空的弟子——真紹創建。從第7代永觀法師將此做為淨土念佛的道場起，被稱為永觀堂，但正式名稱為禪林寺。這裡供奉的本尊阿彌陀佛如來像，為少見的回首姿態。據說是回首觀望永觀法師努力修行的模樣，並以此極具盛名。

☎075-761-0007 ⏰9:00～17:00（受理為～16:00），夜間特別參觀為11月上旬～12月上旬17:30～21:00（受理為～20:30）※寺寶展覽期間，多寶塔有可能關閉。須於官網確認 休無休 💴600円（秋季寺寶展覽期間為1100円）所京都市左京区永觀堂町48 P有（特別參觀、點燈期間不可停車）**MAP**108F-1

南禪寺
なんぜんじ

江戶時代名庭園熠熠生輝，擁有最高地位的禪寺

南禪寺・永觀堂道 巴士站
步行8分

以龜山天皇離宮為基礎在此開山立宗。後醍醐天皇在為禪寺列位時，將此處列為京都五山第一，是地位最高的禪寺。因歌舞伎中石川五右衛門「真是絕景」的舞台段子台詞而也變得有名的三門，被稱為「幼虎渡河」的枯山水庭園等，有諸多江戶時代的名庭園。

琵琶湖疏水的分流流經橋上的水道橋、水路閣

☎075-771-0365 ⏰8:40～17:00（12～2月為～16:30、受理至閉門前20分）
休無休 💴境內免費、方丈庭園600円、三門600円
所京都市左京区南禪寺福地町 P有 **MAP**108F-1

1928年因篤志家捐款而建。建造在腹地內最高的地方，能遠望一覽市內的風景

行程介紹

9分 🚌 清水寺 清水道 清水道 16分 🚌 京都駅前 206 系統 D2 京都站

市巴士 202・206 系統（北起往北）

① 清水寺

市巴士 206 系統

一直想著「總有一天想去看看」但沒機會去，現在就可以遊覽心中憧憬的寺院了。建築、庭園、佛像等有超多值得一見之處，來享受各自不同的魅力吧。南禪寺的湯豆腐、哲學之道的咖啡廳等，順道一去也很有王道風格。最佳遊覽季節為紅葉景觀漂亮的初夏和秋天，也推薦避開熱門時期享受寧靜的旅程。

金閣寺 龍安寺 仁和寺 天龍寺 北野天滿宮 京都御苑 銀閣寺 南禪寺 永觀堂 二条城 京都站 清水寺 START&GOAL 伏見稲荷大社

巴士所屬交通機關

市巴士

用巴士1日券

省下 **910円**！

想喝茶就來這裡

從銀閣寺延續至熊野若王子神社的小徑——哲學之道，散布著許多品味不錯的咖啡廳。在紅色屋頂為標誌的咖啡廳「Pomme」，品嘗用蘋果製作的手作蛋糕及冰淇淋，度過愜意時光。

蘋果茶500円與

蘋果&肉桂蛋糕200円與

Pomme
ボム

☎075-771-9692　⏰12:00~18:00　休週二　所京都市左京区浄土寺下南田町144　交錦林車庫前巴士站步行10分　P無　MAP123C-1

好天氣時推薦坐露臺座位

(1)

2

1.銀沙灘是為觀月而設計的白砂藝術
2.銀沙灘從總門到中門延續約50m，為具有特色的參拜道路

觀音殿（銀閣）是兩層樓構造，下層為住宅風格的書院格局，上層為禪宗佛堂

銀閣寺道
巴士站
步行5分

銀閣寺 世界遺產
ぎんかくじ

眺望能感受寂侘精神的風雅建築與庭園

室町幕府8代將軍足利義政為效法祖父義滿打造的北山殿（金閣寺），所建造的山莊——東山殿，即為銀閣寺的前身。循義政遺言改為寺院。被稱為銀閣的觀音殿以及東求堂，仍保留著當時的模樣，兩者皆屬日本國寶。分成枯山水和池泉迴遊式上下2種類型的庭園也十分漂亮。

☎075-771-5725　⏰8:30~17:00（12~2月為9:00~16:30）　錢500円、春秋特別公開（方丈、東求堂、弄清亭）須另付1500円　休無休　所京都市左京区銀閣寺町28　P無　MAP123C-1

結緣御守各500円設計得小巧可愛的護身符

想吃午餐就來這裡

湯豆腐據說是南禪寺精進料理的起源。「南禪寺 順正」承接江戶時代醫學校的建築與庭園，是南禪寺門前的名店。來品嘗使用國產大豆製作、風味濃郁香甜的豆腐吧。

湯豆腐 本月全餐4400円
有豆腐、田樂燒烤、蔬菜天婦羅等

南禪寺 順正
なんぜんじじゅんせい

☎075-761-2311　⏰11:00~20:00（會席為~19:00）　休無休　所京都市左京区南禅寺門前　交南禅寺・永観堂道巴士站步行10分　P無　MAP108F-1

在登錄為文化財的順正書院池泉迴遊式庭園裡散步

嵐山
巴士站
步行3分

天龍寺 世界遺產
てんりゅうじ

第一座獲選日本國家史跡、特別名勝之列的名庭園

臨濟宗天龍寺的大本山，足立尊氏為憑弔後醍醐天皇之冥福而建。開山之祖為夢窗疏石。曹源池庭園據說為疏石所作，將嵐山、龜山融入其中的借景庭園，亦是讓人能感受季節流轉的美麗庭園。加山又造所繪的天花板畫——睥睨八方的「雲龍圖」也相當有魄力，務必一看。

☎075-881-1235　⏰8:30~17:00、法堂《雲龍圖》特別公開：週六、日、假日與春、夏盂蘭盆、秋的每日為9:00~16:30　錢庭園500円，諸堂參拜追加300円　休無休（諸堂參拜會因活動停止，須於官網確認）　所京都市右京区嵯峨天龍寺芒ノ馬場町68　P有　MAP122B-3

留有創建當時模樣的曹源池庭園，為負有盛名的傑作庭園。嵐山壯麗的景色映照在池中的倒影，風情滿溢

日本畫家加山又造的傑作——雲龍圖。要留意公開日期

| 京都站 | | 46分 | | 嵐山天龍寺 | | ⑤天龍寺 | | 嵐山 | | 45分 | | 熊野神社前（西起往西、相同乘） | | 9分 | | 銀閣寺道 | | ④銀閣寺 | | 銀閣寺道 | | 7分 | | 南禪寺・永観堂道 | | ③南禪寺 | | 10分 | | 南禪寺・永観堂道 | | ②永觀堂 | | 南禪寺・永観堂道 | | 8分 | | 東山三条 | | 東山三条 |

京都站
京都駅前
市巴士 28系統
嵐山天龍寺（往南）

嵐山天龍寺巴士站周邊有「嵐山站Hannari Hokkori Square（→P.89）」、「嵐山 昇龍苑（→P.89）」等，有豐富的伴手禮和外帶美食

⑤天龍寺
嵐山
市巴士 93系統

巴士站前就是京都三熊野之一的「熊野神社」，確認轉乘時間後，可以去參拜看看

熊野神社前（西起往西、相同乘）
市巴士 204系統
A（往南）

銀閣寺道
④銀閣寺
銀閣寺道
市巴士 5系統
A（往北）

南禪寺周邊也有很多頗具魅力的小院，可以順道逛逛看

南禪寺・永観堂道
③南禪寺
步行
10分

②永觀堂
南禪寺・永観堂道
市巴士 5系統
A（往東）

東山三条
市巴士
乘車處 A（往東）
E（往北）

來去拍下充滿京都風情、漂亮的照片吧！

拍攝難忘美照

伏見稻荷大社
ふしみいなりたいしゃ

稻荷大社前 巴士站
步行10分

色彩鮮明的紅色鳥居延綿不絕

日本全國約3萬座稻荷神社的總本宮。雖然是供奉穀物、食物之神——宇迦之御魂大神為主祭神，但從農業的神明擴大其神德對五穀豐收、生意繁盛、家宅安全等都有所庇蔭。鳥居在整座山上有約1萬座，其中的千本鳥居之美更是精采絕倫。

☎075-641-7331
🕐境內自由（祈禱為8:30〜16:30）
休無休　費免費
所京都市伏見区深草藪之内町68
🅿有　MAP123B-4

被稱為「稻荷塗」的朱紅色鳥居，是尊敬神明的人們展現祈求與感謝之念的敬奉之物

1589年由豐臣秀吉捐獻的樓門

想吃午餐就來這裡

清水寺參道的美食誘惑超級多。其中有要推薦給美照之旅的「つぶら乃」。在描繪京都名勝與祭典活動的小碟盤上，裝滿京都家常菜的繪皿便當，美麗又豐盛。

京繪皿便當3500円（須於前日18:00前預約）。附有抹茶與手揉蕨餅

つぶら乃
つぶらの

☎075-741-8248　🕐11:30〜21:00（午餐為〜14:30）※視預約狀況變更　休週三、每月一次週二或週四
所京都市東山区上町368-1-8
交清水道巴士站步行7分
🅿無　MAP121B-4

將屋齡約100年的傳統建物改裝成數寄屋造式

五彩繽紛的束猿相當華麗！境內還祭祀著「勿視、勿言、勿聽」的三猿

清水道 巴士站
步行5分

八坂庚申堂
やさかこうしんどう

能實現一個願望的色彩繽紛束猿

創建於平安時代，日本最古早的庚申信仰靈場。以保佑諸病平癒聞名，在庚申日會舉辦祈求無病消災的煮蒟蒻活動。在自己喜歡顏色的束猿（500円）上寫上願望，掛在堂內祈求願望實現。據說只要忍住一個欲望，所求的願望就會實現。

☎075-541-2565　🕐9:00〜17:00
休無休　費免費
所京都市東山区金園町390　🅿無　MAP119D-6

在當地被親暱喚作「八坂庚申San」

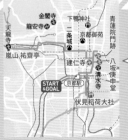

行程介紹

7分	① 伏見稻荷大社	16分	京都站
市巴士 南5系統 稻荷大社前	伏見稻荷大社 稻荷大社前	市巴士 南5系統 稻荷大社前	京都駅前 乘車處 C4

朱紅鳥居比鄰而建的伏見稻荷大社、五彩繽紛的八坂庚申堂，以及襖繪色彩鮮明令人印象深刻的寺院，甚至是社群上蔚為話題的嵐山藝廊，都是能盡情充分享受京都魅力的行程。由於要從京都南邊大幅移動到北邊，建議一早就出發。清早的伏見稻荷大社人煙較少，有機會拍到如畫般的場景。

巴士所屬交通機關

市巴士

用巴士1日券
省下
910円！

建仁寺
けんにんじ

祇園
巴士站

步行10分

欣賞從貴重寺寶到現代藝術與美麗庭園的競相演出

這座京都最古老的禪寺,由1202年從宋朝帶回禪文化與茶的榮西禪師所創建的。俵屋宗達所作的國寶《風神雷神圖屏風》的數位復刻品、有108疊疊榻榻米大的天花板畫《雙龍圖》、鳥羽美花所繪的襖繪《舟出》等,在此能欣賞到值得一見的藝術作品。

枯山水庭園的大雄苑、潮音庭等也務必一見

☎075-561-6363
🕙10:00～16:30 　休4月19、20日、6月4、5日等　💰600円
📍京都市東山区小松町584　P有　MAP119C-4

2014年敬奉的小書院襖繪《舟出》。與潮音庭交織出的景色也值得一見。2022年9月起可供參觀

在蓮池邊遊玩的青蛙與烏龜等,描繪小小生物的「生命贊歌」。藍色的用法是重點

青蓮院門跡
しょうれんいんもんぜき

神宮道
巴士站

步行即到

用色五彩鮮明,在60扇襖門上呈現極樂淨土

與皇族有深遠淵源的門跡寺院,曾一度為臨時御所,因此又被稱作粟田御所。在大廳可望見室町時代由相阿彌所建造的漂亮庭園,而大廳裡由木村英輝所創作的襖繪三連作「青之幻想」、「生命贊歌」、「極樂淨土」上的蓮花生動地綻放著。

春秋兩季時,庭園會有夜間點燈活動

☎075-561-2345
🕙9:00～16:30
休無休　💰500円
📍京都市東山区粟田口三条坊町69-1
P有　MAP120C-1

想喝茶就來這裡

將小林住宅翻修而成的烘焙咖啡廳。腹地內有麵包店與咖啡廳兩棟建築。在咖啡廳可以一邊眺望著日本庭園,一邊享受午餐或甜點等美食。

麵包、法式鹹派、可麗露等盛裝其中的下午茶套餐(松)2800円

BREAD,ESPRESSO & 嵐山庭園
パンとエスプレッソとあらしやまていえん

☎075-366-6850　🕙8:00～18:00　休無休
📍京都市右京区嵯峨天龍寺芒ノ馬場町45-15
🚃嵐山巴士站步行7分
P無　MAP122B-3

嵐山 祐齋亭
あらしやまゆうさいてい

嵐山
巴士站

步行10分

對稱圖案延伸出夢幻的景象,可洗滌心靈的空間

以150年屋齡為傲的明治時期建築,過去曾是餐旅館,並以文豪——川端康成的寫作地而聞名。現在則是織染藝術家——奧田祐齋的藝廊,在這裡能夠參觀夢幻染色的作品,同時能從房間眺望精采出眾的景色。

☎075-881-2331　🕙10:00～18:00
休週四、不定休　💰2000円
📍京都市右京区嵯峨亀ノ尾町六
P無　MAP122B-3

從圓窗望見的桂川閃耀著夢幻的翡翠色彩。宛如穿梭時空般的建築與庭院也令人目不轉睛

秋天整片染上赤紅的景色在眼前展現開來

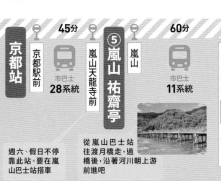

京都站	京都駅前	市巴士 28系統	嵐山天龍寺前	⑤ 嵐山 祐齋亭	嵐山	市巴士 11系統	四条京阪前 乘車處 C(往西)	④ 建仁寺	祇園	市巴士 46系統	神宮道 (往西)	③ 青蓮院門跡	神宮道	市巴士 86系統	清水道(北起往北)	② 八坂庚申堂	清水道	市巴士 206系統	七条京阪前 乘車處 A(往東)	七条京阪前 乘車處 D(往北)
		45分				60分				5分				19分				8分		

週六、假日不停靠此站。要在嵐山巴士站搭車

從嵐山巴士站往渡月橋走,過橋後,沿著河川朝上游前進吧

從祇園巴士站走風情四溢的花見小路前往建仁寺。日式甜點店等的誘惑也超多

也可以搭市巴士202系統5分,在祇園巴士站轉乘46系統移動過去

晴朗的日子，沐浴在滿目綠意中恢復活力！

享受名庭園與散步

天龍寺 世界遺産
てんりゅうじ

嵐山天龍寺前巴士站
步行3分

曹源池庭園的沙洲
白砂呈現出的優雅曲線，
與對岸充滿緊迫感的石頭，
形成獨特對比

室町時代由
夢窗疏石打造的傑作，
為著名的日本庭園

代表嵐山的世界遺產。歷經8次火災，建築經過反覆重建，而現在的建築幾乎都是明治之後重建的。不過，禪僧夢窗疏石借景嵐山配置自然石、瀑布，打造出的曹源池庭園，則是保留著創建當時的模樣。能感受四季與光陰變遷的美麗庭園。
MAP 122B-3　LINK P.17

雪（五菜一湯）
3300円。須另
付庭園參觀費
500円

直營的餐廳
天龍寺直營的精進料理店「天龍寺 篩月」，在這裡能品嘗到使用季節蔬菜、豆腐、豆皮等，完全不使用動物性食材的料理。
MAP 122B-3　LINK P.88

秋天能觀賞到紅黃漸變的色調，更加美麗

坐在大方丈室的緣廊眺望庭園，就會看到借景嵐山的模樣

想吃午餐就來這裡

翻修屋齡90年數寄屋建築的中華料理餐廳。「マダム紅蘭」雖是以四川料理為主，但有將辛香料減量，並活用食材製作出爽口的料理，受到大眾喜愛。

マダム紅蘭
マダムこうらん

能品嘗許多經典菜色的午餐中華盒飯1400円

☎075-212-8090　⏰11:30～14:30、17:00～21:30　㊡週一　📍京都市中京區丸太町下御靈前町631-2　🚌裁判所前巴士站步行4分　🅿無
MAP 114D-1

2樓閣設置了「欄間」與「床之間」，是充滿風情的和式座位

京都御苑
きょうとぎょえん

裁判所前巴士站
步行3分

享受四季變換的樣貌，
自然富饒的城市綠洲

東西寬700m、南北達1300m的廣大御苑，以京都御所為中心，有京都仙洞御所、九條邸跡等散布其中。直至明治維新遷都為止，裡面約林立200間朝廷與宮家的邸宅，而現今則為國民公園對外開放，為賞梅、賞櫻的知名景點而熱鬧不已。

☎075-211-6348
（環境省京都御苑管理事務所）
🌳苑內自由　㊡無休　💴免費
📍京都市上京區京都御苑3　🅿有
MAP 115C-1

苑內隨四季變換風貌的花草相當漂亮。
這裡也是賞梅、櫻花的名勝

母與子之森裡有野鳥飲水處、野外書架「森之文庫」等，拾回童心悠閒地在這裡度過時光吧

行程介紹

① 天龍寺

嵐山天龍寺前
（往南）
週六、假日為往北

嵐山天龍寺前

45分
市巴士
28系統

京都駅前
乘車處
C6

京都站

這個行程最適合「天氣好就會想在自然環境中悠閒度過」的日子。從被稱為最高傑作的名庭園、自繩紋時代留存至今的原生林，到受附近居民喜愛的河岸公園，前往讓人忘卻城市喧囂的景點。「名勝 無鄰菴」還有限定週六、日的庭園導覽，要參加的話，就將此行程倒過來遊逛吧。

巴士所屬
交通機關

市巴士

用巴士1日券
省下
450円!

以櫸樹、朴樹等闊葉林為中心，生長約40種樹木。有許多巨木，就算是夏天也能在樹蔭下感到涼意

面向三角洲，流經右側的是高野川，左側是鴨川

下鴨神社 世界遺產
しもがもじんじゃ

下鴨神社前
巴士站
步行即到

自太古起便坐鎮
糺之森的古社

正式名稱為賀茂御祖神社，為京都最古老的神社之一，創建年份不詳。這裡供奉的神明為勝利之神賀茂建角身命和姻緣育兒之神玉依媛命。糺之森為參拜道路，是自繩文時代起的神域，原生林占地達12萬m^2。樹齡超過200年的樹木聳立在旁，流淌著神聖的氣氛。

☎075-781-0010 ⏰夏季5:30～18:00、冬季6:30～17:00、大炊殿為10:00～16:00
休無休 費境內免費、大炊殿500円
所京都市左京區下鴨泉川町59
P有 MAP110D-3

入母屋造式的樓門為日本國家指定的重要文化財

鴨川三角洲
かもがわデルタ

出町柳站前
巴士站
步行3分

舒適的風吹拂而過，
此為人氣的身心放鬆景點

鴨川與高野川合流的三角地帶。這裡有在散步的人、睡午覺的人、享受鄰近店家外帶美食的人……，是能讓人隨喜好度過時光的人氣景點。下到河岸，踏著烏龜、千鳥等形狀的跳石渡河也很有趣。要留心從空中盯住食物的老鷹。

所京都市左京區下鴨宮河町
P無 MAP110D-3

想喝茶就來這裡

位於名勝 無鄰菴內的庭園咖啡廳，福壽園的抹茶、西陣麥酒的手工精釀啤酒、無鄰菴自製的銅鑼燒，以及村上開新堂的俄羅斯蛋糕等，供應喜歡的飲料與甜點的套餐。菜單視季節變更，數量限定。不可僅使用咖啡廳。

飲料與甜點的套餐
各1000円

庭園空間彷彿要與借景的東山連接在一起

名勝 無鄰菴
めいしょうむりんあん

神宮道
巴士站
步行5分

遊逛代表明治的
近代日本庭園

明治、大政的政治家──山縣有朋的別墅。引入琵琶湖疏水的水，並以聳立在背景的東山為主山，滿溢自然美感的庭園，為近代日本庭園的傑作。每日的10:00～16:00會舉辦由庭園管理員帶領的導覽行程（11000円須預約，含入場費、抹茶費）。

在山縣有朋的指示下，由七代目小川治兵衛於1896年建造。設計成從主屋望出去就能見到最美的景色

☎075-771-3909
⏰9:00～17:30（10～3月為16:30，事先預約制） 休無休 費600円 所京都市左京區南禪寺草川町31
P無 MAP108E-1

水池倒映出天空與樹木，呈現一片風雅的水鏡。也請留意水流的動向

從出町柳駅前搭乘巴士時，市巴士201系統9分，在東山二条・岡崎公園口巴士站下車。從巴士站到名勝無鄰菴步行約15分

位在鴨川與下鴨神社之間的「舊三井家下鴨別邸」（→P.57）也有開放參觀庭園

照片為嵐山天龍寺前巴士站（往南）週六、假日巴士站前的長辻通會變成單行道，93系統會從南下變為北上，這時就利用往北的巴士站吧

原了郭
はらりょうかく

山椒吻仔魚(80g)
1188円
將山椒吻仔魚裝在可愛的葫蘆盒子裡，京都限定品

四条京阪前
巴士站
步行3分

令人愛不釋手的萬能辛香料

創業於1703年。製作方法只單傳一子的招牌商品——黑七味，特徵是山椒的香氣有如要從鼻腔穿透而出。只要撒上一點，不管是怎樣的料理，風味都會瞬間變得豐富有深度。

☎075-561-2732 🕙10:00～18:00
🈺無休 🏠京都市東山区祇園町北側267 🅿無 MAP118C-3

黑七味(四角/5g)
1210円
裝在別緻的木製容器中，當成伴手禮似乎很討喜

除了祇園之外，在ASTY京都(→P.67)也有門市

やよい

東山安井
巴士站
步行4分

味道細膩且口感柔軟的山椒吻仔魚

店裡最有人氣的商品是將九州、四國的特選吻仔魚與實山椒炊煮得柔軟的山椒吻仔魚。越嚼愈能感受到它的鮮美滋味，是很下飯的味道。加在義大利麵上也很好吃。

☎075-561-8413
🕙10:00～17:00 🈺無休
🏠京都市東山区祇園下河原清井町481
🅿有 MAP119D-4

在總店有限定販售100g1080円超值划算的山椒吻仔魚

煎茶 正池之尾
小罐裝(85g)
1620円
特徵是圓潤香甜。華麗的標籤也很漂亮

一保堂茶舖
いっぽどうちゃほ

京都市役所前
巴士站
步行6分

擁有歷史的日本茶專賣店，在這裡能遇見喜歡的茶

1717年開始販售高級京都品牌茶的專賣店。運用長年的經驗與技術，以能組合調配出約30種銘茶為傲，有抹茶、玉露、煎茶等，種類相當豐富。店裡也有設置茶館。

☎075-211-4018 🕙10:00～17:00
🈺無休 🏠京都市中京区常盤木町52
🅿有 MAP114D-1

在茶館能品嘗茶飲與季節性的和菓子等

想喝茶就來這裡

「一保堂茶舖」有販售煎茶、玉露、抹茶等，外帶品項也很豐富。建議先品嘗後再購買。

外帶茶飲486円～

錦市場
にしきいちば

四条高倉
巴士站
步行5分

美食齊聚的京都市場

錦市場的前身為江戶時代的魚市場。沿著錦小路通，從高倉通到寺町通長約390m，內有120家以上的店家比鄰而立。要留意有很多店家是週三公休，且營業時間只到18:00。

🏠京都市中京区錦小路通
🅿無 MAP116D-4

可內用的店家也變多了。禁止邊走邊吃

想吃午餐就來這裡

從日式、西式、中式、高級料理到站著喝的店，錦市場的美食相當豐富。推薦到「京菜味のむら錦店」，在這裡能品嘗各種蔬菜色、蔬菜滿滿的京都家常菜。招牌菜單豆皮蓋飯也一定要吃。

12種蔬菜京都家常菜，配上豆皮蓋飯和味噌湯的雅御膳1750円

京菜味のむら錦店
きょうさいみのむらにしきてん

☎075-252-0831 🕙8:00～15:00
🈺無休 🏠京都市中京区枡屋町513
🚍四条河原町巴士站步行5分
🅿無 MAP116D-4

從11時到16時半、不短的午餐時間，令人欣喜

---

② 原了郭

5分
步行

① やよい

18分
🚏東山安井

市巴士
206
系統
乘車處
D2

京都駅前

京都站

要觀光的話，推薦八坂神社、花見小路等處

行程介紹

這是能吃遍從家庭式的京都家常菜，到高級的懷石料理，並遊覽購買京都美食的後盾——茶葉和調味料的行程。有很多歷史悠久的店家，外觀店內皆散發穩重氣圍，接待服務也是讓人感動的要點。這裡就算是平常使用的東西價格也偏高，要注意不要買過頭喔！有些東西頗具重量，因此最好利用短距離也能輕鬆搭乘的巴士，愉快地移動。

京·西陣 孝太郎の酢
本田味噌本店
澤井醬油本店
山中油店
一保堂茶舖
原了郭
やよい
二條城
錦市場

下鴨神社
銀閣寺

START
&GOAL
京都駅

清水寺

伏見稻荷大社

巴士所屬交通機關

市巴士

用**巴士1日券**
省下
680円!

一碗味噌湯
各195円
季節限定的花樣和小語等，包裝充滿玩心

あて味噌
（100g）540円
放在白飯、冷豆腐等上頭，就能簡單完成一道菜色

上京区総合庁舎前
巴士站
步行8分

上京区総合庁舎前
巴士站
步行5分

在京都站購買京漬物

說到京都的味道，就是醃製小菜。最後在京都站前地下街Porta（→P.12、85）的人氣店家，購買喜歡的醃製小菜吧！

切碎紫蘇漬
（170g）
692円

土井志ば漬本舖
どいしばづけほんぼ

1901年創業於大原。將茄子用紅紫蘇和鹽巴醃漬的「紫蘇漬」是招牌商品。

千枚漬
（100g）
691円

京つけもの 西利
きょうつけものにしり

使用當季食材醃製而成的京都醃製小菜很受歡迎。聖護院大頭菜製成的千枚漬是冬天的風物詩。

小小大安
162円～

京つけもの 大安
きょうつけものだいやす

創業於1902年。使用天然高湯調味廣受好評。小巧尺寸超有人氣。

本田味噌本店
ほんだみそほんてん

風味高雅濃醇的西京味噌釀造廠

京都御所御用的老字號味噌店。只要加入熱水，就能品嘗到正統味噌湯的「一碗味噌湯」，還有以西京白味噌為基底，混入紫蘇、吻仔魚等炊煮的「あて味噌」，都很受歡迎。

☎075-441-1131
🕙10:00～18:00　休週日
所京都市上京区小島町558
Ｐ有　MAP111C-4

創業於江戶時代1830年。販售多達30種商品

山中油店
やまなかあぶらてん

200年來持續傳遞油的深奧之處

開在町家的老字號店家，也是在日本為數不多的油品專賣店。從古早的芝麻油、菜籽油，到義大利產的橄欖油、山茶花油美妝品等，販售眾多香氣馥郁的油製品。

☎075-841-8537
🕙8:30～17:00　休週日、假日　所京都市上京区下立売通智恵光院西入508
Ｐ有　MAP111B-4

堀川下立売
巴士站
步行7分

檸檬橄欖油（250ml）
3024円
風味清爽，跟沙拉和魚類料理十分相搭

柚子柑橘醋（360ml）
1015円
大量使用取自實生柚子老欉的柚子

京·西陣 孝太郎の酢
きょうにしじんこうたろうのす

使用高湯與果汁完成的My柑橘醋製作體驗

使用地下水與日本國產米，依照古法製作的醋，風味圓潤且有深度。高湯醬油再加上柚子、酢橘、橙等新鮮果汁，依自己喜好完成的柑橘醋製作體驗很受歡迎。

☎075-451-2071　🕙9:00～17:00、體驗為10:00/12:00/14:00/16:00
休週日、假日、第2、4週六
所京都市上京区道正町455
Ｐ有　MAP111C-3

My柑橘醋製作1296円，須在3日前預約。所需時間約1小時

澤井醬油本店
さわいしょうゆほんてん

耗費時間與工序孕育出更上一層樓的濃醇

1879年創業的醬油店。「二度熟成醬油」是將完成過一次的醬油再次加入大豆與小麥繼續熟成的醬油。直接沾用當然好吃，但在特別想要帶出料理的香醇風味時，尤其推薦使用這款醬油。

☎075-441-2204　🕙9:00～17:00（週日、假日為10:30～15:30）
休不定休　所京都市上京区仲之町292　Ｐ有　MAP111C-4

堀川下長者町
巴士站
步行5分

稀釋用高湯醬油、生魚片醬油、淡口醬油等，陳列各種類型的醬油

二度熟成醬油
（100ml）550円
迅速就能使用的方便醬油罐，特別受歡迎

創業於江戶時代後期的文政年間，專注賣油200年以上

京都站 — 京都駅前 — 市巴士9系統（往南）[22分] — 堀川下立売 — ⑧山中油店 — 堀川下立売 — 市巴士12·9·50系統（往南）[1分] — 堀川下長者町 — ⑦澤井醬油本店 —（步行）[6分]— ⑥本田味噌本店 —（步行）[13分]— ⑤京·西陣 孝太郎の酢 — 上京区総合庁舍前 — 市巴士59系統[13分] — 京都市役所前 — ④一保堂茶舖 — 京都市役所前 — 市巴士205系統（乘車處E往北）[4分] — 四条河原町 — ③錦市場 — 四条高倉 — 市巴士201系統（乘車處B往西）[6分] — 四条河原町（乘車處F往北）

步行即到京都御所，因此推薦可以來享受一下御苑散步

步行也要13分左右，因此確認時刻表再做選擇吧

遊覽春天名勝①

盡情欣賞令人憧憬的仁和寺與街道中的櫻花

上賀茂神社 世界遺產
かみがもじんじゃ

比平安京歷史更古早的神社，枝垂櫻非常值得一看

正式名稱為賀茂別雷神社，為祭祀古代豪族賀茂氏祖神的神社，社殿是天武天皇在位期間所建造的。廣大的腹地內有白砂參道、草地、小河等，作為休憩場所也很受歡迎。在這裡能見到「齋王櫻」和「御所櫻」等許多品種的櫻花，可欣賞到櫻花美景的時期較長。

📞075-781-0011
🕐二之鳥居內為5:30～17:00、特別參拜10:00～16:00 💰免費、特別參拜500円
🈺無休 📍京都市北区上賀茂本山339
🅿有 MAP111C-1

位於細殿前的立砂，是仿照神明降臨的神山

🚏上賀茂御薗橋
巴士站
步行3分

一之鳥居旁有「齋王櫻」和「御所櫻」兩株枝垂櫻。照片為八重紅枝垂櫻的「齋王櫻」

5月舉行葵祭
京都三大祭之一，享負盛名的葵祭。在5月15日會舉行「路頭之儀」──由齋王代理乘坐轎輿與牛車、穿著平安服飾的人們漫步巡行，場景宛如平安繪卷。
總人數達500多名的大遊行。也有收費的觀賞座位

特徵為輪廓輕柔優雅的風流櫻

包含200株的御室櫻在內，再加上金堂前的染井吉野櫻、樓門的枝垂櫻等，總共多達500株櫻花會在此盛開

想吃午餐就來這裡

明治時期創業的京料理店。午餐可品嘗在人間國寶中川清司製作的手桶裡，裝入四季料理的雅致手桶便當。賞櫻時期在咖啡廳很有人氣的舒芙蕾，也會有櫻花醬可選。

六盛 手桶便當 3300円
ろくせい

📞075-751-6171 🕐11:30～14:00、16:00～20:00，週六、日、假日為11:30～20:00 🈺週一（逢假日則營業）📍京都市左京区岡崎西天王町71 🚌東山二条・岡崎公園口巴士站步行5分 🅿無 MAP114F-1

事先預約的話，賞花便當等品項也可外帶

仁和寺 世界遺產
にんなじ

京都最晚開的櫻花，讓世界遺產更添華麗色彩

創建於平安時代的真言宗御室派的總本山。除了國寶金堂之外，還有安置金剛力士像的二王門、五重塔等諸多重要文化財林立其中。樹高僅有3m左右但花期較晚的御室櫻在江戶中期被歌詠為「仁和寺與腳下湧起的花雲」，相當有名。

📞075-461-1155 🕐境內自由、御殿9:00～16:30(12～2月為～16:00)、靈寶館一年3次，預計舉辦春、夏、秋3期(9:00～16:30) 💰境內免費、御所庭園800円、靈寶館500円、賞櫻時期境內500円(特別入山費) 🈺御殿無休、靈寶館為週一 📍京都市右京区御室大内33 🅿有 MAP112F-1

有諸多與皇族有淵源的敕使門、金堂等建築物

🚏御室仁和寺
巴士站
步行5分

在門前茶屋稍作休息

いっぷく茶屋
いっぷくちゃや

仁和寺的門前茶屋。店主為歷代相傳的仁和寺櫻花守護者，一整年都能吃到使用鹽漬櫻花葉的冰淇淋以及糰子。

📞075-462-8296 🕐9:00～17:00
🈺週四 📍京都市右京区御室小松野町28-1 MAP112F-2

櫻花冰淇淋與抹茶戚風蛋糕組成的御室櫻 700円

行程介紹

盡享作為賞櫻名勝享負盛名的仁和寺與上賀茂神社，市內北部區域的名勝、平安神宮、祇園等，是遊覽中心區域櫻花的行程。平安神宮區域的哲學之道、祇園區域的祇園白川等，由於鄰近處也有豐富的名勝，因此可配合櫻花的開花狀況，彈性地調整行程。北部區域的花期較晚，也很適合較晚出發賞花的人。

14分			38分	
🚌市巴士 46系統	①上賀茂神社 上賀茂神社前 乘車處1	上賀茂御薗橋	🚌市巴士 9系統	京都駅前 🚇地下鐵 B1 京都站

從京都站搭4系統的話，可以坐到上賀茂神社旁的上賀茂神社前巴士站，不過所需時間要55分，會多花17分左右的車程

巴士所屬交通機關

🚌市巴士

用巴士1日券
省下 910円!

バス1日券
Bus 1-Day Pass

想喝茶就來這裡

在非常重視四季的京都，有許多春季限定的甜點。在以蕨餅滑稠口感出名的「ぎおん徳屋」還會推出春季限定、風味濃厚的特製草莓牛奶刨冰。

滿是草莓的刨冰1350円（春季限定）

ぎおん徳屋
ぎおんとくや

☎075-561-5554 營12:00～18:00（售完打烊） 休不定休
所京都市東山区祇園町570-127
交祇園巴士站步行即到
P無 MAP119C-4

入口一旁的黑板上寫著舞妓的練習表

平安神宮
へいあんじんぐう

岡崎公園 ロームシアター京都・みやこめっせ前巴士站 步行5分

明治具代表性的庭園、神苑，由庭園設計教主打造的傑作

為紀念平安遷都1100年，於1895年創建。社殿將平安京的正廳、朝堂院，以8分之5的尺寸重現，周圍由東、中、西、南四個庭院組成廣大的池泉迴遊式庭園、神苑，將社殿包圍住。由7代目小川治兵衛打造的庭園，以櫻花季節為首，每個季節都非常美麗。

☎075-761-0221 開6:00～17:00（夏季為～18:00）、神苑為8:30～17:30（3月1～14日、10月為～17:00，11～2月為～16:30）
休無休 費境內免費、神苑600円
所京都市左京区岡崎西天王町
P無 MAP114F-1

位於東神苑的貴賓館·尚美館和栖鳳池，有如被盛開的紅枝垂櫻與染井吉野櫻包圍一般

八重紅枝垂櫻等20種300多株櫻花在此盛開

1.色彩鮮明的白虎樓與櫻花形成美麗的對比
2.宛如傾瀉而下綻放的西苑櫻花也很值得一看

枝垂櫻為本公園的象徵，正式名稱為一重白彼岸枝垂櫻。現在的是1949年種植的第二代

圓山公園
まるやまこうえん

祇園巴士站 步行3分

夜間點燈相當美麗，枝垂櫻的樹形幽美雅致

於明治時期開園，為京都市內最古早的公園。廣大的迴游式庭園活用原本就自然存在的丘陵，周邊也有許多高級日本料理店和茶店。曾是幕末志士的遊樂場所，因此立有坂本龍馬和中岡慎太郎的人像。這裡的櫻花也很有名，尤以枝垂櫻以「祇園的夜櫻」夙負盛名。

夜間點燈為3月中旬。能看見幽美的姿態

☎075-561-1350（京都市都市緑化協会）
開園内自由
費免費 休無休
所京都市東山区円山町ほか P有 MAP120C-2

高台寺
こうだいじ

東山安井巴士站 步行7分

與秀吉的正室——寧寧有淵源的寺院，枝垂櫻令人陶醉

寧寧建造此地作為祈禱豐臣秀吉冥福與自己生命終結之地。大名暨茶人小堀遠洲設計的高台寺庭園「名勝史跡」之中，仍保留著開山堂、觀月台等伏見城遺留的建物和使用部分建材打造的堂宇。盛開在方丈前庭「波心庭」的枝垂櫻精采萬分，夜間點燈時會呈現夢幻般的景色。

☎075-561-9966
開9:00～17:00，3月中旬～5月上旬、8月1日～18日、10月下旬～12月上旬有夜間特別參觀（17:00～21:00）
費600円 休無休 所京都市東山区高台寺下河原町526 P無 MAP120C-3

在池泉回遊式庭園的名庭園中散步別有一番樂趣

樹齡超過70年的枝垂櫻，與方丈前庭的白砂相映，明艷亮麗的風景更上一層

千本北大路（往南） → 轉乘 → 千本北大路（往西） — 市巴士59系統 12分 — 御室仁和寺 — ②仁和寺 — 御室仁和寺（往東） — 市巴士10系統 34分 — 京都市役所前 乘車處A（往南） → 轉乘 → 京都市役所前 乘車處E（往北） — 市巴士32系統 7分 — 岡崎公園 ロームシアター京都・みやこめっせ前 — ③平安神宮 — 岡崎公園 美術館・平安神宮前 乘車處A（往南） — 市巴士46系統 8分 — 祇園 — ④圓山公園 — 步行 5分 — ⑤高台寺 — 東山安井（往南） — 市巴士206系統 19分 — 京都駅前 — 京都站

有多餘時間的話，也推薦搭乘岡崎十石舟遊船。從河面眺望櫻花，又會有不同的風情。1人1500円，約25分

從高台寺到清水寺步行12分。若能趕上夜間點燈的時間，請一定要走過去看看

隨心院
ずいしんいん

在可愛的梅花之間，緬懷女詩人小野小町

平安時代創建的門跡寺院。據說也曾是女和歌人——小野小町的邸宅，埋藏戀文的文塚、化妝井戶等，留有諸多與其相關的史跡。3月下旬花期較晚的淡紅色梅花「朱華梅」很有名，在此也能欣賞梅花與櫻花共同演出的美景。3月最後一個週日還會舉辦「朱華舞」。

📞075-571-0025
🕐9:00～16:30（寫經、寫佛為～14:00）、夜間特別參觀（11月中旬～12月上旬）為18:00～20:30
休寺內活動日 料500円、梅園500円 所京都市山科区小野御靈町35
P有 MAP105D-4

隨心院 巴士站
步行即到

描繪小野小町生涯的4幅襖繪《極彩色梅香小町繪圖》

小町繪馬
700円

朱華梅等，種植約230株梅花的小野梅園。「朱華色」以前用來形容淡紅色

勸修寺
かじゅうじ

地鐵小野站
步行6分

在四季更迭的美麗寺院，悠閒地欣賞櫻花美景

平安時代的醍醐天皇為供養生母——藤原胤子而建的寺院。以用冰層厚度占卜吉凶的寬廣冰室池為中心的池泉舟遊式庭園，春季到夏季都會有百花相繼綻放。在參拜道路、觀音堂、冰室池畔綻放的染井吉野櫻非常優美，是內行人才知曉的賞櫻名勝。

受櫻花環繞的觀音堂，是代表勸修寺的櫻花美景。隔著冰室池望見的倒影非常漂亮

📞075-571-0048
🕐9:00～16:00
休無休 料400円
所京都市山科区仁王堂町27-6
P有 MAP105D-4

醍醐寺
世界遺產
だいごじ

醍醐寺前 巴士站
步行即到

令喜愛賞花的太閤秀吉著迷的賞櫻名勝

以醍醐山整體作為寺院領域，其中林立著國寶五重塔、金堂等世界遺產。自古被稱作「花之醍醐」，深受天皇與貴族的喜愛。也是因豐臣秀吉曾在此舉辦「醍醐花見」賞花活動而聞名的賞櫻名勝。每年4月第2個週日會舉辦「豐太閤花見行列」，整天都會熱鬧非凡。

📞075-571-0002 🕐9:00～16:30（12月第1週日翌日～2月底為～16:00）休無休 料三寶院、伽藍1000円，靈寶館佛像樓免費（春季為三寶院、伽藍、靈寶館庭園1500円），三寶院御殿特別參觀500円，靈寶館春季、秋季特別展500円 所京都市伏見区醍醐東大路町22 P有 MAP105D-5

櫻花點綴著京都府最古老的木造五重塔。為憑弔醍醐天皇於951年落成

①

②

1.列為國寶的三寶院唐門，將桃山時代氣度傳遞至今
2.位於靈寶館的枝垂櫻是樹齡有180年以上的大樹

盡情遊賞秀吉鍾愛的櫻花與疏水道沿岸

遊覽春天名勝 ②

行程介紹

以境內多達1000株的櫻花爭妍綻放的醍醐寺為主，遊覽醍醐區域名剎的行程。接著前往蹴上傾斜鐵道、哲學之道和疏水道沿岸。眺望著櫻花，將水流聲當作背景音樂，療癒感滿分。最後前進金戒光明寺拜見麥克風頭大佛。因為會搭乘地鐵，就算是在塞車情況較多的旅遊旺季，也較能夠按照計畫移動。

行程圖
金閣寺 龍安寺 哲學之道 金戒光明寺 姬路寺 京都御苑 京都御所 二条城 蹴上傾斜鐵道 清水寺 START&GOAL 京都站 勸修寺 伏見稻荷大社 隨心院 醍醐寺

行程時間軸

小野			京都站
	20分 地鐵東西線（往六地藏）	6分 烏丸御池〈2號線轉乘〉／地鐵烏丸線（往國際會館）	京都〈2號線〉

如果想要搭乘巴士享受車窗風景，從京都駅八条口巴士站（乘車處 H4）搭京阪巴士301系統19分，在勸修寺北招町巴士站下車步行5分也可以到。搭乘京阪巴士必須要有地鐵・巴士1日券

想喝茶就來這裡

這間咖啡廳蓋在與谷崎潤一郎有關的女性所經營的咖啡廳舊址上。開放式的露臺座位是眺望櫻花的特等席。一同享用午餐的盤餐與巴斯克風起司蛋糕，度過悠閒的時光。

巴斯克風起司蛋糕600円

見內因疏水道設計式的水道水流聲因為是開放裝潢設計的能聽店

riverside café GREEN TERRACE
リバーサイドカフェグリーンテラス

☎075-751-8008　🕙10:00～18:00　週二、三，不定休　📍京都市左京区鹿ケ谷法然院町72　🚌南田町巴士站步行3分　P無　MAP 123C-1

蹴上傾斜鐵道
けあげインクライン

在懷舊的廢線遺跡上，櫻花描繪出漂亮的拱門

琵琶湖疏水道是從大津流往京都，總長約30km的人工運河。水道有2處落差，遇到落差時會將船放在台車上，使用傾斜鐵道運行。雖然現在僅留有鐵軌，但在傾斜鐵道的兩側種植了近90株櫻花，到了春天成為賞櫻名勝，熱鬧不已。

地鐵蹴上站
步行3分

無休　腹地內自由　📍京都市左京区粟田口山下町～南禅寺草川町　P無　MAP 108E-1

全長582m建設當時為世界最長的傾斜鐵道。實際使用的年代為1891年到1948年為止

約400株櫻花比鄰而立的模樣精采絕倫。沿岸有社寺、咖啡廳、雜貨店等散布其中，順道去看看也很有趣

哲學之道
てつがくのみち

在河岸小道綿延的浪漫櫻花隧道

從銀閣寺延續至熊野若王子神社，約2km疏水道沿岸的小道，在這裡春有櫻花、秋有楓葉等，隨著季節變換的風景非常美麗。櫻花散落的時期，飛舞落下的花瓣會在疏水道上形成花筏。哲學家西田幾多郎會一邊沉浸在思緒中，一邊在這裡散步，因而被稱作哲學之道。

地鐵蹴上站
步行18分

無休　腹地內自由　📍京都市左京区若王子橋～浄土寺橋　P無　MAP 123C-2

想吃午餐就來這裡

可在醍醐寺境內的「雨月茶屋」品嘗到使用大量京都蔬菜的醐山料理，另外也有醍醐寺與IKEA攜手合作打造的咖啡廳「Le Clos Sous le cerisier」，令人想在此品嘗午餐。

醐寺一味膳有蕎麥麵跟日式甜點（2層）3630円為醍也醐寺的傳統料理×京都蔬菜

雨月茶屋　うげつちゃや

☎075-571-1321　🕙10:00～17:00※視季節變動　週二　MAP 105D-5

從高挑寬敞的空間還能望見櫻花，能享受到義大利麵1210円、漢堡排等

Le Clos Sous le cerisier
ル・クロ スゥル スリジェ

☎075-571-1321（雨月茶屋）　🕙11:00～16:00（午餐為～14:00）※視季節變動　週一　MAP 105D-5

雄壯的山門與成列綻放的染井吉野櫻構成美麗景色。阿彌陀堂、極樂橋附近等也都有櫻花散布在側

金戒光明寺
こんかいこうみょうじ

以黑谷之名受到當地喜愛的古刹

從比叡山下山的法然上人在此結築的草庵。為淨土宗的大本山，作為幕末擔任京都守護職的會津藩本陣，新選組誕生地而廣為人知。在廣大的腹地內林立著山門、阿彌陀堂、本堂和18個小寺院，約有100株的櫻花會在此綻放。

岡崎道
巴士站
步行5分

表現與法然上人有關人物的紫雲之庭

☎075-771-2204　🕙境內自由・御影堂9:00～16:00　無休　免費　📍京都市左京区黒谷町12　P有　MAP 123B-2

京都站	京都	7分 地鐵烏丸線（竹田行）	丸太町	12分 轉乘 烏丸丸太町	市巴士204系統	真如堂前（往南）	⑥金戒光明寺	岡崎道	11分 市巴士32系統	南田町	⑤哲學之道	15分 步行	④蹴上傾斜鐵道	蹴上	14分 地鐵東西線（往太秦天神川）	醍醐	醍醐（1號線）	③醍醐寺	醍醐寺前	5分 京阪巴士22A系統	隨心院（往東）	②隨心院	隨心院	勸修寺（往南）	5分 京阪巴士2系統	①勸修寺

從烏丸丸太町巴士站步行即到的京都御苑，有多達1000株的櫻花可供觀賞。樹形非常漂亮的枝垂有著超群的動人之美

哲學之道沿岸也有熊野若王子神社、大豐神社等櫻花美麗的社寺，可以順道逛逛

夏天納涼景點 ①

讓大原茂盛的綠意療癒身心後，在川床乘涼享用晚餐

實相院
じっそういん

隨風搖曳的綠色楓葉之美，照映在全黑地板上

800年前開山的門跡寺院，供奉不動明王為本尊的洛北名剎。除了客殿有諸多狩野派的障壁畫之外，還有枯山水與池泉式2個庭園。拋光打亮的客殿地板，映照出庭園的景色。雖然秋天染紅的「楓紅地板」很受大家喜愛，但夏天的綠色楓葉也別具風情。

☎075-781-5464 ⏰9:00～17:00
休不定休 💴500円
所京都市左京区岩倉上蔵野町121
P有 MAP104C-2

岩倉実相院
巴士站
步行即到

在夏天被稱為「新綠地板」，深厚的綠意吸引了許多人。不過可惜這裡禁止攝影。

①借景比叡連山的枯山水庭園「心之庭園」
②正面的門「四腳門」、御車寄、客殿為御所的建築遺跡

想吃午餐就來這裡

由身兼農家的老闆所經營的餐廳，除了可品嘗到大原當季所有的蔬菜之外，全餐所使用的雞蛋、米、雞肉等全部都是使用當地食材。也有午餐的盤餐1650円，建議先行預約比較保險。

使用多達30種蔬菜的午餐全餐3500円～（需預約）。也有5000円的全餐

わっぱ堂
わっぱどう

☎075-744-3212 ⏰11:30～15:00
（全餐需預約）休週一
所京都市左京区大原草生町102
交大原巴士站步行15分
P無 MAP125A-3

屋齡140年的古民宅。從窗戶望見的恬靜景色也令人難忘

三千院
さんぜんいん

青苔與綠色楓葉環繞四周，滿溢自然之美的寺院

平安初期時，以最澄大師在建立比叡山延曆寺時所打造的草庵為起源，作為門跡寺院而發展。明治維新後定址於此。境內有祭祀國寶「阿彌陀三尊像」的往生極樂院、本堂的宸殿等豐富景點。到了夏天，清園的杉苔與綠色楓葉共同演繹出的景色和繡球花的美麗，非常值得一看。

大原
巴士站
步行15分

童地藏和苔融為一體的古早模樣相當可愛。
作：山村孝

☎075-744-2531 ⏰9:00～17:00（11月為8:30～12～翌2月為9:00～16:30）休無休 💴700円 所京都市左京区大原来迎院町540 P無 MAP125B-3

有星繡球花（七段花）等多達1000株花綻放的繡球花苑。6月中旬～7月初旬會舉辦繡球花祭

国際会館站前 乗車處1 | 國際會館 | 地鐵烏丸線（往國際會館） | 京都（2號線） | 京都站

20分

從京都駅前巴士站到国際会館前巴士站，雖然也可搭乘市巴士5系統前往，但要花上1小時左右，時間是地鐵的一倍以上，因此建議搭地鐵前往。

行程介紹

這條與市中心相比約低3℃的避暑勝地——大原悠閒度過時光的行程。有如天鵝絨鮮明滑順的苔蘚、楓葉、草木交織出非凡的綠意世界，光看都能感受到涼意。在京都人的納涼地——下鴨神社吃刨冰，接著到令人嚮往的鴨川納涼床品嘗晚餐。前往大原區域要用地鐵・巴士1日券。

実相院 三千院
金閣寺
龍安寺
下鴨神社
京都御苑
二条城
先斗町
京都駅 BIN
八坂神社
清水寺
START&GOAL
伏見稲荷大社

巴士、地鐵所屬交通機關

市巴士 | 京都巴士 | 市營地鐵

用地鐵、巴士1日券
省下 1140円!

御蔭橋
巴士站

步行5分

下鴨神社 [世界遺產]
しもがもじんじゃ

受水流恩惠，從以前就受到喜愛的納涼名勝

下鴨神社境內占地寬廣的糺之森，林間樹木遮掩著日照，又有御手洗川等小河帶來涼風，是能令人忘卻京都暑熱的納涼景點。在7月的土用丑之日，於境內的御手洗池泡腳，祈求一年無病消災的「御手洗祭」，以及八月的納涼古本祭等活動也相當豐富。

MAP 110D-3　LINK P.21

舉辦神事、御手洗祭的井上社（御手洗社）

想喝茶就來這裡

位在下鴨神社境內，由寶泉堂經營的茶店。重現葵祭淵源的「申餅」是招牌甜點。在夏天提供的刨冰（830円～）和紅豆冰「冰之花」（410円）很受喜愛。

受糺之森圍繞的茶店

さるや

☎090-6914-4300　⏰10:00～16:30
🈚無休
🏠京都市左京区下鴨泉川町59
🚃下鴨神社前巴士站步行3分
🅿有　MAP 110D-3

6月上旬到中旬之間，在糺之森的泉川附近有可能見到螢火蟲

涼風吹拂的御手洗川。把手放入水中感受冰涼

八坂神社
やさかじんじゃ

祇園
巴士站

步行即到

夏季祇園祭十分熱鬧，為京都街區的守護神

將首都遷移到京都之前就開始受到人們祭祀、擁有歷史的朱色古社，為全國祇園社的總本社。整個7月都會舉辦祇園祭的祭祀儀式及節慶活動，盛況熱鬧非凡。境內可自由參拜，因此夏天也會有人在晚上較涼爽的時間來訪。位在市區，推薦可在吃完晚餐後順道前往。

MAP 118D-3
LINK P.15

在市內遊行的山鉾巡行為17日（前祭）與24日（後祭）

京都三大祭之一的「祇園祭」是八坂神社的祭祀儀式。起自平安時代為求疫病消散

每年5月1日到9月30日登場的鴨川納涼床，是京都夏天的風物詩。感受著舒適涼爽的風，同時享用雅的晚餐

河原町三条
巴士站

步行5分

先斗町 魯BIN
ぼんとちょうろビン

在令人嚮往的納涼床，品嘗能感受四季風情的京料理

在活用屋齡160年町家風情的京料理店，還能享受到納涼床。使用當季食材製作的料理外觀色彩鮮明，例如夏天用鱧魚和鯰魚，冬天就用金目鯛與鴨。使用訂製土鍋加入季節嚴選食材炊煮的釜飯也很受歡迎。雖說也有單點料理，但還是推薦擁有豐富當季食材的全餐。

夜間全餐7700円～、午間全餐3960円～

取自鴨川與東山之景。照片僅供參考。納涼床須另付座位費

☎075-222-8200
⏰11:30～14:45、17:00～21:00　🈚無休
🏠京都市中京区若松町137-4（二番路地奥北）
🅿無　MAP 118B-2

在鴨川不只可享用到日式料理，還有法國菜、西式料理或泰式料理，甚至還有酒吧，各種類別都會在川床登場。因為很搶手，務必事先預約

參拜路徑受綠色楓葉遮蔽的寂光院；竹林、草木為庭園染上綠意、美麗的寶泉院；繡球花與睡蓮等綻放的實光院等，初夏時節非常適合在大原地區散步。

京都站			⑤八坂神社			④先斗町 魯BIN			③下鴨神社			②三千院					①實相院		
	24分			7分			13分			31分			21分			9分			12分	
京都駅前	市巴士 206系統	乘車處A（往南）	祇園	市巴士 12系統	三条京阪前 乘車處D	河原町三条	市巴士 205系統	新葵橋（往南）	御蔭橋	京都巴士 17系統	大原	大原	京都巴士 19系統	上高野	上高野 轉乘	岩倉実相院	京都巴士 24系統（往東）	岩倉実相院	京都巴士 24系統

一片綠意清涼感滿溢的高雄與嵐山

夏天納涼景點②

元祿年間依桂昌院捐獻的一間藥醫門。長著青苔的石燈籠與楓葉之綠呈現優美景色

神護寺
じんごじ

高雄
巴士站

步行15分

與弘法大師深具淵源，埋藏1200年歷史的寺院

在781年建於高雄山山腰，是高雄、槇尾、栂尾三尾之一的古剎。由空海所建立的真言宗立宗基礎，是歷史悠久的寺院。寺內有國寶藥師如來立像等，收藏眾多國寶及重要文化財。這裡也是扔土器的發源地，來試試扔出土器祈求消災除厄吧。

☎075-861-1769　⏰9:00～16:00　休無休　￥600円，寶物驅蟲儀式（5月1～5日）800円、多寶塔特別參觀（5月13～15日、10月8～10日）500円、大師堂特別參觀（11月1～7日）500円　所京都市右京区梅ヶ畑高雄町5　P無　MAP125A-2

從金堂前向下俯瞰被綠色楓葉包圍的五大堂、毘沙門堂。廣大的境內約有3000株紅葉

西明寺
さいみょうじ

槇ノ尾
巴士站

步行5分

潺潺流水聲與新綠明亮耀眼，沿著溪谷而建的山寺

空海的高徒——智泉作為神護寺別院所創建的。奉為本尊的釋迦如來像，據說是運慶所做，與千手觀世音菩薩像皆被指定為重要文化財。境內被新綠與青苔環繞，能在本堂與客殿坐下好好地眺望美景。從參道的指月橋望出去的溪谷之美也很值得一看。

元祿時代建造的鐘樓。每日早晚皆會敲打鳴鐘

☎075-861-1770　⏰9:00～17:00　休無休　￥500円　所京都市右京区梅ヶ畑槇尾町1　P無　MAP125A-2

栂ノ尾
巴士站

步行即到

高山寺
こうさんじ

世界遺產

保有眾多鳥獸戲圖等文化財，為三尾最深處的寺院

創建於奈良時代的古剎，也是世界遺產。1206年，明惠上人承後鳥羽上皇之願，為復興華嚴宗而改名為高山寺。在國寶石水院展示著將動物擬人化的《鳥獸人物戲畫》複製畫。此外，這裡也是以日本首次製茶之處而廣為人知。

☎075-861-4204　⏰8:30～17:00　休無休　￥石水院800円　※須另付紅葉季節入山費500円　所京都市右京区梅ヶ畑栂尾町8　P有（11月收費）　MAP125A-1

寢殿造的石水院為鐮倉初期的建築。來到這裡能坐在廊緣，不用在意時間，好好欣賞庭院之美

表參道排列著17片正方形的石板，設計優美

巴士所屬交通機關

市巴士　西日本JR巴士

用**巴士1日券**
省下
220円!

行程介紹

從京都站搭巴士約50分，遊覽位於山間清瀧川沿岸的高雄（高尾）、槇尾、栂尾和嵐山的行程。每一處都是眾所皆知的紅葉名勝，不過在初夏清爽舒暢的新綠和天鵝絨般的苔絨毯美得動人，看了也很涼爽。在船上用餐的同時欣賞高雄的川床，或是觀賞嵐山鵜飼等，一定要好好享受這些夏天才有的美食體驗。

步行　① 神護寺　5分　高雄　49分　西日本JR巴士 高雄京北線　京都駅前 乘車處 JR3　京都站

祇王寺
ぎおうじ

嵯峨小学校前
巴士站
步行15分

四周被青苔的絨毯與綠色楓葉環繞，散發出恬靜氛圍的草庵

因佛御前出現，而失去平清盛寵愛的白拍子（歌舞妓）祇王決意出家，並與母親和妹妹隱居的寺院。不久佛御前也來到此處，4人在此一同生活。這裡是以紅葉聞名的寺院，但綠苔水嫩的庭院和葉音清澄的綠葉，讓人能感受到涼爽的初夏，因此也很推薦初夏造訪。

📞075-861-3574　🕐9:00～16:30　休無休　💴300円（大覺寺共通600円）　所京都市右京区嵯峨鳥居本小坂町32　P無　MAP122A-2

《平家物語》裡也曾述說的恬靜氛圍。30種以上青苔交織出的自然之美令人感動

大河內山莊庭園
おおこうちさんそうていえん

在時代劇明星的山莊，飽覽庭園、建築、美景

這座山莊的原主人是以丹下左膳等角色，在多齣時代劇中非常有人氣的大河內傳次郎。山莊內有約2萬m²的迴遊式庭園，從這裡望見的比叡山、嵐山和保津峽等壯麗景觀相當精采。維護完善的庭園就不用多說，登錄為日本國家有形文化財的大乘閣、滴水庵等建築也很值得一見。

📞075-872-2233　🕐9:00～17:00　休無休　💴1000円（附抹茶）　所京都市右京区嵯峨小倉山田淵山町8　P無　MAP122A-3

野々宮
巴士站
步行10分

庭園裡散布著山莊和茶室。由於入場費包含茶與點心，在這裡悠閒地度過時光吧

嵐山公園
巴士站
步行5分

嵐山通船
あらしやまつうせん

想要搭船飽覽嵐山四季風景的話就交給它

行駛在嵐山、充滿風情的屋形遊覽船。想要輕鬆體驗的人，也推薦渡月橋附近的出租船。1艘船最多可乘載3人，能享受1小時悠閒的遊覽時光。7月2日～9月23日還有鵜飼表演，也有推出多人乘船、包船，以及附有餐點的欣賞表演船。多人乘船從搭乘當日18時起開始受理。

📞075-861-0302　🕐9:00～16:00※有季節性變動　休無休　💴租船1艘3人搭乘1小時1800円　所京都市右京区嵯峨天龍寺芒ノ馬場町　P無　MAP122C-4

鵜飼表演的共乘船每日有2次航班，行駛時間約1小時，2300円

想喝茶就來這裡

總店位在上七軒，創業於1908年的和菓子老店。100%使用本蕨餅粉揉製、現點現做的Q彈蕨餅很受歡迎。可以依喜好添加黑糖蜜或黃豆粉。

老松 嵐山店
おいまつあらしやまてん

📞075-881-9033　🕐9:00～17:00；茶房為9:30～17:00　休不定休　所京都市右京区嵯峨天龍寺芒ノ場町20　交嵐山天龍寺前巴士站步行即到　P無　MAP122B-3

本蕨餅 1320円

店裡售有季節甜點和伴手禮等

想吃午餐就來這裡

位於清瀧川溪流沿岸的茶屋，地點景觀絕佳，能望見清流交織而成的溪谷美景。除了能品嘗到湯豆腐、溪魚料理之外，也有供應烏龍麵、定食等可輕鬆享用的菜單。也可以來這裡喝茶。

湯豆腐定食2000円。6月中旬～9月下旬還會推出當令鯰魚的涼御膳2500円

とが乃茶屋
とがのちゃや

📞075-861-4206　🕐10:00～16:00　休週四（逢假日則營業）　所京都市右京区梅ヶ畑栂尾町3　交栂ノ尾巴士站步行即到　P無　MAP125A-1

每個座位能眺望清瀧川，能聽到河川的潺潺流水聲

京都站 — 京都駅前 — 市巴士28系統 46分 → ⑥嵐山公園（往南）嵐山通船 16分 → ⑤大河內山莊庭園 12分 步行 → ④祇王寺 — 嵯峨小学校前 市巴士11系統 19分 → 太秦天神川站前A（往北）〔替乘〕太秦天神川站前B（往南）市巴士8系統 26分 → ③栂ノ尾（往南）高山寺 12分 步行 → ②西明寺

也推薦能從水上欣賞渡月橋等的出租船。在河岸的茶店還能從船上購買日式甜點等

從大河內山莊庭園要前往嵐山通船，除了途經竹林小徑、野宮神社等稍遠的路之外，也有經過嵐山公園、龜山地區的捷徑

2021年3月京都市內均一票價區間範圍擴大，因此高雄區域也包含在內了。要到栂ノ尾巴士站使用巴士1日乘車券，可搭乘市巴士8號系統和JR高雄京北線

為了跨過溪谷洗玉澗，從本堂連結開山堂的通天橋。紅葉時期也有可能禁止攝影

遊覽紅葉季節最棒的3個區域

飽覽秋天絢爛紅葉 ①

東福寺
とうふくじ

東福寺
巴士站

步行10分

從浮在紅葉之海上的
通天橋眺望精采絕倫的秋日美景

創建於1236年的臨濟宗東福寺派之大本山。為禪宗寺院古老、最大的三門受封為國寶，另外還有屬於重要文化財的禪堂、浴室、愛染堂等，值得一見的建築也相當多。作為京都數一數二的紅葉景點而廣為人知，尤其是從通天橋眺望見群生於洗玉澗的2000株紅葉，美得令人屏息。

☎075-561-0087 ⏰9:00～16:00（11月～12月上旬為8:30～，12月上旬～3月為～15:30）
休無休 費境內免費、本坊庭園500円、通天橋600円、共通1000円 所京都市東山區本町15-778 P無 MAP108D-4

昭和代表人物──重森三鈴
設計的摩登庭園也很漂亮

不管是從橋上眺望，或是走下溪谷一看，洗玉澗都非常美麗動人

約1000棵山楓染紅境內。從子安塔能看見懸空於錦雲溪上的清水舞台
※照片為大規模修復前所拍

清水寺
きよみずでら

世界遺産

清水道
巴士站

步行10分

從清水舞台眺望
紅葉雲海與京都

位於音羽山山坳，以「清水舞台」廣為人知的鼎鼎大名寺院。清水舞台下被朱紅渲染一片的錦雲溪，紅葉季節的景色別有一番風味。盡情欣賞從舞台望去的景色後，經過奧之院、子安塔前往音羽瀑布。在這裡能從多種不同的角度欣賞美麗的紅葉。

MAP121D-6
LINK P.15

夜間點燈也很漂亮！

在紅葉期間的夜間點燈之下，舞台與諸堂浮現於暗夜中的模樣十分夢幻。從郊外也能看見的一道光芒表現觀音的慈悲之心

在成為清水寺開創起源的音羽瀑布祈求願望成真

祭祀大日如來的三重塔。整體漆上朱紅的模樣與紅葉十分相搭

行程介紹

10分
市巴士
202系統

① 東福寺（往東北）
東福寺

東福寺

15分
市巴士
208系統

京都駅前
乘車處
D2

京都站

東福寺腹地廣大有很多景點。就算是走馬看花也要花上1小時左右，想好好觀賞，就得花上2小時左右

可1日內遊覽東福寺、清水寺、嵐山與京都頂尖紅葉名勝的貪心行程。在嵐山有期間限定公開的2座寺院，盡情享受唯有此時才能見到的絕妙景色。紅葉時期巴士也會很擁擠，有可能預計搭乘的巴士會因為客滿而無法搭乘。移動時要多預留一些時間。建議從一早就出發開始遊玩。

巴士所屬交通機關

市巴士

用巴士1日券
省下
680円！

渡月橋
とげつきょう

嵐山公園
巴士站
步行即到

能感受特別風情的名勝
——嵐山的象徵

全長155m的橋悠然橫亙在大堰川（桂川）之上，據說平安時代前期就已存在。嵐山地標般存在的渡月橋，隨著秋日漸深而增添顏色，是觀賞嵐山染上紅黃色彩的絕佳景點。從下游眺望渡月橋與嵐山共同演繹的景色也非常令人難忘。
MAP122C-4

乘坐嵐山通船（→P.31）的屋形船和出租船，宛如平安貴族般從水上欣賞紅葉也很不賴

想吃午餐就來這裡

在以渡月橋景觀為傲的「嵐山よしむら」，一邊欣賞紅葉，一邊享用午餐。在這裡能品嘗到使用採購自全國的優質蕎麥、石臼研磨的100%蕎麥粉所製作出風味富饒的手桿蕎麥麵。

鴨湯蕎麥麵1620円。使用店家自製蕎麥麴醃製的國產近江鴨，口感柔嫩風味鮮美

嵐山よしむら
あらしやまよしむら

☎075-863-5700　🕚11:00～17:00（觀光旺季為10:30～18:00）　🈂無休　所京都市右京区嵯峨天龍寺芒ノ馬場町3　交嵐山巴士站步行即到　P無
MAP122C-4

從2樓的吧檯座能眺望渡月橋

厭離庵
えんりあん

嵯峨釈迦堂前
巴士站
步行10分

僅在紅葉時期開放，
與百人一首有關的寺院

臨濟宗天龍寺派的寺院，據說是藤原定家選出小倉百人一首的山莊遺跡。曾荒廢一時，到了江戶時代成為寺院，由靈元天皇賜號為厭離庵。凝聚小巧雅致之美的庭院，是能靜靜欣賞紅葉的私房景點。僅於11月1日～12月7日對外開放。

☎075-861-2508　🕚11月1日～12月7日9:00～16:00，期間外需預約　🈂期間中無休　🈯500円　所京都市右京区嵯峨二尊院門前善光寺山町2　P無　MAP122B-2

配有楓葉、蹲踞、燈籠的苔庭。染上色彩的落葉覆蓋在青苔之上。散落的楓葉之美也很受歡迎

想喝茶就來這裡

將這棟屋齡超過100年、擁有歷史的建築改造成摩登風格，附設在飯店內的茶館。在露臺座能望見悠然流經的保津川與染紅嵐山的絕景，在此享用飯店自豪的茶點吧。

茶寮 八翠
さりょうはっすい

☎075-872-1222　🕚11:00～17:00　🈂無休　所京都市右京区嵯峨天龍寺芒ノ馬場町12 京都翠嵐豪華精選酒店　交嵐山天龍寺前巴士站步行6分　P有
MAP122B-3

在腹地內的庭園也能看見美麗的紅葉

寶嚴院
ほうごんいん

嵐山天龍寺前
巴士站
步行8分

染上美麗朱紅色的
巨岩與紅葉的名庭園

臨濟宗天龍寺派、大本山天龍寺的塔頭寺院。1461年身為室町幕府管領的細川賴之，特迎開創天龍寺的夢窗疏石之徒孫——聖仲永光開山創建的。迴遊式山水庭園「獅子吼之庭」裡超過300棵的楓葉和青苔相當雅致。春秋兩季會特別開放。

☎075-861-0091　🕚春（3月中旬～6月底）、秋（10月上旬～12月上旬）9:00～17:00　🈂期間中無休　🈯500円、本堂參拜須另付500円　所京都市右京区嵯峨天龍寺芒ノ馬場町36　P使用天龍寺參拜停車場　MAP122B-3

借景嵐山的迴遊式山水庭園「獅子吼之庭」裡的獅子岩。在室町時代由策彥周良設計的庭園

京都站		46分	嵐山天龍寺前	⑤寶嚴院	20分	嵯峨釈迦堂前	④厭離庵	6分	嵐山天龍寺前	③渡月橋	嵐山公園	33分	四条堀川	四条堀川	20分	清水道	②清水寺	清水道
京都駅前	市巴士28系統		（往南）		步行		市巴士28系統		（往北）			市巴士28系統	乘車處D（往北）	乘車處B（往西）		市巴士207系統	（南起往北）	

11、28、93系統於週六、假日會依行駛規制走其他路徑，不停靠此巴士站，請利用嵐山巴士站（往西）

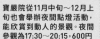

寶嚴院從11月中旬～12月上旬也會舉辦夜間點燈活動，能欣賞到動人的景觀。夜間參拜為17:30～20:15、600円

前往美照引起話題的紅葉景點

飽覽秋天絢爛紅葉 ②

瑠璃光院
るりこういん

八瀬站前
巴士站
步行6分

漆黑的畫布上映照出錦秋繪卷

「瑠璃之庭」的美景映照在書院2樓的地板與桌案，形成的夢幻倒影蔚為話題。楓葉由綠漸變轉紅或整面深紅，隨著時期展現出不同的樣貌，也是這裡的魅力所在。在1樓可欣賞到美麗的青苔地毯與艷麗紅葉形成的對比美景。

☎075-781-4001
🕙10:00～16:30，僅在春（4月中旬～6月下旬）和秋（10月上旬～12月上旬）開放（來院時請務必於官網確認）
🈺期間中無休 💰2000円
📍京都市左京區上高野東山55 🅿無 MAP106F-1

映照在漆黑畫布上的「桌案紅葉」，是任誰都會看得入迷的神祕光景。陰天時看起來更漂亮

走過橫跨高瀬川的吊橋，前往染上茜色的山門

青苔與紅葉相當美麗的「瑠璃之庭」，表現出淨土世界的模樣

用皋月杜鵑樹型修剪的模樣來表現中國的群山，造景獨特的唐式庭園。皋月杜鵑與紅葉，顏色上的對比非常漂亮

曼殊院
まんしゅいん

一乘寺清水町
巴士站
步行20分

紅葉更添華麗色彩，風雅的枯山水庭園

也被稱為「竹之內門跡」的門跡寺院。1656年打造桂離宮的八条宮智仁親王之子──良尚法親王將最澄於比叡山內的廟堂，遷移至現今的所在地。大書院和小書院為江戶時代建築，已列為重要文化財。秋天大書院前的枯山水庭園還會添上優雅的深紅色。

☎075-781-5010 🕙9:00～16:30
🈺無休 💰600円
📍京都市左京區一乘寺竹ノ内町42
🅿有 MAP110F-2

在代表水流的白砂中，配置了鶴島與龜島的枯山水庭園，染上朱紅。樹齡已有400年的五葉松請務必前來一看

詩仙堂
しせんどう

一乘寺下り松町
巴士站
步行7分

眺望江戶風流人士喜愛的唐式庭園與紅葉

以愛好風雅廣為人知的文人──石川丈山所搭建的草庵。名稱來自於「詩仙之間」將36名中國詩人的肖像畫懸掛於室。鋪滿白砂的庭園，隨四季變換的景色相當美麗，紅葉點綴其間的模樣特別漂亮。也請仔細傾聽據說是由石川丈山想出來的鹿威之聲。

☎075-781-2954 🕙9:00～16:45 🈺5月23日 💰500円
📍京都市左京區一乘寺門口町27 🅿無 MAP110F-2

6分 🚌 5分 🚶 20分

🚌 京都巴士 19系統 国際会館站前 乗車處4

🚶 步行 國際會館

🚇 京都 地鐵 烏丸線（往國際會館）

京都站（2號線）

行程介紹

遊覽在社群網站上造成話題的瑠璃光院和一乘寺、洛東紅葉名勝的行程。在皋月杜鵑的樹型修剪得相當美麗的詩仙堂，以及小堀遠州設計枯山水庭園的曼殊堂，遊賞名庭園搭配紅葉，再前往洛東數一數二的紅葉名勝──南禪寺和永觀堂。瑠璃光院需要事先預約，所以必須在出發前先計畫好。如果不打算去瑠璃光院，就可以使用巴士1日券。

巴士、地鐵
所屬交通機關

🚃 市巴士
🚌 京都巴士
🚆 市營地鐵

用地鐵、巴士1日券

省下 **310円!**

永觀堂
えいかんどう

南禪寺・永觀堂道
巴士站

步行5分

古今和歌集中也歌詠的
三千株紅葉令人屏息

正式名稱為禪林寺。在古今和歌集中被歌詠為「紅葉之永觀堂」等名,自古便以紅葉名勝聲名遠播。位於山腰上,多達3000株的楓樹環繞多寶塔和池泉迴遊式庭園等處的模樣精彩絕倫。紅葉時期還會展示寺寶,讓人想一起參觀。

MAP108F-1　LINK P.16

夜間點燈也很漂亮!
11月上旬~12月上旬會在境內舉辦夜間點燈。能欣賞到池中倒影與浮現在暗夜中的多寶塔等不同景色

位於庭園正中間的放生池紅葉景觀也相當漂亮

從放生池抬頭所見的多寶塔,有如漂浮在紅葉之中。從高台上的多寶塔往下俯瞰的紅葉也還是很美

南禪寺
なんぜんじ

南禪寺・永觀堂道
巴士站

步行8分

在三門眼下展現的
錦色雲海讓人讚嘆

約4萬5000坪的廣大境內,有300株楓葉渲染的紅葉名勝。江戶初期移建御所的建築至此,將近代宮廷建築之姿暗藏其中的大方丈、據傳為小堀遠州打造的枯山水庭園「幼虎渡河之庭」、明治時代完工的水路閣等,在如畫般的風景中,紅葉更添色彩。

MAP108F-1　LINK P.16

方丈庭園為禪寺特有的庭園設計,獲指定為國家名勝

水路閣復古摩登的紅磚也很出眾

從三門上面的「五鳳樓」俯瞰紅葉點綴的境內,這美景令人難以言喻

想吃午餐就來這裡

由日式點心職人和甜點師兩夫妻所經營的店。在此能品嘗到白味噌雜煮等滿滿京都美味的輕食。和洋折衷的聖代與塔點等甜點也廣受好評。

中谷聖代
1050円

一乗寺 中谷
いちじょうじなかたに

白味噌雜煮和紅豆飯等總共5道菜品的京雜煮彩飯(9月下旬~6月下旬)1050円

☎075-781-5504
🕘9:00~17:00　休週三(逢假日則營業)
所京都市左京区一乗寺花ノ木町5　交一乗寺下り松町巴士站步行即到　P有
MAP110F-2

店裡陳列的和洋式點心也推薦買來當伴手禮

 京都站

京都
地鐵烏丸線
(往竹田)

5分

 烏丸御池
地鐵東西線
(往太秦天神川)

8分

  蹴上〈1號線〉

10分

步行

 ⑤ 南禪寺

4分

步行

 ④ 永觀堂

南禪寺・永觀堂道
市巴士5系統

15分

 一乗寺下り松町
(往南)

 ③ 詩仙堂

15分

步行

 ② 曼殊院

一乗寺清水町
市巴士5系統

6分

 花園橋
(往南)

 花園橋
(北起往北)
轉乘

  京都巴士
10・17・19系統

4分

 八瀬站前
(往南)

 ① 瑠璃光院

 八瀬站前

南禪寺的別坊,南禪院和天授庵也能欣賞到漂亮的紅葉。天授庵也有夜間點燈活動,因此可於參觀完南禪寺後再造訪

擁有池泉迴遊式庭園「十牛之庭」的圓光寺也在途中,有時間的話,一定要順道去看看

從巴士站到瑠璃光院之間的「八瀬 紅葉小徑」也很漂亮

就算是當地人也有很多人還沒見過這番雪景。也有些人會透過即時影像事先確保能看見這幅景色

享受京都冬日美景

京都下起雪時就出發前往吧！

金閣寺 世界遺產
きんかくじ

金閣寺道
巴士站
步行5分

在雪景中也熠熠生輝，展現精采絕倫之美

京都市積雪就非去不可，新聞也會報導，畫上雪景妝容的金閣寺。在染上銀白的世界裡，閃耀著金色光輝的模樣，美得令人屏息。京都市區一年內的積雪日只有幾天而已，以最冷的日子為目標，在雪還不會融化的大清早前往參觀吧。

MAP111A-3 LINK P.14

想吃午餐就來這裡

在面向大堰川，能就近望見嵐山的130多年建築中，大啖溫熱的湯豆腐。這裡的湯豆腐、炸豆腐是用「森嘉」的嵯峨豆腐製作，裝滿當季食材的八寸（下酒菜），讓身心都獲得滿足。

午餐限定的豆腐會席「松葉」4180円。能享受到繽紛豐富的八寸和3種豆腐料理。

松籟庵
しょうらいあん

☎075-861-0123 ⏰11:00～16:00，週五～日、假日為～20:00 休無休 所京都市右京区嵯峨亀ノ尾町官有地 交嵐山巴士站步行10分 P無
MAP122B-3

從精心設計的室內眺望嵐山

富饒自然與橋梁交織出的生動雪景是嵐山的魅力。河邊的風很強，要做好萬全的防寒措施

渡月橋
とげつきょう

嵐山
巴士站
步行即到

白色積雪描繪出美麗的山水畫世界

皚皚白雪覆蓋的嵐山和渡月橋，呈現出有如水墨畫般的美景，是京都的代表雪景之一。陽光映照其上時，雪就會閃閃發光，讓人想一直望著這番景色。雪似乎要沿著筆直竹節堆積的竹林小徑同時也會呈現夢幻的氣氛，請一定要過去瞧瞧。

MAP122C-4 LINK P.33

從嵐山公園龜山地區眺看雪中的保津峽

行程介紹

① 金閣寺 → 金閣寺道 → 市巴士 205系統 **44分** → 京都駅前 乘車處 B3 → 京都站

京都傳出下雪預報時，就一定要前去欣賞的行程。將白銀×金黃畫上美麗雪景妝容的金閣寺深深烙印在眼底後，接著前往嵐山。眺望嵐山美麗雪景的同時，大啖溫熱的湯豆腐。在美術館和博物館等舒適的空間中，盡情享受嵐山的氛圍，接著移動到當天可來回的天然溫泉。浸泡在感受冷風的溫泉之中，身心皆獲得放鬆。

從金閣寺搭巴士5分，步行15分可到的等持院，其「池泉迴遊式庭園」雪也很美麗動人。與緋色毛氈形成的對比有如畫作

地圖標示：金閣寺、嵯峨嵐山文華館、福田美術館、二条城、渡月橋、下鴨神社、銀閣寺、京都御苑、清水寺、京都嵐山温泉、京都嵐山溫泉風風の湯、湯心京都嵐山温泉湯浴み処風風の湯、伏見稻荷大社、START&GOAL 京都駅

印有網代紋飾的玻璃、映照嵐山的水盤等，融合日本意趣的美麗建築也很引人注目

福田美術館
ふくだびじゅつかん

嵐山巴士站
步行3分

在摩登又美麗的空間裡，感受日本美術的魅力

這間私人美術館位在渡月橋即到的便利地點。從江戶時代的繪師到近代名畫，收藏約1800件以京都畫壇為主的作品，會配合企劃展展示畫作。館內附設的「BREAD, ESPRESSO&」，是可以將大堰川與渡月橋一覽無遺的絕景咖啡廳。僅入館參觀者可使用，因此能在這裡悠閒地度過時光。

☎075-863-0606 🕙10:00～16:30 🈺週二（逢假日則翌日休）、換展期間 💴1300円 📍京都市右京区嵯峨天龍寺芒ノ馬場町3-16 🅿無 MAP122B-4

〈1767年〉與謝蕪村《猛虎飛瀑圖》　〈1914年〉竹久夢二《切之丹波天津渡來之圖》

嵯峨嵐山文華館
さがあらしやまぶんかかん

嵐山巴士站
步行5分

傳遞百人一首歷史與日本畫精髓

位在自古以來便是風景名勝的嵯峨嵐山。常設展從百人一首的誕生到現代競技，沿著歷史以簡單明瞭的方式解說其魅力所在。介紹百人一首的可愛詠唱者「歌仙人偶」務必來看看。每季的企劃展也在事先查詢後再來造訪吧。

☎075-882-1111 🕙10:00～16:30 🈺週二（逢假日則翌日休）💴900円 📍京都市右京区嵯峨天龍寺芒ノ馬場町11 🅿無 MAP122B-4

將嵐山、大堰川取景融入其中

也可以坐下鑑賞作品的120疊榻榻米藝廊。在常設展中展示與百人一首有關的資料

想喝茶就來這裡

翻修舊宅改造成的咖啡廳。店內裝潢配置了藝術襖繪、古董家具，全部的座位都能望見約400m²的廣大日本庭園。在這裡能享用日式甜點，以及茶蕎麥麵製作的奶油培根蛋麵等。

用一同送上來的炭火爐烤，沾紅豆泥和醬油吃的熱呼呼糰子套餐1540円

eX cafe 京都嵐山本店
イクスカフェきょうとあらしやまほんてん

☎075-882-6366 🕙10:00～17:30 🈺無休 📍京都市右京区嵯峨天龍寺造路町35-3 🚌嵐山天龍寺前巴士站步行即到 🅿無 MAP122C-3

木村英輝親手設計，令人驚豔的襖繪

很多東西都可租借，空手前往也OK

阪急嵐山站前巴士站
步行3分

京都嵐山溫泉
湯浴み処 風風の湯
きょうとあらしやまおんせんゆあみどころふふのゆ

盡情享受天然溫泉「嵐山溫泉」的悠閒時光

嵐山溫泉裡唯一的不住宿溫泉設施。浴場內放滿了對肌膚溫和的溫泉，有主要浴池、乳白色的微氣泡絲滑溫泉、能感受嵐山之風的露天浴池等。還有乾式三溫暖、女湯才有的噴霧三溫暖，就算在寒冬中也能讓身體熱呼呼地由內到外暖起來。

☎075-863-1126 🕙12:00～21:30 🈺無休 💴1000円，週六、日、假日為1200円 📍京都市西京区嵐山上河原町1 🅿無 MAP122C-4

在車站前輕鬆泡足湯！

在嵐電嵐山站月台的「車站足湯」也能享受嵐山溫泉的溫泉水。足湯券可於車站服務台購買。

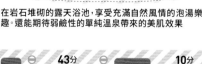

☎075-873-2121（嵐山站Hannari Hokkori Square服務台）🕙9:00～19:30（冬季為～17:30）🈺無休 💴200円（附毛巾）📍京都市右京区嵯峨天龍寺造路町20-2 🅿無 MAP122C-3

在岩石堆砌的露天浴池，享受充滿自然風情的泡湯樂趣。還能期待弱鹼性的單純溫泉帶來的美肌效果

京都站 — 京都駅前 — 市巴士 28系統 — 43分 — 阪急嵐山站前（下行）— ⑤京都嵐山溫泉 湯浴み処 風風の湯 — 10分 步行 — ④嵯峨嵐山文華館 — 3分 步行 — ③福田美術館 — 即到 步行 — ②渡月橋 — 嵐山 — 市巴士 93系統 — 26分 — 西ノ京円町（乘車處 D 往西）— 西ノ京円町（乘車處 A 往南）— 市巴士 205系統 — 9分 — 金閣寺道（乘車處 B 往南）

宛如水墨畫般的單色世界，天龍寺精緻優美的雪景也請務必前往欣賞。曹源池庭園借景的嵐山也染上雪白，頗具風情

13
COURSE

享受京都冬日美景

目的型行程導覽

莊嚴又美麗的模樣令人著迷

專程鑑賞佛像之美

二尊院
にそんいん

嵯峨小学校前 巴士站

步行10分

也以紅葉名勝廣為人知，祭祀二尊佛像的寺院

這裡供奉了將想前往彼岸極樂往生之眾生送走的釋迦如來，以及在彼岸迎接的阿彌陀如來這2尊佛像為本尊，因而稱作二尊院。從據傳為伏見城遺跡的總門到本堂的參拜道路被稱為「紅葉馬場」，150m的道路被紅葉包圍的模樣精采動人。讓前來造訪的人們為之著迷。

☎075-861-0687　⊙9:00～16:30　㊡無休　¥500円　㊟京都市左京區嵯峨二尊院門前長神町27　Ⓟ無　MAP122A-2

唐破風屋頂的勅使門，一般參觀民眾也能通行

面對佛像的右手邊是釋迦如來像，左邊是阿彌陀如來像。據說是鎌倉時代的春日佛師所作

想吃午餐就來這裡

開在清涼寺境內的湯豆腐專賣店。在這裡能嘗到以口感軟綿、入喉後風味醇郁為特徵的「森嘉」豆腐製作，以湯豆腐為主的全餐。也有豆腐霜淇淋等甜點。

能享用湯豆腐加上生麩和豆皮的會席料理「ゆどうふおきまり」3850円

京料理ゆどうふ 竹仙
きょうりょうりゆどうふちくせん

☎075-882-3074　⊙10:00～16:00、17:00～20:30（晚上10名以上為完全預約制）　㊡週四（4、11月不定休）　㊟京都市左京区嵯峨釈迦堂藤ノ木町46 清涼寺境內　㊟嵯峨釈迦堂前巴士站步行即到　Ⓟ有　MAP122B-2

櫃檯也有販售店家自豪的芝麻豆腐、高湯等

在應仁之亂的嵯峨大火中燒毀，1783年重建的仁王門

嵯峨釈迦堂前 巴士站

步行即到

清涼寺
（嵯峨釋迦堂）
せいりょうじ（さがしゃかどう）

從印度、中國再傳到日本，橫渡三國來到此地的釋迦如來佛像

據說是光源氏的原型──平安貴族源融的山莊，在其歿後改為棲霞寺，為此寺的起源。本尊為國寶釋迦如來像，傳聞是雕刻釋迦的年輕模樣。平常以嵯峨釋迦堂之名為人熟知，是淨土宗的寺院。4月會舉辦嵯峨大念佛狂言。

每月8日及4～5月、10～11月會開龕。身體有如濕布服貼一般，獨特的姿態非常優美

☎075-861-0343　⊙9:00～16:00，靈寶館開放為4、5、10、11月　㊡無休　¥400円，與靈寶館套票700円　㊟京都市左京区嵯峨釈迦堂藤ノ木町46　Ⓟ有　MAP122B-2

6分　①二尊院　嵯峨小学校前　50分　市巴士28系統　京都駅前　京都站

乘車處C6

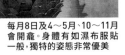

雖然有點偏離前往二尊院的路，不過步行12分，就能走到日本唯一祈求頭髮健康的御髮神社

行程介紹

從京都市約有1700座寺院之中，聚焦於佛像的遊覽行程。介紹的每尊佛像不是被指定為國寶就是重要文化財，全都非常貴重。請一定要親眼見識各尊佛像氣勢非凡的模樣。由於有些佛像有限定開放參觀的日期，又或是在活動中不可參觀，請事先各網站上確認最新資訊。

巴士所屬交通機關

市巴士

用巴士1日券
省下
680円!

也是西國三十三所觀音
靈場的第17番禮所

清水道
巴士站

步行7分

六波羅蜜寺
ろくはらみつじ

從口中顯現阿彌陀的空也上人像很有名

身為醍醐天皇皇子的空也上人,於951年在此開山立寺。供奉本尊為國寶的十一面觀音。日本教科書上也不陌生的空也上人像,是運慶的四男——鎌倉時代的佛師康勝的作品。寶物館內除了空也上人像之外,還安奉了手持經卷的平清盛坐像等木雕像。

☎075-561-6980
🕐8:00~17:00(寶物館為8:30~16:30) 🅷無休
💰境內免費,寶物館600円
📍京都市東山區五条通大和大路上ル東
🅿有 MAP119B-6

據說此像型塑出空也上人口誦「南無阿彌陀佛」,顯現佛之姿態的瞬間

江戶時代時將京都御所之御殿移建於此的御座所

泉涌寺道
巴士站

步行10分

頭戴鏤雕的寶冠,五官充滿異國風情的楊貴妃觀音。以祈求美麗的觀音為人熟知

泉湧寺
せんにゅうじ

在被稱為御寺的皇室菩提寺,拜見貌美的觀音

由月輪大師俊芿開創的真言宗泉湧寺派之總本山。自營造四条天皇的御陵以來,建有多位天皇的陵墓。安奉在觀音堂的楊貴妃觀音,據說是唐玄宗為追憶在戰亂中香消玉殞的楊貴妃,而命人雕刻此像。

☎075-561-1551
🕐9:00~16:30,12~2月為~16:00 🅷無休,寶物館為第4週一休 💰500円(含寶物館在內的御殿須另付300円) 📍京都市東山區泉涌寺山內町27 🅿有
MAP108E-4

高55m的木造建築,以日本第一高為傲的五重塔

東寺東門前
巴士站

步行即到

世界遺産

東寺(教王護國寺)
とうじ(きょうおうごこくじ)

將如來、菩薩、明王、天部等所有佛像網羅其中的寶庫

平安遷都時,為守護都城而創建的官寺。正式名稱雖為教王護國寺,但東寺或弘法的稱呼較為人所知。寶物館中收藏多達2萬5000件的國寶及重要文化財,被稱為密教美術的寶庫。講堂裡弘法大師所做的立體曼荼羅也有16座佛像獲指定為國寶。

☎075-691-3325 🕐8:00~17:00,金堂、講堂為~16:30,觀智院為9:00~16:30 🅷無休 💰境內自由,金堂、講堂500円、觀智院500円(視公開期間等而異) 📍京都市南區九条町1 🅿有 MAP109B-4

以大日如來坐像為中心,放置如來、菩薩、明王、天部21座佛像,將曼荼羅的世界具象化

胎藏界曼荼羅的資料夾
300円

金堂中安奉被12神將圍繞的本尊藥師如來

京都站		京都站八条口	市巴士 71系統 (往南)	東寺東門前 (往南)	⑤ 東寺(教王護國寺)	東寺東門前 (往南)	市巴士 207系統 (往西南)	泉涌寺道 (往南)	④ 泉湧寺	泉涌寺道	市巴士 207系統 (往南)	清水道 (往南)	③ 六波羅蜜寺	清水道	市巴士 202系統	西ノ京円町 轉嵐電 乘換 B (往東)	西ノ京円町 乘嵐電 C (往南)	市巴士 91系統 (往南)	嵯峨釈迦堂前 (往南)	② 清涼寺(嵯峨釋迦堂)
	不停靠京都站前的巴士總站,而是行駛至近鐵電車側的京都駅八条口巴士站		9分			18分					8分			32分		轉乘		20分		

屋齡百年以上的町家長屋有咖啡廳、冰淇淋、雜貨店等進駐,到安和路地要步行3分。推薦可在咖啡廳休息

安井金比羅宮
やすいこんぴらぐう

祈求良緣斬斷惡緣，
安井的金比羅

🚏 東山安井
巴士站
步行3分

藉由斬斷惡緣而獲得良緣，祈求斬斷不良關係的神社。不僅人際關係，舉凡抽菸、飲酒、病痛等，都會為祈求者斬斷惡緣。從「緣切緣結石碑」前方鑽進去，切斷惡緣；從反向鑽出來則能締結良緣。最後將寫著所求願望的形代貼上祈求願望實現。

☎075-561-5127 🕐境內自由（授與所為9:00～17:30）🈳無休 💰免費 📍京都市東山区弁天町70 🅿無 MAP119C-5

緣切、結緣御守
800円（2個1組）
緣切與結緣為2個1對
的御守

💭高1.5m、寬3m的緣切緣結石碑，上面貼著大量寫著願望的形代（代替自己的紙）

想吃午餐就來這裡

祇園的人氣天婦羅專賣店。午餐可享用到炸星鰻丼、炸什錦蔬菜丼、綜合天婦羅丼、炸大蝦丼4種口味。天婦羅的醬汁風味濃郁，非常下飯。

鋪上三條肉質肥厚，鬆軟可口的星鰻天婦羅，著侈的星鰻天丼1300円

祇園 天ぷら 天周
ぎおんてんぷらてんしゅう

☎075-541-5277
🕐11:00～14:00、17:30～20:30
🈳無休
📍京都市東山区祇園町北側244
🚌祇園巴士站步行3分 🅿無
MAP118B-3

店家裝潢充滿祇園風情。夜間僅有6500円的全餐

🚏 祇園
巴士站
步行即到

以成為京都美人為目標，前往此神社參拜的人相當多

在繪有主祭神明的繪馬500円上寫下心願

美御前社
うつくしごぜんしゃ

透過御神水的能量，
身心都變得更加美麗

位於八坂神社境內的神社，所祭祀的主神為市杵島比賣神、多岐理毘賣神、多岐津比賣神的宗像三女神。因為是祭祀以美麗聞名的女神，所以想讓身心都更加美麗的人們會前來祈求在美德上有所成就。自古以來也聚集了祇園藝舞妓的信仰。

☎075-561-6155（八坂神社）🕐境內自由
🈳無休 💰免費
📍京都市東山区祇園町北側625
🅿無 MAP120B-2

💭傳說用手取得社殿旁湧出的「美容水」，在肌膚上沾上數滴，身心就會變得美麗

美容水　身も心も美しく

有想實現的願望就去看看！
遊覽傳聞中的能量景點

行程介紹

8分
① 安井金比羅宮
步行
東山安井
16分
市巴士
京都駅前
206系統
乗車處
D2
京都站

從安井金比羅宮到美御前社需步行約8分。從社務所側走出去，到花見小路散步也是種享受

在諸多能量景點的京都裡，遊覽據說格外靈驗的人氣景點行程。搭乘巴士有效率地遊逛散布在京都街區裡的景點，從京都市中心到較遠的鈴蟲寺，為了祈求願望成真，要大幅遠距離移動！鈴蟲寺的佛法解說最晚是16時，想要趕上的話還請留意時間分配。

金閣寺・龍安寺・晴明神社・下鴨神社・銀閣寺・天龍寺・京都御苑・平安神宮・御金神社・八坂神社・美御前社・安井金比羅宮・清水寺・華嚴寺・伏見稻荷大社・京都駅
START&GOAL
華嚴寺（鈴蟲寺）

巴士所屬
交通機關

市巴士　京都巴士

用巴士1日券
省下
450円！

パス1日券

「想讓人知曉餡有多美味」的老字號「鶴屋吉信」所開的時髦咖啡廳。將馬斯卡彭起司×白豆沙融合出風味圓潤的內餡，用口感Q軟的外皮包裹起來的「生tubara」是店內招牌。

生tubara（2個）和飲料套餐1155円～。配咖啡也很對味

tubara cafe
ツバラカフェ

☎075-411-0118　⏰11:30～17:30
休週二、三　所京都市上京区西船橋町340-5　交堀川今出川巴士站步行即到　P有　MAP111C-3

店有如突然現身在街區中的綠洲

水流向吉位的晴明井。傳說這裡的井是使用念力讓井水湧出而成

晴明神社
せいめいじんじゃ

　　　　　　　　　一条戻橋・晴明神社前巴士站　步行即到

與平安時代陰陽師——安倍晴明有淵源的神社

為祭祀精通天文曆法、確立陰陽道的安倍晴明，於1007年所創建的神社。建在晴明的邸宅遺址，坐鎮於亦是皇宮御所的鬼門位置上。因為晴明能消除災厄，在此祈求除魔障、消災厄，五芒星的符號在神社境內隨處可見。

現在的本殿為1905年所建。從神社往南100m處還有與此神社有關的一条戻橋

☎075-441-6460
⏰9:00～17:00
休無休　費免費
所京都市上京区晴明町806　P無
MAP111C-4

向上御守
800円
以天地五行的土（黃）的韌性和火（赤）的氣勢提升學習力和業務力

陰陽御守800円
以代表陰陽男女的太極圖，祈求夫妻和睦、締結良緣

御金神社
みかねじんじゃ

　　　　　　堀川御池巴士站
　　　　　　步行3分

在大樓谷間閃耀的黃金鳥居，在此祈求財運和運氣高升

此神社的鳥居因貼著金箔而閃耀光芒。祭祀伊邪那岐和伊邪那美之子——金山毘古神，自古便作為祭祀礦山、礦物之神的神社而深受崇拜。因貨幣也是礦物之一，轉變為「金錢之神」而名聞遐邇，所以來此祈求提升財運的人絡繹不絕。

☎075-222-2062　⏰境內自由（授與所為10:00～16:00）
休無休　費免費　所京都市中京区押西洞院町614
P無
MAP117A-1

銀杏御守
1500円
尾端逐漸展開呈金黃色，吉祥的銀杏葉造型

一天有數次佛法講經，所需時間約30分

位於山門旁，能成就願望的幸福地藏。為伸出救援之手而步行前來，故腳踏草履

拾階而上就是能看到寺門且令人清新舒暢的參道

　　　苔寺・すず虫寺巴士站
　　　步行即到

華嚴寺（鈴蟲寺）
けごんじ（すずむしでら）

只能實現一個願望的幸福地藏寺院

堂內飼養著鈴蟲，一整年都能聽見蟲鳴之聲，因此以「鈴蟲寺」為人熟知。由僧侶巧妙講解的「鈴蟲法話」很有趣而廣受好評，也有很多再次來訪的信眾。境內也安奉著一生中會為信眾實現一個願望的幸福地藏。

☎075-381-3830
⏰9:00～16:30　休無休
費500円（附煎茶、點心）
所京都市西京区松室地家町31
P有　MAP107B-3

幸福御守
300円
拿著這個護身符，向幸福地藏祈願

鳥居與屋簷瓦等境內非常多金。御神木為銀杏大樹。許多人來祈求樂透中獎

周邊有苔寺，也就是有名的西芳寺，以及紅葉美麗的地藏院等景點

京都站	京都駅前	53分 京都巴士 73系統	苔寺・すず虫寺	⑤華嚴寺（鈴蟲寺）	苔寺・すず虫寺	45分 京都巴士 63系統	堀川御池（往西）	④御金神社	堀川御池	9分 市巴士 9・12系統	一条戻橋・晴明神社前（往南）	③晴明神社	堀川今出川	25分 市巴士 201系統	祇園（乘車處C）（往北）	②美御前社

七條甘春堂 本堂
しちじょうかんしゅんどうほんてん

博物館三十三間堂前
巴士站
步行即到

外觀也很漂亮，讓人感受到四季的上生菓子

創業於1865年的老牌京菓子店。雖然持續守護職人的手藝，但也重視新穎感覺的和菓子廣受好評。有舉辦和菓子體驗教室，能近距離見識職人手藝，並可製作3種上生菓子，不妨體驗看看。

☎075-541-3771　⏰9:00～17:30（喫茶為12:00～17:30）、體驗為10:00～、13:00～、15:00～　休無休（喫茶為週一、二）　所京都市東山区西之門町551　P無　MAP108D-3

1.可製作練切或金團等3種上生菓子
2.也可在此購買和菓子和在茶館享用菓子膳

和菓子體驗教室
2530円（附抹茶）
製作4個季節上生菓子，1個配上自己泡的抹茶享用。所需時間60～90分，需預約

村上開新堂
むらかみかいしんどう

河原町丸太町
巴士站
步行8分

在仍留有日式房間餘韻的空間裡，增添了北歐風味

在京都最古老的西式甜點店，能品嘗古早味的俄羅斯餅乾

1907年在京都最早開始販售西式甜點的店。將居住空間大膽翻修改裝成的咖啡廳，是可以透過樸質的烘焙點心與飲品放鬆休息的療癒空間。配上開新堂綜合咖啡，度過一段優雅時光。

☎075-231-1058　⏰10:00～16:30，販售～18:00　休週日、假日、第3週一　所京都市中京区寺町通二条上ル東側　P無　MAP114D-1

俄羅斯餅乾
各205円～
從昭和初期持續製作至今的招牌商品。很受歡迎所以常常售完

甜點套餐
（熔岩巧克力蛋糕）
1200円
咖啡廳限定的菜單，帶著微苦的濃郁風味。其他還有使用一保堂焙茶製作的戚風蛋糕

梅香堂
ばいこうどう

今熊野
巴士站
步行即到

紅豆堆得像小山一樣！夢幻般的鬆餅

位在商店街一角，充滿家庭式氛圍的甜點店。從9月的彼岸節到4月底，期間限定的鬆餅配料有紅豆，水果等許多種類。5～10月登場的刨冰分量十足，也很受歡迎。

☎075-561-3256　⏰10:00～17:30　休週二（逢假日則營業）、不定休　所京都市東山区今熊野宝蔵町6　P無　MAP108D-4

從東福寺或泉湧寺也能步行走到

小倉霜淇淋鬆餅
800円
鬆軟的鬆餅上，加了超多煮得軟呼呼的紅豆和霜淇淋！

Smart COFFEE
スマートこーひーてん

河原町三条
巴士站
步行即到

引領咖啡廳熱潮，風味如昔的老店

位在寺町通商店街中，1932年創業的名咖啡廳，從前就受到許多人的喜愛，鬆餅、布丁、雞蛋三明治等招牌品項的種類也很豐富。店家自豪的綜合咖啡是自己烘焙的。

☎075-231-6547　⏰8:00～19:00、2F午餐時間為11:00～14:30　休無休、午餐為週二休　所京都市中京区天性寺前町537　P有　MAP116E-2

自製布丁 650円
使用單純食材製作出古早的樸質風味。烘焙入味的布丁，表面也風味濃郁

雞蛋三明治
800円

咖啡
600円

還可在2樓享用西式午餐

3分　市巴士 208系統

博物館三十三間堂前（往東）

① 七條甘春堂 本店

博物館三十三間堂前

9分　市巴士 88・206系統等

京都駅前 奈良線 D2

京都站

行程介紹

想推薦給不論如何就是對甜點毫無抵抗力的甜點控，將京都的話題甜點，日式、西式都完美兼顧的行程。自己動手做的和菓子、在眼前製作完成的蒙布朗也兼具娛樂性質，在愉快享受樂趣的同時，一整天都沉浸在甜點中吧。暢銷品項會有數量限定，或是發號碼牌的情況，請在出發之前先確認一下。

巴士所屬交通機關

市巴士

用巴士1日券
省下
450円！

屋齡140年的房屋靜靜佇立在恬靜街道中

從日式氛圍的店內能欣賞經過打理的小庭院

還有還有！京都站的甜點

也來看看JR京都伊勢丹（→P.85）、ASTY京都蒐羅各種蔚為話題、色彩繽紛的點心。

餡之花束（3個）756円

梅園 oyatsu
うめぞのオヤツ

將伯爵紅茶和焦糖的內餡用口感Q彈的外皮包裹起來，新感覺的銅鑼燒蔚為話題
所JR京都伊勢丹B1F

SO-SU-U·羊羹蜂蜜蛋糕（10個）1296円

伊藤軒／SOU·SOU
いとうけんソウソウ

加入大量雞蛋的古早味蜂蜜蛋糕，再搭配上添加和三盆糖的羊羹。還有黑糖口味。
所JR京都伊勢丹B1

琥珀糖（10條）1080円

鶴屋吉信 IRODORI
つるやよしのぶイロドリ

茉莉花、德國洋甘菊等口味隨著顏色各有不同，共5種的乾菓子裝成一盒。
所ASTY ROAD內

大極殿本舖 六角店 甘味処 栖園
だいごくでんほんぽろっかくみせ あまみどころせいえん

四条高倉 巴士站
步行6分

映照出京都的季節，宛如寶石般閃耀的琥珀露

以長崎蛋糕為人熟知的栖園，是於1885年創立的甜點茶房。刨冰和口感Q軟的蕨餅也很受歡迎，但真正擄獲甜點控芳心的是每月不同的琥珀流。在屋內能望著小花園，同時品味季節感。

☎075-221-3311 ⏰10:00〜17:00，販售為9:30〜18:00 休週三 所京都市中京區堀之上町120 P無 MAP116D-3

| 8月 涼糖水 | 7月 胡椒薄荷 | 5月 抹茶 | 4月 櫻花 |
| 2月 可可 | 1月 白味噌 | 11月 柿 | 10月 栗 |

琥珀流 各750円
彈牙柔軟的寒天凍點綴上每月不同、充滿季節感的糖漿與配料

FUKUNAGA 901
フクナガキュウマルイチ

京都站 巴士站
步行5分

季節限定的奢華甜點！堆疊如小山的水果聖代

將當季水果如草莓、櫻桃、麝香葡萄、奇異果等堆疊成小山的季節聖代，「山」系列為店家招牌。除了聖代以外，帕里尼等輕食和店家自己調配的香草茶也很有人氣。

☎075-342-0082 ⏰10:00〜19:30 休無休 所京都市下京區東塩小路町901 京都站ビル內 8F P無 MAP109C-3

紅寶石山 1700円
使用大量高甜度的美國櫻桃。和自家製的優格冰淇淋、泡沫慕斯搭配起來十分對味

可從京都車站大階梯或伊勢丹內前往此店

丹波くり・和栗専門店 紗織
たんばくりわぐりせんもんてんさをり

四条河原町 巴士站
步行8分

和栗專賣店獨有的現做蒙布朗

使用產量稀少的丹波栗製成散發濃郁丹波栗香氣的蒙布朗，因而蔚為話題的店家。點單後才開始擠壓成有如絲線的蒙布朗，飽含空氣，形成鬆軟圓潤的味道。還有蒙布朗冰淇淋和蒙布朗蛋糕等可外帶的品項。

☎075-365-5559 ⏰10:00〜17:30 休不定休 所京都市下京區和泉屋町170-1 P無 MAP119A-5

和栗與季節水果聖代 2750円

店員會在吧檯座前當面製作

最高級丹波栗 紗 2860円
僅使用京都丹波栗。用細1mm紡線織出的蒙布朗。附有飲品，也可選擇酒精性飲料

京都站	即到	⑦FUKUNAGA 901	11分	⑥丹波くり・和栗専門店 紗織	3分	⑤大極殿本舖 六角店 甘味処 栖園	7分	④Smart COFFEE	6分	③村上開新堂	24分	②梅香堂
	步行 京都駅前		市巴士 5系統等 河原町松原（往南）		四条河原町 市巴士 207系統等 乘車處A（往東）四条高倉		步行 河原町丸太町		步行 河原町丸太町		市巴士 202系統 今熊野（往北） 今熊野	

祇園周邊有ぎをん小森、ZEN CAFÉ 등類非常多有名的甜點店！覺得自己還吃得下的話可以順道去看看

自七條甘春堂 本店步行到梅春堂約9分左右

抹茶愛好者專屬行程

遊覽抹茶聖地「宇治」和位在京都市區的名店

辻利兵衛本店 茶寮
つじりへえほんてんさりょう

○ JR宇治站 步行5分

以絕妙平衡層層堆疊，美麗和諧的抹茶聖代

將建齡100年梁柱的原貌善加利用的茶廠和茶倉，重新改造成時髦的茶寮。創業160多年的實績，是京都人掛保證的證明。在此品嚐講究「茶之道」的真功夫。

☎0774-29-9021 ⏰10:00～17:00
休週二（逢假日則營業）所宇治市宇治若森41 P有 MAP124A-4

店鋪設計頗具風格。店內入口處有販售茶葉和抹茶甜點

隨季節變化的芭菲登場！

濃茶芭菲
宇治譽 1760円
濃茶霜淇淋與碾茶凍層疊出的大人系風味

10日圓硬幣上的國寶鳳凰堂。能鑑賞諸多寺寶的博物館，也別忘了要參觀鳳翔館

ⓒ平等院

平等院
びょうどういん

世界遺產

○ JR宇治站 步行10分

出現在10硬幣上的有名世界遺產，被稱為現世極樂淨土的寺院

在平安時代握有大權的藤原道長的別墅，本院起源於其子賴通於1052年將此改造成寺院，並命名為平等院。被列為國寶的阿彌陀堂看起來就像鳳凰展開雙翼，因此被稱為鳳凰堂。這裡也是賞紫藤的名勝之地。

☎0774-21-2861 ⏰8:30～17:15、鳳翔館為9:00～16:45 休無休 費庭園&鳳翔館600円，鳳凰堂須另付300円（鳳凰堂內部參觀會依先後順序發時間票，發完為止）所宇治市宇治蓮華116 P無 MAP124B-4

暖廉上染印著屋號「まると」很好認

中村藤吉本店
なかむらとうきちほんてん

○ JR宇治站 步行即到

在代表宇治的茶葉名店，體驗點茶的樂趣

1854年創業的老字號茶商。在這裡感受非日常空間的同時，推薦各位讀者參加能實際體驗抹茶原本滋味的「石臼磨茶與茶席體驗」。在咖啡廳還能享用超受歡迎的「生茶凍」。

☎0774-22-7800 ⏰10:00～16:30
※視季節等變動
休無休 所宇治市宇治壹番10 P無 MAP124A-4

店員會一碗一碗地當面點茶製作

生茶凍
（抹茶）
990円

充滿意趣的庭園氛圍絕佳。「石臼磨茶與茶席體驗」6600円，能品嚐用濃茶，以及石臼磨出的抹茶所泡的薄茶

行程介紹

抹茶甜點、午餐、伴手禮到體驗課程，從早到晚全都是抹茶的行程。說到京都的抹茶就不可能跳過的「宇治」，來這裡遊逛抹茶名店與世界遺產平等院之後，從市內老店到話題新店，大範圍地進行抹茶巡禮。請特別留意從京都搭乘JR到宇治站，來回票要480円，並不包含在1日乘車券的範圍之內，須另外付費。

② 中村藤吉本店

步行 8分

① 辻利兵衛本店 茶寮

宇治

18分

JR Miyako路快速（往奈良）240円

京都〈8號線〉

京都站

巴士、地鐵所屬交通機關

市巴士　JR

用**巴士1日券**
省下 220円!

うめぞの CAFE&GALLERY

うめぞのカフェアンドギャラリー

四条西洞院
巴士站

步行5分

**鬆軟富彈性，能用筷子品嘗
的抹茶色鬆餅**

1927年創業的甜點茶屋「梅園」分店之一。此店的招牌是在鬆餅麵糊加入宇治田原產抹茶的抹茶鬆餅。帶點苦味的鬆餅配上日式配料，完美搭配廣受好評。

☎075-241-0577　⊙11:30～18:30　休無休　所京都市中京區不動町180　P無
MAP117A-3

翻修町家營造出自然氛圍也很舒適

**抹茶鬆餅
1050円**
加上黑糖奶油、紅豆泥、蜜糖搭配，使甜度有層次變化

店內設計用混凝土與木質打造出時髦空間

京都駅前
巴士站

步行4分

紡 cafe

つむぎカフェ

**來喝漂亮
3色漸層的
進化系抹茶飲品**

這裡的招牌菜單是抹茶、牛奶、濃縮咖啡形成三層色彩的抹茶拿鐵咖啡。紅豆奶油吐司配上抹茶冰淇淋的抹茶小倉奶油土司也受到大家喜愛。

**抹茶拿鐵咖啡 700円
抹茶大理石
乳酪蛋糕 400円**
抹茶選用老字號茶鋪「京都ちきりや」，風味很道地

☎075-352-6400　⊙9:00～19:00　休無休　所京都市下京區東塩小路町684　P無
MAP109C-3

**抹茶蕎麥麵（竹籠）
附豆皮 890円～**
使用宇治抹茶製作的蕎麥麵，特徵是風味高雅

**宇治抹茶芭菲
冰棒 各540円～**
人氣抹茶芭菲變成華麗的冰棒，共有5種口味

伊藤久右衛門 本店・茶房

いとうきゅうえもんほんてんさぼう

JR宇治站

步行15分

**只要喜歡，加多少都
可以的石臼研磨抹茶**

自江戶時代營業至今的茶屋。每季推出不同口味的抹茶聖代受到大家喜愛，令人開心的是能隨喜好添加石臼研磨抹茶當作配料。店內氛圍沉靜，走日式摩登風格，在這裡還能品嘗輕食。

☎0774-23-3955　⊙10:00～18:30　休無休　所宇治市菟道荒槇19-3　P有　MAP124B-3

茶寮都路里 祇園本店

さりょうつじりぎおんほんてん

祇園
巴士站

步行即到

**即使要排隊也想吃，在抹茶
聖代界具代表性地位的店家**

宇治茶老店「祇園辻利」推出的甜點店。能盡情品嘗抹茶風味的奢侈聖代，使用精心製作的果凍、冰淇淋、蜂蜜蛋糕，受到大家喜愛。香氣濃郁的焙茶聖代也廣受好評。

☎075-561-2257　⊙11:00～17:00，週六、日、假日～18:00　休無休　所京都市東山區祇園町南側573-3 茶寮都路里 祇園本店2F　P無　MAP118C-3

**特選都路里
芭菲 1441円**
甜中帶點微苦，平衡地恰到好處。配料豐富也很令人開心

茶匠 清水一芳園 京都本店

ちゃしょうしみずいっぽうえん
きょうとほんてん

東山七条
巴士站

步行即到

**使用兩種抹茶製作慕斯
所完成的刨冰造成話題**

在茶葉批發商直營的咖啡廳，能夠享受到使用大量高級抹茶製作的日式甜點。使用2種抹茶製作的泡沫慕斯刨冰，以及滿是宇治抹茶的泡沫慕斯芭菲廣受好評。

☎075-202-7964　⊙11:00～16:30　休週一、二（逢假日則翌日休）　所京都市東山區本瓦町665　P無　MAP108D-3

**抹茶泡沫慕斯
雪冰 1100円**
滿滿高級抹茶。帶有清爽的苦味，入口餘韻也絕佳

京都站		⑧紡 cafe		⑦茶匠 清水一芳園 京都本店		⑥茶寮都路里 祇園本店		⑤うめぞの CAFE&GALLERY		④伊藤久右衛門 本店・茶房		③平等院
	步行 4分		步行 京都駅前 市巴士 206系統等 5分 東山七条（往西）		步行 東山七条 市巴士 202系統等 10分 祇園 乘車處 A（往南）		步行 四条京阪前 市巴士 46・207系統等 10分 四条西洞院（往東）		步行 四条西洞院 市巴士 50系統 10分 京都駅前 乘車處 B2		轉乘 京都 JR Miyako路快速（往京都）240円 17分 宇治（2號線）		步行 8分 步行 8分

由KYOTO TOWER SANDO內的「京都北山MALEBRANCHE」推出店鋪限定的「生茶之菓冰棒」（250円）也賣得很好

朝平等院前進的「平等院表參道」上，宇治茶老店林立。在這裡能輕鬆享用抹茶糰子和綠茶等，順道走逛也頗有樂趣

1.有漂亮彩繪玻璃的本館，連細節都很講究　2.景觀優美的露臺座位，能在這裡度過惬意舒適的時光

接觸建築之美與動人藝術

欣賞每個時代不同的建築之美

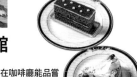

在咖啡廳能品嘗到與企劃展有關的蛋糕

參考英國與瑞士建築，屋齡有100年的洋樓，與安藤忠雄打造的現代建築一同並立的山中豪宅

阪急大山崎站
步行10分

朝日啤酒 大山崎山莊美術館
アサヒビールおおやまざきさんそうびじゅつかん

建築本身為藝術空間，與自然共鳴的英國風山莊

由屋齡約100年的「大山崎山莊」本館、安藤忠雄所建的地中館「地中寶石箱」與山手館「夢之箱」這三館組成的美術館。以莫內的《睡蓮》、參與民藝運動的創作家所做的陶瓷器為主，收藏漆器、織染、織物、繪畫、雕刻等約1000件的館藏品。

☎075-957-3123（綜合服務處）　🕐10:00～16:30（閉館17:00）　休週一（逢假日則翌日休），此外有臨時休　💴900円　所大山崎町錢原5-3　P無　MAP105A-6

想吃午餐就來這裡

能從4～5種主食料理中挑選1種，使用大量蔬菜的午餐，受到大眾喜愛。想來杯咖啡和手作蛋糕休息一下的時候也很推薦來這裡。氣氛令人放鬆且環境舒適。

盤餐附小菜、米飯和湯，每日不同的午餐950円～

cafe tabitabi
カフェタビタビ

☎075-957-9180　🕐7:00～19:00，週日8:00～18:00　休週一（逢假日則翌日休）　所大山崎町大山崎西谷4-6 Hotel Dew Oyamazaki 1F　交阪急大山崎站步行3分　P無　MAP105A-6

店內氛圍沉靜，也有露臺座位

1.和洋融合的生活風格，實現日本住宅理想的建築。優美的設計也是看點　2.在3個沒有柱子的緣廊方向都設置了窗戶，將採光發揮到最大極限

阪急大山崎站
步行8分

聽竹居
ちょうちくきょ

光與風流通的舒適空間，實用之美令人著迷

可謂是建築環境工學先驅的藤井厚二自宅。建於1928年的聽竹居，據說是其最後作品並集其大成的實驗住宅，獲指定為日本重要文化財。為了讓人可感受涼爽，在地板下開了換氣口，讓風循環吹拂等，善加運用日本的風土。

☎075-956-0030　🕐9:30～16:15（須於官網預約）　休週一～六　💴1000円　所大山崎町大山崎谷田31　P無　MAP105A-6

行程介紹

10分　　　28分

① 朝日啤酒 大山崎山莊美術館

步行

大山崎

京都河原町
〈3號線〉

阪急
京都本線
準急
（往大阪梅田）

可無限次搭乘阪急、阪神電車，京都市營地鐵、巴士全線，以及京都巴士的「美麗古都通票」，可在阪急的窗口購買

使用春秋限定的乘車券「美麗古都通票」1700円，前往大山崎，造訪昭和的摩登建築。遊覽庭園優美的桂離宮和京都御所等，享受大人系散步的行程。聽竹居和桂離宮等必須事先申請，請確實做好計畫。若從阪急、阪神沿線到最近的車站購票，就更加划算了。

巴士、地鐵所屬交通機關

市巴士　　阪急

用美麗古都通票
省下
140円！

創業於1863年的老字號和菓子店。將爐灶炊煮的紅豆粒館，用麻糬包裹起來的麥代餅為店家招牌。在這裡夏天提供剉冰，冬天備有紅豆湯等，還能品嚐到甜點和煮麵等輕食。

中村軒
なかむらけん

☎075-381-2650 ◷8:30～17:30（茶店為10:00～17:30）⊗週三 ㊟京都市西京区桂御園 ⊕桂離宮前巴士站步行即到 Ⓟ無 MAP107C-4

麥代餅 290円
據說是插秧時的點心而備受重視

茶房為和室座位，能在此愜意度過

天花板高16m的寬敞中央大廳
攝影：來田猛

桂離宮
かつらりきゅう

敏銳細緻的美感
令世界驚豔的日本庭園

起於江戶時代八条宮家第一代——智仁親王打造的素雅建築，再由其子智忠親王完成的別墅。呈現四季流轉之美的寬廣庭園中，座落著書院、茶屋等。複雜的池形也讓人能感受到造形之美，作為日本屈指可數的名園，遠近馳名。

☎075-211-1215（宮內廳京都事務所參觀課）⊗申請制（於官網確認，可當日申請）⊗週一（逢假日則翌日休）❤1000円 ㊟京都市西京区桂御園 Ⓟ有 MAP107C-4

桂離宮前
巴士站
步行15分

庭園與座落其中的建築構成出色的景觀

設置在古書院的月見台（內部不公開）。腹地約7萬m²，整體幾乎皆為迴遊式庭園，處處展現四季之美

御池為江戶時代打造的池泉迴遊式庭園。處處散發優雅氛圍的日本庭園務必一見

京都御所
きょうとごしょ

地鐵今出川站
步行3分

歷代天皇生活的優雅御殿

從南北朝時代到明治時代初期的500餘年（1331～1869左右），為天皇的居住場所。現在的建築是1855年建造的，將自古以來的皇宮形態保留至今。從平安時代的寢殿造到江戶時代的書院造，都能窺見日本建築歷史的變遷。

☎075-211-1215（宮內廳京都事務所參觀課）◷9:00～17:00，10～2月為9:00～16:00，3、9月為9:00～16:30（受理到結束前40分）⊗週一（逢假日則翌日休）❤免費 ㊟京都市上京区京都御苑1 Ⓟ使用京都御苑停車場 MAP111C-4

位在本館地下1樓的「玻璃・彩帶」與歷史建築的融合非常完美
攝影：來田猛

京都市京瓷美術館
きょうとしきょうセラびじゅつかん

東山二条・岡崎公園口
巴士站
步行7分

現存最古早的公立美術館建築，優美的建築令人著迷

由建築師青木淳和西澤徹夫於2020年活用原本1933年開創時的模樣，重新翻修而成。在這裡能欣賞從京都畫壇等日本近代美術至現代美術，展覽的類別廣泛多元。

☎075-771-4334 ◷10:00～18:00 ⊗週一（逢假日則開館）、過年期間 ❤視展覽而異 ㊟京都市左京区岡崎円勝寺町124 Ⓟ有（收費）MAP114F-2

竹內栖鳳
＜第一次擺姿勢＞
1913年
京都市美術館所藏

木島櫻谷＜寒月＞（左半）1912年
京都市美術館所藏

因為離八坂庚申堂和八坂塔不遠，很方便在觀光時順道來逛逛

1樓為生活雜貨店與咖啡小站，2樓為多用途空間

在充滿京都風情的町家享受購物與美食吧

暢遊日本傳統町家

日東堂
にっとうどう

清水道 巴士站
步行5分

活用傳統技術的高級生活雜貨相當豐富

翻修2層樓高的木造町家風建築而成的商店。由以隨手黏除塵滾輪「KOROKORO」出名的NITOMS股份有限公司所營運，擺滿KOROKORO、文具、家飾商品等。還設有咖啡小站「KYOTO COFFEE」，能在這裡度過悠閒時光。

☎075-525-8115
⏰10:00～18:00
休不定休
所京都市東山區八坂上町385-4
Ｐ無 MAP121B-4

深型濾茶器（小）880円
配合馬克杯尺寸的燕三條濾茶器

KYOTO COFFEE 綜合濾掛式咖啡 各324円
只有這裡才買得到的原創濾掛式咖啡

店內有諸多竹笹堂的木版畫作品！

AWOMB西木屋町
アウームにしきやまち

河原町松原 巴士站
步行即到

在屋齡80年以上的町家享用藝術品般的手織壽司

要自己動手將醋飯和食材捲起來享用的「手織壽司」為店家招牌餐點。以隨季節更換的當季主要蔬菜為主，加上天婦羅、香草、水果等色彩豐富的擺盤，簡直就像藝術品一樣！將全部都是用蔬菜製作的食材，自由地搭配品嘗吧。

☎050-3177-5277
⏰11:30～15:30、17:30～19:30（僅限網頁預約）
休不定休
所京都市下京區難波町405
Ｐ無 MAP114D-4

竹笹堂
たけざさどう

四条西洞院 巴士站
步行即到

木版和紙文具、雜貨的柔和質感讓人相當心動

由京都傳統木版工房推出，使用木版手摺和紙的雜貨店。從木版和紙、和紙文具、家飾品到木版畫作品、浮世繪皆有販售。另外書衣、御朱印帳、信紙等活用和紙魅力的雜貨也很可愛。有好多個性商品，文具控一定要來！

☎075-353-8585 ⏰11:00～18:00
休週三 所京都市下京區綾小路通西洞院東入ル新釜座町737
Ｐ無 MAP117A-4

小卡 各440円
用色繽紛有趣的木版畫留言小卡

季節木版畫 2200円
放入畫框中，讓人想當成居家飾品展示出來！

有充滿京都町家感的小庭院，能感受到木質溫馨的空間。有1、2樓

手織壽司 養 3267円
由於調味佐料也很豐富，能好好享用店家自創的口味

行程介紹

在仍保存諸多古早町家的京都，有許多活用此珍貴建築的店家。例如保留古早設計的格局原貌，能讓人體驗町家生活的設施，以及將其重新翻修成時尚咖啡廳等，行程內容多樣豐富。從祇園、河原町到西陣，或從車站到較遠的紫野區域，只有搭巴士才能輕鬆移動，來盡情享受京都的町家風情吧。

河原町松原 → 12分 市巴士 80系統 → 清水道（南起往北） → ① 日東堂 → 清水道 → 16分 市巴士 206系統 乘車處D2 → 京都駅前 → 京都站

巴士所屬交通機關
市巴士

用巴士1日券 省下 910円!

バス1日券 Bus 1-Day Pass 大人 ¥700-

喫茶 狐菴
きっさこあん

酒×和菓子的良好關係，發現嶄新的配對組合

在這間時髦的酒吧能享受到酒與和菓子的完美組合。酒、菓子、容器全都是京都製造，很是講究。沒有提供菜單，將喜好告知店家，便會代為挑選菓子，以及適合跟菓子搭配的日本酒或咖啡。在氣氛沉靜的店裡，度過一段大人系的時光。

📷非公開
🕐15:00～21:00
🈺週一、二
（有不定休）
🏠京都市北区紫野
上門前町66
🅿無　MAP111B-2

翻修民宅而成的店舖，充滿意趣的茶室風格

（左）本日和菓子 600円
（右）伊根滿開 700円
帶出紅豆粒餡香甜的上生菓子，配上像葡萄酒般帶酸味的向井酒造日本酒，十分對味

大徳寺前 巴士站
步行8分

西陣生活美術館 富田屋
にしじんくらしのびじゅつかんとんだや

一条戻橋・晴明神社前 巴士站
步行3分

傳遞歷史與文化，和服衣料大盤商的町家建築

建於1885年的町家建築，為日本國家的登錄有形文化財。參觀町家的同時，能學習商家的規矩和京都文化（2200円）。此外還有可自由選擇的茶席體驗、和服體驗、插花體驗、書法體驗等。在留存至今的町家，體驗當時的生活型態吧。

☎075-432-6701
🕐9:00～17:00
（需預約）　🈺無休　🏠京都市上京区大宮通一条上ル　🅿無
MAP111B-4

有3座倉庫、6處小庭院、茶室與主屋分開的房間等。有多種風情面貌，許多地方都值得來看看

和服體驗（4400円），可穿著正絹和服。動作姿勢也很高雅！

鞍馬口通聚集了諸多個性豐富的店家。內用也OK

千本鞍馬口 巴士站
步行9分

うめぞの茶房
うめぞのさぼう

喚起少女心！和洋融合的綴之羹

以甜點出名的「梅園」姊妹店。招牌甜點「綴之羹」是把紅豆餡加入寒天和蕨餅粉凝結而成，每個造型都很可愛，推薦帶回去當伴手禮。可可、抹茶、覆盆子等為固定口味，再加上季節性口味，陣容大約8種。

☎075-432-5088
🕐12:15～17:30
🈺無休
🏠京都市北区紫野東藤ノ森町11-1
🅿無　MAP111B-3

綴之羹 各390円～
水果、香草等充滿童心的組合也很令人享受

船岡溫泉
ふなおかおんせん

千本鞍馬口 巴士站
步行5分

在復古氛圍的錢湯，療癒旅途的疲勞

初創業時為料理旅館「船岡樓」，於1933年改為大眾澡堂。獲指定為日本國家有形文化財，附近的人就不用多說，還有日本全國各地的錢湯迷會來此造訪。整面貼著色彩鮮明的馬約利卡磁磚，以及欄間的精巧工藝等豪華的設計，絕對值得到此一遊！

☎075-441-3735
🕐15:00～翌1:00
🈺無休　💰450円
🏠京都市北区紫野南舟岡町82-1
🅿有　MAP111B-3

大正時代流行的馬約利卡磁磚，有著美麗的異國色彩

門面充滿過去料理旅館的渾厚感

正好在千本鞍馬口巴士站與堀川鞍馬口巴士站之間。往西北前進，還有建勳神社（→P.63），有很多值得一見的地方

步行2分處有晴明神社（→P.41）。下車後先去參拜吧！

由於會有各種不同系統的巴士停靠此站，請不要弄錯，一定要搭乘12系統喔

從河原町松原巴士站到四条河原町巴士站，步行10分右便可抵達

京都站	37分	京都駅前	⑦千本鞍馬口 206系統（往南）市巴士	4分	⑥船岡溫泉	步行	⑤うめぞの茶房	12分	步行	④喫茶 狐菴	大徳寺前 12系統 市巴士	8分	一条戻橋・晴明神社前（往北）	③西陣生活美術館富田屋	一条戻橋・晴明神社前 12系統 市巴士	14分	四条西洞院（往西）	③竹笹堂	四条西洞院 201・203・207系統 市巴士	8分	四条河原町乗車處D（往北）	四条河原町乗車處F（往西）205系統 市巴士	3分	河原町松原（往北）	②AWOMB 西木屋町

中離宮的客殿，是將東福門院的女院御所「奧對面所」移建至此而成。右後方被稱為「霞棚」的裝飾棚架，為天下三棚之一。

身處綠意豐沛的大自然中，讓身心都受到療癒

在盎然綠意中散步

修學院離宮
しゅうがくいんりきゅう

修学院離宮道
巴士站
步行15分

後水尾上皇鍾愛不已的離宮，運用自然的景觀令人感動

江戶初期，後水尾上皇在比叡山山麓規畫打造而成的山莊，據說從草木到每顆石頭都是由上皇親自下達指令。廣大的腹地是由3座庭園：上、中、下離宮所組成。融入大自然美麗的景觀，以驚人的規模自豪。

☎075-211-1215（宮內廳京都市務所參觀課）
㊙申請制（可於官網確認，可當日申請）
㊡週一（逢假日則翌日休）　㊎免費
㊟京都市左京区修学院薮添
Ｐ無　MAP 110F-1

從上離宮的鄰雲亭眺望出的景色。以浴龍池為中心，幅員廣闊的池泉迴遊式庭園

200m長的樟樹道是開園當初種下的，走在其中就能感受清爽宜人的氛圍！

日本規模最大的觀賞溫室，能欣賞熱帶地區的植物等。外觀是以浮於池上的金閣寺為形象，充滿京都風格的設計

植物園前
巴士站
步行5分

京都府立植物園
きょうとふりつしょくぶつえん

日本最古早的公立植物園，來欣賞綠意盎然的植物吧

在1924年開園的廣大腹地內，栽種、展覽約1萬2000種植物。春天有櫻花，初夏有玫瑰、花菖蒲，秋天有楓葉等，是最適合感受季節氛圍的地方。此外還有西式庭園、巨木林立的林蔭道、留有自然森林的半木森林等，有很多值得逛逛的地方。

☎075-701-0141
㊋9:00～16:00
㊡無休
㊎入園200円、温室200円
㊟京都市左京区下鴨半木町
Ｐ有　MAP 111C-2

薔薇園裡有約320個品種、1400株朵花兒盛開其中

8分　修学院離宮道（往南）　①修學院離宮　修学院離宮道　53分　京都駅前 乗車處 A1　京都站

市巴士 5系統　　　市巴士 5系統

雖然也可當日參觀，但由於人數有限，還是建議事先預約

行程介紹

除了與廣大的修學院離宮有淵源的自然之美以外，還有網羅世界花草的京都府立植物園，以及遍布嵐山、充滿京都風情的竹林，在京都能夠輕鬆地接觸到各種不同風格的自然景色。這條飄逸爽朗空氣的行程，也很適合散步約會！在生氣蓬勃、繁茂滋長的綠意中度過一日，重新補充能量吧。

IN THE GREEN
京都府立植物園
金閣寺　　下鴨神社
竹林小徑　　龍安寺　　京都御苑
天龍寺　　　　　　二条城
Snow Peak LAND
STATION KYOTO
ARASHIYAMA
START & GOAL　　清水寺
京都駅
伏見稲荷大社

巴士所屬交通機關

市巴士　　京都巴士

用巴士1日券
省下
910円！

バス1日券
Bus 1-Day Pass
¥700

要買伴手禮就來這裡

誕生在京都北山的西點店。販售京都經典伴手禮濃茶貓舌餅乾「茶之菓」等烘焙點心、蛋糕、巧克力等，孕育出各式各樣的人氣商品。

濃茶貓舌餅乾
茶之菓 751円
（5片入）➡

◀手作果醬的
甜點餅乾
1944円

MALEBRANCHE
京都北山本店
マールブランシュきょうときたやまほんてん

☎075-722-3399 ●9:00～18:00、沙龍咖啡廳為10:00～17:30 ㊡無休 ㊟京都市北区北山通植物園北山門前 ㊋植物園北門前巴士站步行即到 ㊟有 MAP110D-1

外型摩登又優雅的北山總店，集結了京都的美之意識

因為漫步在竹林之中，夏天時也很涼爽，在這裡令人感覺舒適

嵐山
巴士站

步行8分

Snow Peak LAND STATION KYOTO ARASHIYAMA
スノーピークランドステーションきょうとあらしやま

與古都自然相遇
Snow Peak的觀光據點

戶外用品製造商Snow Peak經營的觀光據點。重新裝修擁有寬廣庭園、屋齡100年的料理旅館而成，在這裡販售露營用具及服裝、限定商品。將露出地板的土間部分設計成咖啡廳，提供日本茶等充滿京都風格的系列菜單。

設置Snow Peak製椅子和桌子的咖啡廳。用露營的心情享受這一切吧

法式吐司
1180円

☎075-366-8954 ●10:00～19:00 ㊡第3週三 ㊟京都市右京区嵯峨天龍寺今堀町7 ㊟有 MAP122C-3

IN THE GREEN
インザグリーン

在壯麗綠意環繞之下
大啖正宗窯烤披薩

以植物園的綠意為背景，太陽光自然灑落其間，明亮風格的花園咖啡廳。來這裡用餐的同時，整年都能從店內或露臺座位欣賞美麗景色。從蛋糕、鬆餅等甜點，到職人烤製的正宗窯烤披薩，有合不同用餐時段的豐富餐點。

☎075-706-8740 ●11:00～22:00 ㊡無休 ㊟京都市左京区下鴨半木町（府立植物園北山門横） ㊟無 MAP110D-2

植物園北門前
巴士站

步行即到

綠意環繞的露臺座位。春天的時候能邊賞花邊享受燒烤

瑪格麗特披薩
1380円

蜂蜜檸檬
佐鹽奶油鬆餅
900円

因為漫步在竹林之中，夏天時也很涼爽，在這裡令人感覺舒適

竹林小徑
ちくりんのみち

竹葉婆娑悅耳
涼爽舒適的散步道

從野宮神社通過天龍寺北側，直至大河內山莊約400m的小徑。往天空高聳的竹子交織出夢幻的空間，是嵐山的代表風景之一。在人煙稀少的清早或傍晚造訪此處，氛圍更加顯著。走在流淌凜然京都風情的小徑上，恢復精神吧。

MAP122B-3

嵐山
巴士站

步行15分

京都站		42分			Snow Peak LAND STATION KYOTO ARASHIYAMA ⑤	15分	竹林小徑 ④		31分		14分		12分	IN THE GREEN ③	即到	京都府立植物園 ②		17分	

京都站

京都駅前

42分
京都巴士
73・76
系統
（往東）

嵐山

⑤ Snow Peak LAND STATION KYOTO ARASHIYAMA

15分
步行

④ 竹林小徑

這一帶有嵐山天龍寺前、野々宮、嵐山公園等巴士站。伴手禮店等比鄰而立，因此不管在哪站下車都能愉快遊逛。

嵐山

市巴士
93系統
（往西）

31分

千本丸太町（往西）

轉乘

千本丸太町（往南）

14分
市巴士
6・46
系統

佛教大學前
（南起往南・相同乘車處轉乘）

返回原路時，要從植物園前巴士站搭車的話，就搭到嵐山天龍寺前巴士站吧。轉乘1次就能抵達嵐山區域

12分
市巴士
北8
系統

植物園北門前（往西）

③ IN THE GREEN

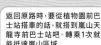

即到
步行

② 京都府立植物園

從京都府立植物園的北山門出來，只要走路就可以到IN THE GREEN、MALEBRANCHE 京都北山本店，以及植物園北門前巴士站！

植物園前

17分
市巴士
204系統
（往北）

上終町・瓜生山学園・京都芸術大学前（北起往南）

上終町・瓜生山学園・京都芸術大学前（往北）

遊逛古老的街道，就會變得更加喜歡京都！

不為人知的京都魅力

北野天滿宮
きたのてんまんぐう

日本全國天滿宮的總本社
主祭神為菅原道真

祭祀學問之神菅原道真，以「天神」暱稱較為熟悉的北野天滿宮。約有1萬2000座天滿宮坐鎮日本全國的天滿宮•天神社總本社，有諸多考生會到此參拜。每月25日的天神市也很值得關注，屆時會有罕見雜貨與充滿京都風情的點心等，各式各樣的店家在此擺攤。

☎075-461-0005 ■9:00～17:00，梅苑公開2月上旬～3月下旬，紅葉苑公開10月下旬～12月上旬 休無休 費境內自由，寶物殿1000円，梅苑、紅葉苑1000円 所京都市上京区馬喰町 P有（每月25日不可使用） MAP111A-3

北野天滿宮前
巴士站
步行即到

種植約1500株與菅原道真有淵源的梅樹。境內環繞梅花香氣的2月中旬～3月上旬，值得一訪

列為重要文化財的三光門。也被稱作「缺少星星的三光門」，上頭有太陽和月亮的雕刻

位在擁有歷史的花街「上七軒」中

想吃午餐就來這裡

以當地客為主，名人和藝舞妓也會造訪的高雅西餐廳。由京都老字號法式餐廳累積手藝的主廚所做的料理，其美味能窺見主廚看似平凡無奇的真功夫。

每日午餐 1540円

グリル彌兵衛
グリルやへえ

☎075-467-3010 ■11:30～13:30、17:30～21:30（週日、二、假日僅晚上） 休週一、第3週二 所京都市上京区今出川通七本松西入ル真盛町706 交上七軒巴士站步行3分 P無 MAP111B-3

北野天滿宮前
巴士站
步行3分

上七軒歌舞練場
かみしちけんかぶれんじょう

來到象徵上七軒的歌舞練場
實際體驗歷史悠久的氛圍

1894年左右建造的歌舞練場。木造劇場現在仍在使用，是為數不多的貴重建築，過橋跨過庭園池子，即為寢殿格局是其特徵。每年春天會舉辦「北野踊」，秋天則是「壽會」等華麗的舞蹈公演。還會舉辦夏天限定的啤酒花園。

☎075-461-0148 費休營視活動而異 所京都市上京区今出川通七本松西入真盛町742 P無 MAP111A-3

在啤酒花園會由穿著浴衣的藝妓•舞妓招待客人

行程介紹

3分
① 北野天滿宮
北野天滿宮前
33分
市巴士
50系統
京都駅前
乘車處
B2
京都站

步行

從京都駅前巴士站搭乘205系統，在北野白梅町巴士站轉乘203系統也可抵達

這條路線可以遊覽歷史悠久的社寺、留有江戶時代影子的古老花街風景等深度景點。到以學問之神為人熟悉的北野天滿宮參拜後，接著前往上七軒。也探訪以奇祭聞名的今宮神社、新選組也會去的角屋吧。回想往日的熱鬧繁盛，也許會發現至今未知的京都魅力！

巴士所屬
交通機關

市巴士

用巴士1日券
省下
680円!

皐盧庵茶舖
こうろあんちゃほ

大德寺前
巴士站
步行8分

在茶湯聖地，品茗店家自家茶園的茶

屋齡80年的町家氛圍沉寂寧靜

此茶館位在與集茶湯大成的千利休有淵源的大德寺境內。老闆本身在以宇治茶產地出名的宇治田原町經營茶農家，在這裡能喝到將手採茶葉用石臼磨製的茶。眺望著小巧的庭院，同時啜飲風味富饒的茶吧。伴手禮則推薦有機栽培的茶葉。

📞075-494-0677
🕐9:00～日落時分 🈺週二、三（5月10日前後～6月中會因採茶而休息）
📍京都市北区紫野大德寺町17-1 🅿無
MAP111B-2

稍微奢侈的茶套餐 1900円
可從抹茶濃茶、薄茶、玉露等挑選。附有點心、大德寺納豆

角屋待客文化美術館
すみやもて無のぶんかびじゅつかん

島原口
巴士站
步行8分

公開將江戶時代的花街精華傳遞至今的揚屋

能將島原花街的歷史傳遞至今，為數不多的建築之一。作為宴會場的「揚屋」，自島原開發初期便開始營業。由於離新選組的駐所很近，幕末時期的近藤勇和芹澤鴨等人也會來此。作為唯一殘存下來的揚屋建築，獲指定為重要文化財。

📞075-351-0024 🕐10:00～16:00 🈺週一（逢假日則翌日休）、7/19～9/14、12/16～3/14 💰1000円
📍京都市下京区西新屋敷揚屋町32 🅿有 MAP109B-3

內部展示著蕪村筆《紅白梅圖屏風》等館藏美術品

經應仁之亂一度荒廢，由機智聞名的一休宗純復興此處

大德寺
だいとくじ

大德寺前
巴士站
步行即到

與千利休有深厚淵源的寺院還能在此盡賞寺院建築意趣

1315年開山的臨濟宗大德寺大本山。千利休於山門（金毛閣）安奉自身畫像，引起豐臣秀吉大怒，命其自刎的故事情節相當有名。現在境內22間小寺院中有4院開放一般參觀。

📞075-491-0019
🕐境內自由（視公開小寺院而異） 🈺無休
📍京都市北区紫野大德寺町53 🅿有
MAP111B-2

面對北大路通的南門深處，參道兩旁有松樹林立成蔭

今宮神社
いまみやじんじゃ

今宮神社前
巴士站
步行即到

華麗的御朱印上也有夜須禮祭的花傘和四散的山茶花

以祈求姻緣和奇祭聞名的神社

因為此神社與德川綱吉的生母桂昌院（阿玉）有關係，有許多人為求嫁入豪門而來祈願。每年4月的「夜須禮祭」為京都三奇祭之一，會一邊敲打太鼓等樂器，邊跳著舞，據說走入奇祭中心的花傘之下，就能度過健康的1年。

📞075-491-0082 🕐境內自由（社務所為9:00～17:00）
🈺無休 💰免費 📍京都市北区紫野今宮町21 🅿有
MAP111B-2

除了4月的夜須禮祭之外，5月還會舉辦今宮祭

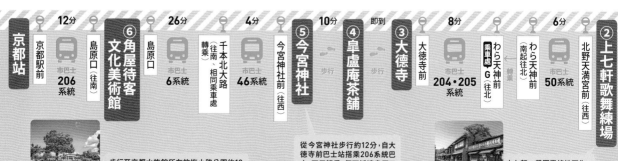

京都站		12分	島原口	⑥角屋待客文化美術館	島原口	26分	今宮神社前	4分	⑤今宮神社	10分	④皐盧庵茶舖	即到	③大德寺	大德寺前	8分	乘車處G	わら天神前	6分	北野天滿宮前	②上七軒歌舞練場
	京都駅前 市巴士206系統（往南）					市巴士6系統（往南、相同乘車處）		市巴士46系統（往西）		步行		步行		市巴士204・205系統		市巴士204・205系統（往北）		わら天神前（南起往北）市巴士50系統（往西）		

步行至京都水族館所在的梅小路公園約10分。也推薦順便在此休息一下

從今宮神社步行約12分，自大德寺前巴士站搭乘206系統巴士，不用轉乘，便可抵達島原口巴士站

上七軒一帶因電線地下化，街道畫面清爽乾淨

神祕之力與凜然清澈之氣氛所環繞的京都奧座敷

前往距離稍遠的鞍馬、貴船

鞍馬寺
くらまでら

叡電鞍馬站
步行30分

以天狗和魔王尊聞名的鞍馬山信仰中心地

770年以毘沙門天為本尊所創建的寺院，平安京建造完成後，便負起守護都城北方的角色。到貴船的山路途中，有據傳為牛若丸與天狗修行的史跡與奧之院魔王殿等處座落其中。在神祕的氛圍下，實際感受這座獨特的寺院吧。

☎075-741-2003　🕘9:00～16:15（靈寶殿～16:00）　🈳無休，靈寶殿為週一（逢假日則翌日休）　💰登山費300円、靈寶殿200円　📍京都市左京区鞍馬本町1074　🅿無　MAP125B-1

本堂金殿稱絕景，令人不禁屏息

在參道入口散發莊嚴氛圍的山門。從這裡踏往本殿之路

若站在本殿金堂前的金剛地板上，會不會接收到宇宙能量呢？

繪有阿吽之虎的繪馬

天狗御神籤 500円也可當成鑰匙圈用

多聞堂
たもんどう

叡電鞍馬站
步行即到

帶柔和甜味的麻糬能令人會心一笑的味道

就位在鞍馬站旁邊，長年受大眾喜愛的老字號和菓子店。與少年時期的源義經曾寄居鞍馬寺之歷史有淵源的牛若餅，風味特色是天師栗與紅豆餡結合出溫和的甜度。此外還有4～5種和菓子。來這裡買伴手禮或當作旅途中的點心吧。

☎075-741-2045　🕘9:30～16:00　🈳週三（逢假日則營業）　📍京都市左京区鞍馬本町235　🅿無　MAP125B-2

牛若餅 130円

有參道穿過其中的拜殿稱之為「割拜殿」，是很罕見的建築

由岐神社
ゆきじんじゃ

叡電鞍馬站
步行10分

坐鎮於前往鞍馬寺的參道上以火祭聞名的神社

參拜完鞍馬寺，前往鞍馬地區的地方守護神——由岐神社。於940年為了守護平安京的北方而創建。每年10月22日夜晚會舉辦「鞍馬火祭」，火焰熊熊燃燒的景象非常壯觀。高聳於境內的大杉樹是樹齡800年的神木。

☎075-741-1670　🕘境內自由（御守、御禮之授與為9:00～15:00）　🈳無休　💰免費　📍京都市左京区鞍馬本町1073　🅿無　MAP125B-1

要順道前往瑠璃光院時，就從出町柳站搭叡山本線往八瀬比叡山口站吧

出町柳
轉乘
←
出町柳
七條
京阪
本線
特急
（往出町柳）
8分
七條京阪前
乘車處
A（往東）
七條京阪前
市巴士
206
系統
京都駅前
乘車處
D2
京都站

在京都市交通局市巴士、地鐵服務處等地點，能買到「巴士&叡電 鞍馬貴船當天往返票」

行程介紹

鞍馬寺仍留有與天狗有關的傳說，貴船神社則是有許多年輕女性為求姻緣而來，此區域是京都數一數二的能量景點，也被稱作京都的奧座敷，作為夏天避暑勝地而聲名遠播。由於這個行程使用的是「巴士&叡電 鞍馬貴船當天往返票」（1900円），就將巴士和鐵道搭配遊玩吧。

Hyoue Cafe
貴船神社
きらく
鞍馬寺
由岐神社
鞍馬駅
多聞堂
貴船口駅

巴士、地鐵所屬交通機關

市巴士　京都巴士　叡電　京阪

用巴士&叡電　鞍馬・貴船當天往返票

省下 510円!

貴船神社
きふねじんじゃ

在祭祀水神的古老神社
祈求戀愛順利

貴船神社的參拜道路一路沿著鴨川上游貴船川而上，自古便為祭祀水神與祈雨的神社受到信眾景仰崇拜。平安時代的歌人和泉式部在此祈求與丈夫重拾緣分的願望成真，因此這裡也被信眾奉為姻緣之神。有戀愛煩惱的人請一定要來參拜看看。

🚏 貴船
巴士站
步行5分

祭祀水神的本殿，建築採流造形式，銅葺屋頂

☎075-741-2016 ⏰授與所9:00～17:00(視季節而異) 休無休 💴免費 所京都市左京区鞍馬貴船町180 Ｐ有 MAP125B-1

水占籤200円
浸泡在神水中便會浮現文字

受朱紅燈籠邀約，登上長長的石階前往清凜的神社境內

能近距離感受貴船川水流的川床

🚏 貴船
巴士站
步行15分

㐂らく
きらく

在開業100多年的料亭，
品嘗當季川床料理

盛滿大量季節食材的納涼川床料理8800円～

建立於1921年，當時為在貴船神社和鞍馬寺修行者們的旅店。鯰魚、石川鮭魚等河魚，在料理前都還養在貴船川水中，沒有腥味且肉質緊實，非常美味。5～9月在川床有河魚料理，秋天則有松茸，冬天有牡丹鍋等，在此能品嘗到當季的風味。

☎075-741-2037 ⏰11:00～18:30 休不定休(川床期間無休) 所京都市左京区鞍馬貴船町47 Ｐ有 MAP125B-1

要更划算地順道一遊就來這裡

使用「巴士&叡電 鞍馬貴船當天往返票」的話，除了市巴士和京都巴士之外，京阪電車的東福寺站～出町柳站之間與叡山電車也能無限次搭乘。遊逛區間範圍內的其他景點，更划算地暢遊一番吧。

實相院
じっそういん

以不動明王為本尊的名剎，留有許多狩野派的障壁畫。紅葉映照在客殿地面的「楓紅地板」非常漂亮。

MAP104C-2 LINK P.28

瑠璃光院
るりこういん

佇立於比叡山山麓，期間限定開放參觀。新綠與紅葉映入書院2樓的地板與桌案，神祕的氛圍令人著迷。

MAP106F-1 LINK P.34

能感受到木質溫暖的店內設計

🚏 貴船
巴士站
步行15分

Hyoue Cafe
ヒョウエカフェ

在時髦的川床咖啡廳，
被川流水聲所療癒

貴船川就從面前流經而過，能立即感受自然綠意的咖啡廳。5～9月的川床季節，只要點單時多加500円，就能在川床享用餐點。推薦抹茶拿鐵等飲品，還有鎖住烏樟、三葉杜鵑花香的店家自製「花檸檬水」。

(左)咖啡拿鐵600円、(右)抹茶拿鐵600円
抹茶拿鐵奢侈地使用京都西川茶園的抹茶

☎075-741-3077 ⏰11:00～16:00 休不定休 所京都市左京区鞍馬貴船町101 Ｐ無 MAP125B-1

京都站 → 京都駅前 市巴士206系統 11分 → 七条京阪前(乗車處B 往西) → 七條 京阪本線特急(往淀屋橋) 7分 轉乘 → 出町柳 → 出町柳 叡山電車鞍馬線·叡山本線(往出町柳) 29分 → 貴船口 轉乘 → 叡電貴船口站前 → 貴船 京都巴士33系統 4分 → ⑥Hyoue Cafe 步行 7分 → ⑤貴船神社 步行 1分 → ④㐂らく 步行 → 貴船 京都巴士33系統 4分 → 叡電貴船口站前 轉乘 → 貴船口 叡山電車鞍馬線(往出町柳) 2分 → 鞍馬 步行 → ③多聞堂 步行 5分 → ②由岐神社 步行 5分 → ①鞍馬寺 步行 → 鞍馬 叡山本線·鞍馬線(往鞍馬) 32分 →

鞍馬寺的山門與多寶塔之間，有207m日本距離最短的纜車。當然也可用步行的方式參拜

中途在叡電鞍馬線的岩倉站下車，步行約15分左右就能順道到實相院

茅塞頓開！以學生心情遊覽知性景點

安排一趟學術知識小旅行

進進堂 京大北門前
しんしんどうきょうだいきたもんまえ

京都引以為傲的烘焙老店，在高雅的店內品嘗早餐吧

老牌麵包店進進堂的創業者，以「想為肩負日本未來的學生們提供最棒的麵包和咖啡」的想法，於1930年在京都大學農學部隔壁開幕。至今仍以京大生為主，受到諸多人們的喜愛。好好地吃個早餐，開啟新的一天吧。

📞075-701-4121
🕐10:00～17:30 休週二
🏠京都市左京区北白川追分町88
🅿無 MAP110E-4

百万遍
巴士站
步行3分

浮雕招牌與窗緣的設計等都是優美的復古氛圍

店家自製馬鈴薯沙拉套餐1000円

館內藏有2萬件以上的礦物標本，展示出其中一部分

京大正門前
巴士站
步行5分

京都大學綜合博物館
きょうとだいがくそうごうはくぶつかん

100年來收集的館藏展示物，實際感受研究的有趣之處

收藏1897年開學以來所收集的學術標本，正統的博物館。也有可實際觀看並觸碰的區域，自然史展示室、文化史展示室、技術史展示室的常設展，還有企劃展、特別展等各式各樣的活動。不是學生也能輕鬆入內參觀。

📞075-753-3272 🕐9:30～15:30※20人以上團體須事先預約，詳情請見官網→https://www.museum.kyoto-u.ac.jp/special/reservation-top/ 休週一、二、6月18日、8月第3週三 💴400円 🏠京都市左京区吉田本町 京都大学構內 🅿無 MAP110E-4

東大路通旁有入口

阿闍梨餅本舖 満月 本店
あじゃりもちほんぽまんげつほんてん

模仿僧侶斗笠的半生菓子，在本店可買到剛出爐的

招牌商品阿闍梨餅，是可以送給任何人的經典京都伴手禮。形狀相當有特色，是模仿在比叡山修行的僧侶所帶斗笠做成的，以餅粉為基底製作出微微濕潤的外皮，再加上丹波大納言小豆製作的紅豆粒餡，完美結合。在本店能吃到現做的阿闍梨餅，真令人開心！

📞075-791-4121
🕐9:00～18:00 休週三不定休
🏠京都市左京区鞠小路通り今出川上ル 🅿有
MAP110E-3

百万遍
巴士站
步行5分

1856年創業，散發出歷史悠久的氛圍

阿闍梨餅1個119円

建立於1662年，並於1756年進行大幅修復工程的御影堂

百萬遍 知恩寺
ひゃくまんべんちおんじ

以「百萬遍」之名為人熟知的寺院

法然上人的弟子──源智所建的寺院。1331年時京都曾發生大地震，瘟疫蔓延之際，善阿空圓念佛百萬遍才得以鎮壓住疫情，至此才被稱作「百萬遍」。每月15日上午舉行寫經會，下午則有大念珠繰的法會。

每月15日會在境內舉辦手作市集，有多達約400個攤位

百万遍
巴士站
步行即到

📞075-781-9171
🕐9:00～16:30
休無休 💴免費
🏠京都市左京区田中門前町103
🅿有 MAP110E-3

即到

① 京都大學綜合博物館
京都大學周邊有許多以學生為主顧、經濟實惠的餐飲店

京大正門前
🚌
市巴士
206系統
乘車處
D2
京都駅前

32分

京都站

行程介紹

在學生之城京都，造訪具有象徵意義的京都大學博物館與京大生愛去的咖啡廳，試著回味學生的時光，您覺得如何呢？接著再順道去逛逛附近的寺院和歷史悠久的和菓子店吧。享用過午餐後，前往擁有光輝歷史的設施參觀。遊覽學術性景點，或許會提升對知識的好奇心，並砥礪出敏銳的感性。

GRILL SEIKEN KAIKAN
三井家下鴨別邸
京都迎賓館
京都御苑
二条城
阿闍梨餅本舖
満月 本店
下鴨神社
百萬遍知恩寺
進進堂 京大北門前
京都大學綜合博物館
START & GOAL 京都站
清水寺
伏見稻荷大社

巴士所屬交通機關
🚃
市巴士

用**巴士1日券**
省下
910円！

舊三井家下鴨別邸
きゅうみついけしもがもべってい

出町柳駅前 巴士站
步行3分

從主屋的客廳能望
見覆蓋蓋美麗青苔的
庭園和院子

生氣蓬勃的樹木環繞著
富商三井家的舊別邸

從明治到大正期間整建完成的木造建築，
是以和服生意致富的三井家舊住宅，由主屋
（2、3樓平常不開放）、玄關樓、茶室（平常不
開放）所組成的重要文化財。在一樓的客廳
可以享用抹茶或咖啡。在美麗的庭園悠閒散
步，好好療癒一番吧。

☎075-366-4321
🕐9:00～16:30
休週三（逢假日則翌日休）
💰500円　所京都市左京
区下鴨宮河町58-2　P無
MAP110D-3

想喝茶就來這裡

地點位在鴨川旁，2樓原本是倉庫，
將其重新翻修後開幕的隱密咖啡
廳。老闆自己烘焙的咖啡很受歡迎，
除了深焙的家常特調之外，通常備有
五種口味。

かもがわカフェ

☎075-211-4757　🕐12:00～21:00
休週四　所京都市上京区西三本木
通荒神口下ル上生洲町229-1
交府立医大病院前巴士站步行4分
P無　MAP110D-4

健康的豆漿長崎
風蛋糕480円，
鴨川家常綜合咖
啡（深焙）500円

糺ノ森 巴士站
步行即到

受到男女老少喜愛，
諸多地方都很講究的洋食店

午餐就前往受到跨3世代喜愛的洋食
店。口感彈牙的炸蝦、漢堡排等傳統洋
食品項相當齊全。如此美味的理由就在
沙拉醬、美乃滋，乃至麵包粉都是店家
堅持自製。店名的由來是取自入駐的大
樓之名。

☎075-721-2933
🕐12:00～13:30、17:00～
19:30（售完打烊，晚餐需
預約）　休週三晚、週四
所京都市左京区下鴨森本
町15 生産開発科学研究所
ビル1F　P無
MAP110D-3

能品嘗到漢堡排、炸蝦、螃蟹奶油可樂餅的
特製午餐1800円

創業60年以上的洋食
店。招牌充滿復古氛圍

京都迎賓館
きょうとげいひんかん

府立医大病院前 巴士站
步行7分

以日式的待客之道，
迎接自海外而來的賓客

為了接待來自海外的賓客，於2005年
作為國家迎賓設施開館，自2016年開
始全年對外開放。能欣賞到現代和風
建築、庭園，以及使用約1000種顏色
的線綴織描繪出的花草點綴而成的
壁面裝飾等匠師展現手藝的傳統技
術和家具用品。

☎075-223-2301
休請見官網
💰導覽行程2000円
所京都市上京区京都御苑23
P使用京都御苑停車場
MAP110D-4

作為晚餐會、歡迎儀式會場
使用的紫藤廳。正面的裝飾
牆面的綴織十分漂亮

使用整片樹齡約700年的欅木做成
的門，令人印象深刻的玄關

庭園以廣大的池子為中心，四周的
建築配置得就像是要融入景色一般

京都站		24分	京都駅前 市巴士 17・205 系統（往南）	⑦京都迎賓館	府立医大病院前 市巴士 3・17 系統	3分	出町柳站前 乗車處A（往西）	⑥舊三井家下鴨別邸	出町柳站前 市巴士 4系統（往南）	糺ノ森（往南）	3分	⑤GRILL SEIKEN KAIKAN	糺ノ森 市巴士 4・205 系統	5分	河原町今出川 乗車處C（往北）轉乘	河原町今出川 市巴士 3・17・201・203 系統	4分	百万遍 乗車處C（往西）	④阿闍梨餅本舖 満月 本店	4分	③百萬遍知恩寺	即到	②進進堂 京大北門前

府立医大病院前（往南）

かもがわカフェ
位在京都迎賓
館步行約15分
的地方

從巴士可眺望
鴨川沿岸風景

糺ノ森巴士站下
車步行即到下鴨
神社，因此若有
時間請順道前去
看看吧

步行

步行

館內的「漫畫之牆」。照片為匯集各年代名作的「漫畫殿堂」

Harajuku CHICAGO 京都店
はらじゅくシカゴきょうとてん

河原町三条 巴士站
步行5分

**運用獨一無二的二手和服，
打造屬於自己的時尚風格吧**

銷售日本、美國、歐洲的古著，在京都店還有販售和服。從色彩繽紛到雅致的款式，各式各樣的和服與小物，以合理實惠的價格提供豐富的種類選擇，建議可像挑選洋服一樣嘗試各種不同的搭配組合。

☎075-212-5391　🕐11:00～20:00　🏠無休
所京都市中京区寺町通六角下ル式部町258
P無　MAP116E-3

2樓整層為和服區。男女款式皆一應俱全

1.在館內任何地方皆可閱讀漫畫，推薦晴天時在草地上忘情地投入漫畫的世界
2.週末會舉辦工作坊和各種活動，因為粉絲的到來相當熱鬧

京都國際漫畫博物館
きょうとこくさいマンガミュージアム

地鐵烏丸御池站
步行即到

向世界傳播日本引以為傲的漫畫文化

這座博物館收藏約30萬件國內外漫畫與相關資料。可以透過解說漫畫歷史、產業的常設展，以及各式各樣的企劃展，學習漫畫相關事物。放在書架「漫畫之牆」上的5萬本漫畫可自由翻閱，來一頭栽進漫畫的世界吧。

☎075-254-7414　🕐10:30～17:00　🏠週二、三，視維護館而定　💴大人900円、國高中生400円
所京都市中京区烏丸通御池上ル
P無　MAP117B-1

不常閱讀的人也能輕鬆造訪，為了讓人雀躍期待，店內設計下了不少工夫

店內也有附設租借空間與藝廊

惠文社 一乘寺店
けいぶんしゃいちじょうじてん

赤の宮 巴士站
步行5分

**都是會讓人想拿起來翻閱的書
不禁想在這裡待久一點！**

廣受日本全國愛書者喜愛的名店。陳列的書籍類別廣泛，不依作家或出版社排列，而是講究以主題或與人的關聯來擺放。還有販售雜貨等，出乎意料的邂逅也讓人心跳加速。這裡也會舉辦展覽和工作坊等活動。

☎075-711-5919　🕐11:00～19:00
🏠無休　所京都市左京区一乘寺払殿町10
P無　MAP110E-2

原創環保購物袋·買書就選惠文社
550円
上面幽默的插圖是Nishiwaki Tadashi特別繪製的

集章筆記本
550円
與TRAVELER'S FACTORY的聯名商品。自由地收集印章圖案並書寫旅遊回憶吧

目的型
行程
導覽
24
COURSE

超多會勾起好奇心的獨特好玩事物

當地學生特別推薦

行程介紹

到處都有能欣賞享受次文化的地方，是有眾多學生的京都獨有的特色。這個行程要為您介紹當地學生愛去的景點。接觸各種不同的漫畫、電影、書籍等，和朋友在鴨川沿岸聊聊自己喜愛的作品，也是段很純粹的時光。即使成為大人了，也以回到學生時代的心情，與深藏心底的作品相遇吧。

① 京都國際漫畫博物館 → 烏丸御池〈2號線〉 → 6分 地鐵烏丸線（往國際會館）220円 → 京都〈2號線〉 → 京都站

惠文社 一乘寺店
金閣寺　鴨川三角洲　銀閣寺
龍安寺　出町柳
京都國際漫畫博物館
天龍寺　二條城　京都御苑
清水寺
Harajuku CHICAGO
START&GOAL 京都
伏見稻荷大社

巴士、地鐵所屬交通機關

市巴士　京都巴士　市營地鐵

用地鐵、巴士1日券
省下 40円！

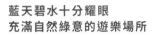

出町柳站前 巴士站

步行3分

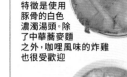

鴨川三角洲
かもがわデルタ

藍天碧水十分耀眼
充滿自然綠意的遊樂場所

從西而來的鴨川與自東而來的高野川匯流之處便是鴨川三角洲。假日會有學生、家庭出遊非常熱鬧。大家外帶食物來這裡野餐、躺在河灘午睡，或是回歸童心玩水、跨越跳石也很開心。

MAP110D-3
LINK P.21

在WIFE&HUSBAND租借整套用品，時髦地野餐也很棒

想吃午餐就來這裡

在拉麵激戰區的京都之中，一乘寺這裡特別聚集了高水準的店家。從清湯系、背脂Cha Cha系、白湯系等個性豐富的拉麵店中找出自己喜歡的吧！

中華蕎麥麵
800円
特徵是使用豚骨的白色濃濁湯頭。除了中華蕎麥麵之外，咖哩風味的炸雞也很受歡迎

中華そば 高安
ちゅうかそばたかやす

📞075-721-4878 🕐11:30～翌2:00 休不定休 所京都市左京區一乘寺高槻町10 交一乘寺北大丸町巴士站步行即到 P有 **MAP**110E-2

極鶏 鶏濁
850円
濃厚到湯匙能在湯中立起的湯頭，風味比外觀爽口，充滿雞的鮮美滋味！

麵屋 極鶏
めんやごっけい

📞075-711-3133 🕐11:30～22:00（湯頭用完打烊） 休週一 所京都市左京區一乘寺西閉川原町29-7 交一乘寺北大丸町巴士站步行即到 P無 **MAP**110E-2

想喝茶就來這裡

擺設古董家具和小物的隱密咖啡廳。店裡的懷舊氛圍就不用多說，還夠在旁邊的鴨川河岸享用店家自己烘焙的咖啡。

WIFE&HUSBAND
ワイフアンドハズバンド

📞075-201-7324 🕐10:00～16:30（野餐菜單～15:00） 休不定休 所京都市北區小山下內河原町106-6 交烏丸北大路巴士站步行即到 P無 **MAP**111C-2

1.店老闆收集的小物醞釀出復古的氛圍
2.可付費租借桌椅、保溫壺等成套用品

成排並列的電影海報，光看著就讓人想像力無限馳騁

2樓與地下1樓有視聽室

サウナの梅湯
サウナのうめゆ

河原町正面 巴士站

步行5分

年輕老闆繼承前人
保存古早美好的錢湯文化

年輕老闆繼承了即將歇業的錢湯，即使沒有習慣到錢湯的年輕族群，也能輕鬆前來，是很受歡迎的景點。浴槽使用的磁磚和拱形壁畫等，還可見到昭和時期的復古樣貌，摩登又時髦的氛圍也非常棒。現在仍是使用柴火煮水。

泡在充滿昭和感的浴池裡，就會浮現懷念的心情

📞080-2523-0626 🕐14:00～翌2:00（週六、日6:00～12:00有營業） 休週四 費450円 所京都市下京區岩瀧町175 P無 **MAP**108D-3

晚上會亮起霓虹燈，在白色的建築上十分顯眼

出町座
でまちざ

河原町今出川 巴士站

步行即到

這裡不僅是電影
還是備受矚目的文化據點

以播映電影為主，還附設書店與咖啡廳，作為跨越各種藩籬的文化傳播地備受矚目。這裡會接連舉辦諸多脫口秀和上映作品聯動的讀書會等，引起大家好奇心的活動。就算不是電影迷或喜愛閱讀的人，也一定要來看看。

📞075-203-9862 🕐視上映時間表而異 休無休 所京都市上京區三芳町133 P無 **MAP**110D-3

京都站

京都駅前

7分

市巴士
4・17・205系統
（往南）

河原町正面

步行至京都站約15分左右。泡完澡一邊感受舒爽涼風，邊走走也很棒

⑥ サウナの梅湯

河原町正面

18分

市巴士
4・17・205系統
（往南）

河原町今出川 乗車處 B（往南）

⑤ 出町座

6分

步行

④ 鴨川三角洲

出町柳站前

8分

京都巴士
41・17系統

赤の宮（往南）

要去WIFE&HUSBAND的話，就從高野橋東詰巴士站往烏丸北大路巴士站前進吧！

③ 一乘寺惠文社店

赤の宮

17分

京都巴士
43系統

河原町三条（北起往北）

一乘寺是京都第一的拉麵激戰區，去之前先調查好喜歡的店家吧！

② Harajuku CHICAGO 京都店

15分

步行

要搭巴士的話，從烏丸御池巴士站搭15或51系統，就能到四条河原町巴士站

日本國家重要文化財的扇形
車庫，蒸汽火車排列其中

京都鐵道博物館
きょうとてつどうはくぶつかん

**排滿真的車輛，
能學到鐵道的歷史與技術**

梅小路公園・京都
鉄道博物館前
巴士站

步行即到

是交通工具愛好者就不可錯過日本規模最大，並以眼
見、手摸、體驗為主題的鐵道博物館。用簡單易懂的方
式向大家說明技術與服務皆可傲視世界的日本鐵道系
統。有豐富的體驗型展覽，還能享受搭乘蒸汽火車
Steam號的迷你旅程。

☎0570-080-462　🕐10:00～17:00
🈺週三（逢假日則開館）
💰1200円
📍京都市下京区観喜寺町　🅿無
MAP109B-3

除了SL與新幹線等53輛車輛之
外，還有展示各種鐵道資料

想吃午餐就來這裡

此為京都鐵道博物館內的餐廳，跟鐵道有關的
午餐和甜點種類很豐富。從靠窗座位可一邊眺望
JR京都線、東海道新幹線等許多有在行駛的車
輛，一邊度過時光。

**Doctor Yellow
日式牛肉燴飯 1100円**
米飯是Doctor Yellow號
的形狀

**起司軌道的
肉醬義大利麵
850円**
用起司醬擠出軌
道的模樣

**目的型
行程
導覽 25
COURSE**

交通愛好者的專屬行程

去看、去搭乘、去學習各種不同的交通工具！

沿線有嵐山、廣隆寺、仁和寺等眾多觀光地

每單都會為客
人現場點茶，
觀看點茶也是
樂趣之一

八十八良葉舍
はとやりょうようしゃ

**眺望嵐電的同時
品味講究的日本茶**

老闆原本為咖啡師，約2坪左右
的小巧日本茶小站。用石臼磨製
而顯風味不同的壹、貳、零3種抹
茶拿鐵等飲品，布丁和冰淇淋等
甜點也很豐富。因為嵐電的軌道
就在眼前，就在這裡一邊眺望著
電車，邊享用店家特別講究的飲
料吧。

**抹茶拿鐵 零 1200円
使用最高級的抹茶**

嵐電車折神社站

步行即到

☎075-881-1881　🕐11:00～17:00　🈺不定休
📍京都市右京区嵯峨朝日町22-66　🅿無　MAP112D-3

嵐電（四條大宮站）
らんでん（しじょうおおみやえき）

**搭乘傳統的路面電車前往嵐山
體驗懷舊的電車之旅**

有四條大宮站～嵐山站的嵐山本線，以及
帷子之辻站～北野白梅町的北野線這兩條
路線。部分路段為路面電車，經過深具生活
感的街道中，就能看見和汽車、行人一同在
街上移動的罕見風景。搭乘復古的車輛，往
嵐山方面出發！

四条大宮
巴士站

步行即到

☎075-801-2511
（京福電鐵綜合
服務窗口）
🕐7:00～23:00
💰一律220円
📍京都市下京区
四条大宮町
🅿無
MAP115A-3

行程介紹

3分 🚌 市巴士 86系統 梅小路公園・京都鉄道博物館前

① 京都鐵道博物館

🚌 市巴士 86・88系統 梅小路公園・京都鉄道博物館前 乗車處 B3

10分 🚇

京都站
京都駅前

若是搭乘僅於週
六日、假日行駛的
58系統，便可不用
轉乘，直接抵達四
條大宮巴士站

從京都站步行約20
分左右，就能抵達
京都鐵道博物館

在這個為交通工具愛好者安排的行
程中，搭乘市巴士與嵐電，遊逛以京
都鐵道博物館為主的鐵道相關設施
吧。車輛行駛在鳥居前和街道上，四
周是氛圍美好的風景，還能遠眺小
火車上望見的絕景，令人無法自拔！
使用「巴士、嵐電一日券」（1200
円）的話，可無限次搭乘京都市巴
士、京都巴士、JR巴士、嵐電。

START
&GOAL

巴士、地鐵所屬交通機關

市巴士　嵐電

**用巴士、嵐電1日券
省下
380円!**

在真正的火車駕駛席，可以看著模型列車上的攝影畫面，邊進行駕駛體驗（預約制）

立體模型京都JAPAN館
ジオラマきょうとジャパン

嵐電嵐電嵯峨站

步行5分

透過令人震撼的鐵道模型一覽京都街道吧

位於嵯峨野觀光鐵道的小火車嵯峨站，為西日本規模最大的鐵道模型。能夠眺望鐵道模型行駛於神社佛閣，還有以京都為形象的街區當中。1天3次約10分鐘的夜景，閃耀著星光和列車的照明燈光，營造出的夢幻氛圍十分漂亮。

在1/80尺寸京都街道上行駛的模型列車。一定要看看精巧重現的寺社佛閣與名勝

☎075-882-7432 ⏰9:00～16:30 休小火車停駛日等，有平日休業。詳情請於官網確認 ￥530円 所京都市右京区嵯峨天龍寺車道町 P無 MAP122C-3

如果是交通工具迷，一定會想要買這些市巴士和地鐵的原創商品。來看看從大人到小孩見到都會開心的多樣商品吧。

市巴士、地鐵原創商品

☎075-863-5068（交通局企劃總務部營業推進課）販售處市巴士、地鐵服務處（JR京都站前巴士綜合服務處內、地鐵京都站、地鐵烏丸御池站、地鐵太秦天神川站地上SANSA右京1F、北大路巴士總站內），定期券販售處（四条站、竹田站、三条京阪站、六地藏站、山科站、二条站）※販售商品視販售處而異

TOKOTOKO
都君
800円
以地鐵車輛為造型，會跑動的娃娃。材質柔軟又可愛！

京都市交通局×西日本JR巴士聯名
TOMICA 2000円
紀念前往高雄區域的均一票價區間範圍擴大，市巴士與JR巴士的聯名商品（2輛1組）

西大路駅 西大路駅・梅小路公園 Kyoto Aquarium Via Nishioji Sta. 208

稻荷大社・竹田駅 Takeda Sta. Via Inari-taisha Shrina 南5 South

京都市巴士方向螢幕毛巾 1500円
與京都市巴士路線牌一樣大的毛巾

嵐山小火車
トロッコれっしゃ

嵐電嵐電嵯峨站

步行5分

迎面拂過河邊吹來的風將絕景深深印入腦海

從嵐山到龜岡行駛約3.7km路程，行駛期間可望見保津峽壯麗景色的觀光火車。穿過綠色的隧道，俯視著河川，一邊喀噠喀噠地緩緩前進。每次出隧道，風景都會變得不同，行經名勝時會減速慢行，來盡情享受這番絕景吧。

☎075-861-7444（嵯峨野觀光鐵道 電話服務）⏰3月1日～12月29日的9:02～16:02（每班間隔1小時，1日來回8趟。有全車次停駛日、嵯峨野富貴1、2號停駛日、旺季臨時加班車次。須事先於官網確認）休不定休（須事先於官網確認）￥單程880円（全車對號座）乘車券會在JR西日本之京阪神部分車站的綠色窗口、網路預約服務（e-5489）、全國各大旅行社於1個月前開始販售。當日券則在小火車嵯峨站、小火車嵐山站、小火車龜岡站販售 P無 MAP122C-3

車折神社
くるまざきじんじゃ

嵐電車折神社站

步行即到

名人也會來此參拜藝能之神鳥居×電車的風景值得一看

因後嵯峨天皇的牛車車軸在神社前折損而無法動彈，神社便以此為名。這裡也求財運、生意興隆、良緣、除厄、學業等，作為藝能神社而廣為人知，許多藝人會來造訪此地。位在車站即到的地方，電車通過鳥居前方的罕見景色一定要親眼看看。

☎075-861-0039 ⏰9:30～17:00 休無休 ￥免費 所京都市右京区嵯峨朝日町23 P有 MAP112D-3

透過鳥居能看見的嵐電，風情萬千

小火車龜岡站旁延綿的櫻花林蔭道

在沒有加裝玻璃的開放式車廂「富貴號」，更加貼近自然風光

京都站		15分			23分			即到			2分			即到				19分			8分		

京都站 — 15分 — 京都駅前 市巴士206系統 — 四条大宮 轉乘乘車處3（往南）— 23分 — 四条大宮→嵐電 嵐山本線（往四條大宮）— 嵐電嵯峨 ⑥嵐山小火車 — 步行即到 — ⑤立體模型京都JAPAN館 — 嵐電嵯峨→嵐電 嵐山本線（嵐山行）— 2分 — 四条大宮 — 車折神社 ④車折神社 — 即到 步行 — 車折神社 ③八十八良葉舍 — 車折神社→嵐電 嵐山本線（往嵐山）— 19分 — 四條大宮 ②嵐電 — 四条大宮 市巴士206・207系統 — 8分 — 七条大宮・京都水族館前 乘車處C（往北）— 七条大宮・京都水族館前 乘車處E（往東）轉乘

立體模型京都JAPAN館在嵯峨嵐山站裡

一下電車，車折神社就在眼前！

御朱印超級愛好者的專屬行程

想要將回憶層層堆疊收集起來

新善光寺
しんぜんこうじ

與善光寺有淵源的寺院
圖畫柔和的御朱印沁人心脾

泉涌寺道
巴士站
步行10分

為泉涌寺的塔頭寺院之一，為了連結信州善光寺與京都人們的緣分而開創的寺院。御朱印的款式每月替換，有與季節和佛教活動有關的阿彌陀如來、愛染明王、星座系列3種款式。

☎075-561-5109
拜平常非公開，詳情請於官網確認→https://www.shinzenkoji.com/ 費免費 所京都市東山区泉涌寺山內町31 P無
MAP108E-4

裝飾在大方丈室的狩野周信「唐人物圖」

阿彌陀如來的御朱印 500円

牡羊座的御朱印 400円

泉涌寺 せんにゅうじ
泉涌寺 楊貴妃觀音堂 300円
泉涌寺安奉據說是以楊貴妃為原形的觀音像。祈求美麗、姻緣的御朱印也備受矚目。
MAP108E-4 LINK P.39

黑色櫻花剪紙御朱印 1200円

勝林寺
しょうりんじ

東福寺
巴士站
步行5分

簡直就是藝術品的御朱印
色彩絢麗的時尚剪紙

僅在秋季舉辦的紅葉夜間點燈活動和祕佛的御本尊開帳儀式

這裡供俸的御本尊是可以庇佑信眾勝利、財運的毘沙門天像。平常沒有開放拜觀，但可以透過預約來這裡坐禪、寫經等。季節及活動限定的御朱印之中，以剪紙表現的方式特別受歡迎。

☎075-561-4311 拜平常非公開，請於官網確認
費一般參觀800円 所京都市東山区本町15-795 P無
MAP108D-4

寶藏寺
ほうぞうじ

四条河原町
巴士站
步行即到

憑弔伊藤若冲冥福的寺院
有色彩繽紛的骷髏御朱印

由弘法大師空海所創立，其後由如輪上人於1269年奠定基礎。為憑弔江戶中期的繪師——伊藤若冲之冥福的寺院，在此能取得與若冲「骷髏圖」有關的骷髏圖樣御朱印。

☎075-221-2076
拜10:00～16:00（僅御朱印）休週一（逢假日則翌日休、有臨時休）平常非公開
費御朱印志納費300～500円 所京都市中京区裏寺町通蛸藥師上ル裏寺町587
P無 MAP118A-2

以伊藤若冲所繪的「骷髏圖」「竹與公雞」為首，也收藏了其弟子們的作品

骷髏朱印 粉紅 300円

想吃午餐就來這裡

大正時代創業的鰻魚料理專賣店。使用備長炭烤製的鰻魚，淋上100年來持續添加的祕傳醬汁，香氣四溢令人無法招架！

京極かねよ
きょうごくかねよ

☎075-221-0669 營11:30～15:30、17:00～20:30 休週三 所京都市中京区六角通新京極東入ル松ヶ枝町456 交河原町三条巴士站即到 P無 MAP116E-3

金雞丼（中）2600円
上頭鋪著蓬鬆多汁的玉子燒。深植已久「高湯文化」是京都獨有的風味

行程介紹

御朱印是到神社、寺院參拜後，可向社寺取得的證明。通常御朱印會展現出寺院的由來與歷史等，最近則陸續出現像是描繪插圖、運用剪紙製作等具有個性的御朱印。到各個社寺好好參拜，獲取御朱印吧！如果能知道御朱印上寫了什麼，感銘之情也就會更加深刻。

10分
步行

① 勝林寺

東福寺

12分

市巴士
208系統

京都駅前
乘車處
D2

京都站

自京都站駅前巴士站C1乘車處搭乘205系統，在九條車庫前巴士站轉乘207系統也OK

巴士所屬交通機關

市巴士

用巴士1日券
省下
450円!

想喝茶就來這裡

位在佛光寺境內的咖啡廳，在這裡除了能品嘗到堅持使用京都產食材所製作的午餐、日式甜點，裡頭還設有日用品選貨店。

紅豆蜜霜淇淋 950円
有「麩嘉」的生麩、「中村製餡所」的紅豆餡、季節水果、霜淇淋

D&DEPARTMENT KYOTO
ディアンドデパートメントキョウト

☎075-343-3215　🕐11:00～17:00(餐點為～16:30)　休週二、三　所京都市下京區高倉通佛光寺下ル新開町397本山佛光寺內　交四条烏丸巴士站步行10分　P無　MAP115C-4

能望見境內象徵的大銀杏樹

佛光寺
ぶっこうじ

四条烏丸
巴士站
步行10分

明瞭佛教教導
筆觸溫暖的法語印

真宗佛光寺派的本山。境內有咖啡廳、雜貨店，是相當親民的寺院之一。不能算是御朱印的法語印，3個月會換一次設計，可一眼看出節氣、女兒節等的季節活動。

☎075-341-3321　🕐9:00～16:00(法語印受理為～15:30)　休無休(舉行法事等情況時，可能會暫停受理法語印)　費免費　所京都市下京區新開町397　P無　MAP115C-4

鎌倉時代，親鸞聖人於山科結成的草庵為佛光寺的起源

插圖法語印 500円
(僅文字為300円)
每款都是事先寫好的

元祇園梛神社
もとぎおんなぎじんじゃ

壬生寺道
巴士站
步行即到

祇園祭的起源神社
來參拜2座本殿吧

平安初期為鎮壓瘟疫而創建的神社。此外，據說此神社將神輿送往八坂的祇園社，而成為祇園祭的起源。圖案除了有舞妓外，還有在雅致插圖畫上珠光的御朱印，看起來很時尚。

☎075-841-4069　🕐境內自由　休無休　費免費　所京都市中京區壬生梛ノ宮町18-2　P無　MAP109B-2

京都的四季與舞妓 1000円

2座本堂比鄰而立的罕見景色

季節的特別御朱印(夜櫻) 500円

建勳神社
けんくんじんじゃ

建勳神社前
巴士站
步行9分

祭祀織田信長、信忠
歷史愛好者無法抗拒的神社！

本殿建於船岡山上的建勳神社，是由明治天皇所創建的。收藏有信長的愛刀「宗三左文字」(非公開)，許多刀劍愛好者都會造訪此處。與歷史有關的御朱印種類相當豐富。

☎075-451-0170　🕐境內自由、社務所9:00～17:00　休無休　費免費　所京都市北區紫野北舟岡町49　P無　MAP111B-3

正式的名稱發音為「TAKEISAO JINJA」

敦盛 500円。表現出織田信長所舞的敦盛(能劇劇目)

織田信長三十六功臣特別御朱印 500円。自2022年起，預計每年各授與12人

京都站		41分		建勳神社 ⑥		23分		元祇園梛神社 ⑤		7分		佛光寺 ④		15分		寶藏寺 ③		19分		新善光寺 ②
	京都駅前 市巴士206系統(往西)		建勳神社前		建勳神社前 市巴士206系統		四条大宮 乘車處8(往北)		壬生寺道		四条烏丸 市巴士3・26・203系統 乘車處E(往西)		步行		四条河原町		泉涌寺道 市巴士207系統(往北)		

搭1系統
就玩這些景點！
巴士之旅

金閣寺＆銀閣寺＆甜品店
盡情遊覽方案

市巴士
204系統

約**4**班/時

新手　　　旅遊老手

有歷代天皇居住的京都御所

MAP115C-1
LINK P.20

真如堂（真正極樂寺）
しんにょどう（しんしょうごくらくじ）

以櫻花、紅葉美景聞名

寬廣的境內有本堂、三重塔、鐘樓堂等殿堂散布其中。雖然以紅葉美景知名，但初春新綠也很漂亮。

☎075-771-0915
⏰9:00～15:45、大涅槃圖特別開放3月1～31日、觀經曼荼羅特別開放11月1日～12月8日 休不定休 💴500円，大涅槃圖特別開放1000円（附花供曽）、觀經曼荼羅特別開放1000円 所京都市左京區淨土寺真如町82 P有
MAP123B-2

裝飾較少，給人簡潔印象的三重塔

御伽草子1188円（9個入）

7 吉廼家
よしのや

呈現童話般的世界觀

以短篇小說「掌編」為概念、巴掌尺寸的一口大小上生菓子禮盒御伽草子。可愛到讓人一見傾心。

☎075-441-5561 ⏰9:00～18:00 休不定休 所京都市北區北大路室町西入ル P無 MAP111C-2

全國天滿宮、天神社的總本山

MAP111A-3
LINK P.52

🚏烏丸丸太町

步行即到

1 京都御苑

🚏烏丸丸太町

🚏岡崎神社前

步行即到

2 東天王 岡崎神社

🚏岡崎神社前

🚏真如堂前

步行即到

3 真如堂（真正極樂寺）

🚏真如堂前

🚏銀閣寺道

步行5分

4 銀閣寺

步行3分

5 名代おめん 銀閣寺本店

步行3分

🚏銀閣寺道

🚏下鴨東本町

步行即到

6 茶寮 宝泉

🚏下鴨東本町

🚏北大路バスターミナル

步行即到

7 吉廼家

🚏北大路バスターミナル

🚏金閣寺道

步行5分

8 金閣寺

🚏金閣寺道

🚏北野白梅町

9 どらやき亥ノメ

步行5分

10 北野天滿宮

能看到優雅的建築與銀沙灘

MAP123C-1
LINK P.17

兔子御神籤護身符各500円

2 東天王 岡崎神社
ひがしてんのうおかざきじんじゃ

向可愛的兔子許願おみ！

兔子因為繁衍能力強而被人們視為順產之神。求了御神籤之後，帶回家當作護身符吧。

☎075-771-1963
⏰9:00～17:00 休無休 💴免費 所京都市左京區岡崎東天王町51 P無
MAP108E-1

5 名代おめん 銀閣寺本店
なだいおめん ぎんかくじほんてん

彈牙的美味烏龍麵讓人想多來幾次

入喉口感絕佳的烏龍麵與稍濃的醬汁堪稱絕配。調味料備有芝麻、九條蔥、甜辣金平牛蒡等數種當季蔬菜。

☎075-771-8994 ⏰11:00～20:00 休週四不定休 所京都市左京區淨土寺石橋町74 P有 MAP123C-1
LINK P.17

招牌烏龍麵「御麵」1210円

大納言紅豆善哉1180円

6 茶寮 宝泉
さりょうほうせん

眺望日本庭園品嘗自豪的甜點

大受好評的鴨川紅豆甜品店。能一邊眺望可感受四季風情的日本庭園，一邊品嘗季節上生菓子及滑順蕨餅等。

☎075-712-1270 ⏰10:00～16:30 休週三、四 所京都市左京區下鴨西高木町25 P有 MAP110D-2

表現極樂淨土的意象

MAP111A-3
LINK P.14

どらやき亥ノメ 9
どらやきいノメ

嚴選食材製成的現做銅鑼燒

以揉入紅豆、黑糖、核桃等的自製麵團與餡料製作的銅鑼燒專賣店。在店內可品嘗現做的美味。

☎無 ⏰10:00～17:00※售完打烊 休週三、四、26日 所京都市上京區紙屋川町1038-22 P無 MAP111A-4

銅鑼燒各230円～

北大路バスターミナル　下鴨東本町
金閣寺道　　　　　　龍安寺
北野白梅町　　　　　下鴨神社
銀閣寺道
烏丸丸太町
真如堂前
岡崎神社前
二条城

行程介紹

專為新手設計，逛金閣寺&銀閣寺一圈的夢幻行程。也可以按照順時鐘方向玩。確保在享用京都風味甜品之餘，也能遊逛人氣社寺。是以地鐵丸太町站附近的巴士站為起點而非京都站。

實用資訊

204系統不會經過京都站和河原町周邊，所以從北野天滿宮要回京都站時，也推薦搭乘市巴士50或51系統等（需約35分）。

204系統的時刻表請從這裡確認！

巴士所屬交通機關

市巴士

用**巴士1日券**省下**910円**！

繞行市區一圈的行程

搭**1**系統
就玩這些景點！
巴士之旅
28 COURSE
市巴士
201 系統
約5班／時

京都式勾芡
親子丼之白米御膳
（數量有限）1440円

八代目儀兵衛 ④
はちだいめぎへえ

老字號米店的御膳料理

在大排長龍的話題名店享用午餐。以土鍋炊煮而成的白飯在午餐時段可以自由續碗。

☎075-708-8173　🕐11:00～14:30、18:00～21:00（最後入店）
休不定休　所京都市東山區祇園町北側296　P無　MAP118D-3

名代豆餅
1個220円

出町ふたば ⑧
でまちふたば

門庭若市的豆餅店

富有彈性、剛搗好的麻糬中夾了大量紅豆餡。揉進麵團的紅豌豆鹹度適中，為其一大特色。

☎075-231-1658　🕐8:30～16:30　休週二、第4週三（逢假日則翌日休）　所京都市上京區青竜町236　P無　MAP110D-3

欣賞從江戶時期留存現在的倉庫與富季節感的庭園

虎屋菓寮
京都一条店 ⑨
とらやかりょうきょうといちじょうてん

隨四季變換色彩的古都綠洲

專為御所服務的「虎屋」開設的咖啡廳。可品嘗餡蜜（1320円）等用心製作的和菓子。

☎075-441-3113　🕐10:00～17:30
休不定休　所京都市上京區広橋殿町400　P有
MAP111C-4

京都廚房就是美食天堂！

MAP116D-4
LINK P.22

🚏四条烏丸
↓步行10分
① 佛光寺　本堂的
聖德太子像
被指定為重要文化財！
MAP115C-4
LINK P.63
↓步行即到
② D&DEPARTMENT KYOTO
↓步行10分
③ 上羽絵惣　
MAP115C-4
LINK P.63
↓步行5分
🚏四条高倉
🚏祇園
↓步行即到
④ 八代目儀兵衛
↓步行5分
⑤ 白川南通·巽橋
↓步行5分
🚏知恩院前
🚏京大正門前　
去看那個
有名的鏡框！
↓步行即到
⑥ 京都大學
綜合博物館
MAP110E-4
LINK P.56
🚏京大正門前
🚏河原町今出川
以鴨川和高野川的
匯流地點聞名的
野餐勝地！
↓步行3分
⑦ 鴨川三角洲
↓步行5分
⑧ 出町ふたば
MAP110D-3
LINK P.21
↓步行即到
🚏河原町今出川
🚏烏丸今出川
↓步行即到
⑨ 虎屋菓寮 京都一条店
🚏烏丸今出川
🚏四条大宮
↓步行即到
⑩ Fruit Parlor Yaoiso
🚏四条大宮
🚏四条高倉
↓步行即到
⑪ 錦市場

特製水果三明治&
綜合果汁套餐
1265円

上羽絵惣 ③
うえばえそう

日本傳統色的指甲油

以日本畫的白色顏料「胡粉」調成的指甲油，能讓指甲顯現柔和又繽紛的顏色，擁有許多粉絲。

☎075-351-0693　🕐9:00～17:00　休週六、日、假日　所京都市下京區東洞院通高辻下ル燈籠町579　P無　MAP115C-4

讓指甲
變漂亮

白川南通·巽橋 ⑤
しらかわみなみどおり·たつみばし

白川之上富有風情的橋

綿延白川約200m的鋪石小路。能以朱紅格子的茶屋與柳樹構成的靜謐風景為背景拍照而大受歡迎。　MAP118C-2

可能有機會
碰到舞妓？

Fruit Parlor Yaoiso ⑩
フルーツパーラーヤオイソ

想吃水果三明治就來這裡

提供使用滿滿新鮮水果的三明治、甜點及果汁。也有許多藝人是這間店的粉絲。

☎075-841-0353　🕐9:30～16:45　休無休（過年期間除外）　所京都市下京區四条大宮東入ル立中町496　P無　MAP115A-3

新手　　　　旅遊老手

行程介紹

將適合旅遊老手的市區景點濃縮，繞行一圈的行程。可從車窗眺望京都大學、同志社大學等京都有名的美麗校舍。行程中安排了好幾個京都當地人也常去的知名甜品店，可盡情享受甜點之旅。

實用資訊

要從四条烏丸巴士站前往京都站，可搭市巴士5、26系統等，約10分即可抵達。

201系統的時刻表
請從這裡確認！

巴士所屬
交通機關
市巴士

用**巴士1日券**
省下
680円！

充滿活力玩一圈
京都中心的人氣區域

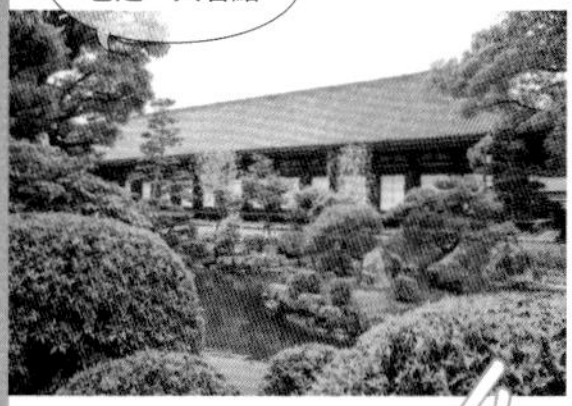

京都駅前

搭市巴士208系統 **15分**

東福寺

步行5分

① 東福寺

步行15分

有櫛手之稱的皇室菩薩寺

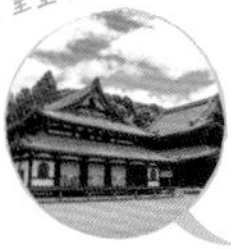

MAP108E-4
LINK P.39

池泉迴遊式庭園也是一大看點

② 泉涌寺

步行10分

③ 大谷園茶舖

步行即到

泉涌寺道

東山七条

步行即到

④ 三十三間堂

東山七条

東山安井

步行5分

⑤ 祇園くらした

東山安井

東山二条・岡崎公園口

步行即到

⑥ 平安神宮

步行即到

熊野神社前

府庁前

步行即到

⑦ 本日の

府庁前

西大路四条

步行3分

⑧ 養老軒

西大路四条

搭市巴士205系統 **25分**

京都駅前

⑨ ASTY京都

大谷園茶舖 ③
おおたにえんちゃほ

宇治茶的老店

古都戀心
百匯 980円

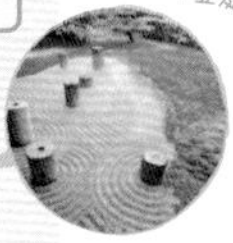

鑑賞重森三玲打點的庭園傑作

附設咖啡廳區，能盡情品茗、享受甜品。宇治茶霜淇淋與豪華的古都戀心百匯很受歡迎。

📞075-561-4658
🕐9:00～18:00（咖啡廳為9:30～17:00） 🈺週日、假日 📍京都市東山区今熊野椥ノ森町7 🅿無
MAP108D-4

三十三間堂 ④
さんじゅうさんげんどう

堂內有1001尊千手觀音

正式名稱為蓮華王院。全長120m的本堂以鎌倉時代造佛師湛慶打造的國寶千手觀音坐像為中心,安置著各異其趣的1001尊千手觀音立像。

📞075-561-0467 🕐8:30～16:30、11月16日～翌3月為9:00～15:30 🈺無休 💴600円 📍京都市東山区三十三間堂廻町657 🅿有 MAP108D-3

岡崎地區的地標大鳥居

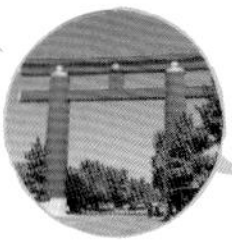

MAP114F-1
LINK P.25

祇園くらした ⑤
ぎおんくらした

在令人憧憬的花見小路品嘗京都料理

經濟實惠午餐
湯豆腐膳 3300円

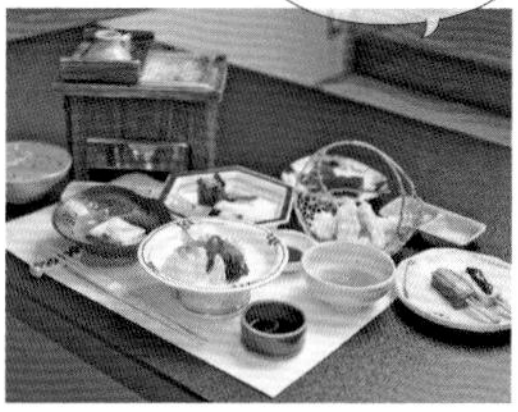

老闆每天親自前往市場採買,以嚴選食材製作當季風味料理招待客人。可享用在守護和食傳統的同時也迸發出創意光芒的料理。

📞075-551-1505 🕐12:00～14:00、17:30～21:00 🈺不定休 📍京都市東山区祇園町南側570-157 🅿無 MAP119C-4

奇異果大福
1個450円

養老軒 ⑧
ようろうけん

帶有玩心的創意大福

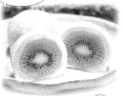

從1931年經營至今的和菓子店。招牌的季節生菓子自不用說、柑橘大福、奇異果大福、夏天的無花果大福及葡萄大福等,各種費心製作的當季點心都很受好評。

📞075-311-3405 🕐10:00～17:00 🈺週三、四 📍京都市中京区四条通西大路東入ル南側 🅿無 MAP109A-2

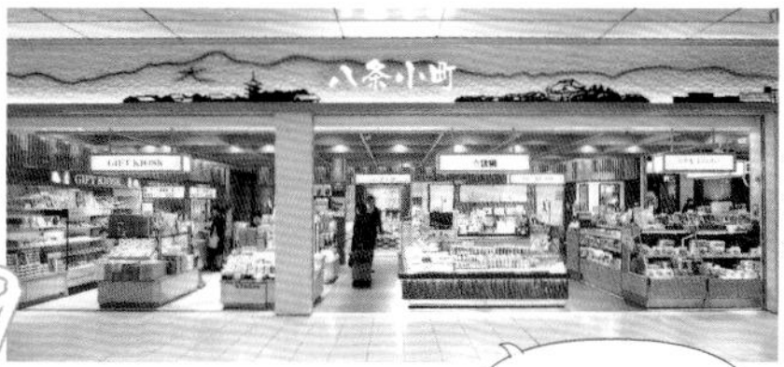

本日の ⑦
ほんじつの

從京都町家改裝而成的烘焙咖啡廳

本日果實抹茶拿鐵 780円

從火腿三明治等早餐到午餐菜單一應俱全。店門口也有販賣麵包。

📞075-746-2995 🕐9:00～18:00 🈺無休 📍京都市中京区指物屋町371 🅿無 MAP115B-1

ASTY京都 ⑨
アスティきょうと

想買京都伴手禮及便當來這裡就對了！

ASTY SQUARE離新幹線中央口很近

由ASTY ROAD、ASTY SQUARE、新幹線剪票口內所構成的京都站商店街。也順道去逛逛甜品店及京都伴手禮商店吧。

📞075-662-0741（JR東海關西開發／平日9:00～17:00） 🈺視店舖而異 🈺無休 📍京都市下京区東塩小路高倉町8-3 🅿無 MAP109C-4

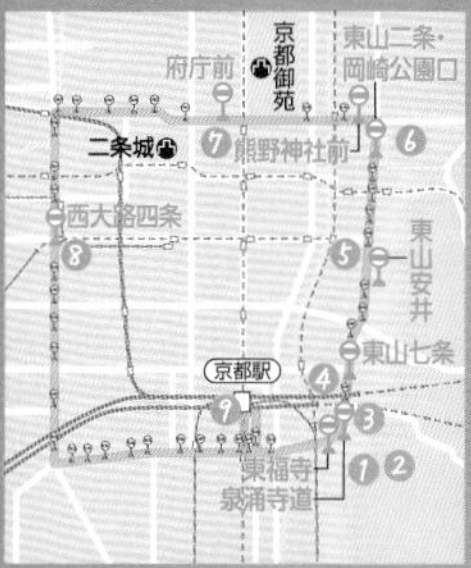

行程介紹

不論是新手還是旅遊老手都會喜歡,能在京都中心活力充沛地玩上一圈的行程。景點包括東福寺與泉涌寺,也適合秋天時造訪。邊遊玩人氣社寺,邊嘗嘗該區的人氣甜品店吧！

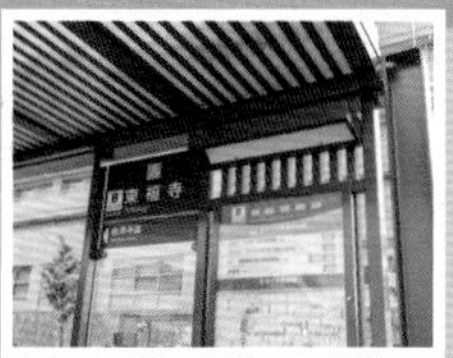

實用資訊

雖然這個行程繞了京都很大一圈,但幾乎沒有排到西側的觀光景點,倘若還有時間,不妨從JR園町站搭往京都方向的JR嵯峨野線11分,拐個彎到京都站晃晃。

202系統的時刻表請從這裡確認！

巴士所屬交通機關

市巴士

用巴士1日券

省下 **910** 円!

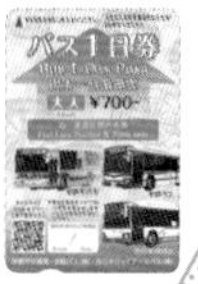

推薦給旅遊老手
適合女生的行程

姬御神籤
900円

2 市比賣神社
いちひめじんじゃ

向守護女性的女神祈禱

祭拜的5位神明均為女性。據說以手捧著洛陽七名水之一「天之真名井」的井水飲用後，可以實現一個願望。

☎075-361-2775
🕐9:00～16:30
休無休　💴免費
所京都市下京区河原町通五条下ル一筋目西入本塩竈町593
P無
MAP108D-3

據說
只能實現一個
願望的井水

紅包袋
各330円
（3袋入）

4 芸艸堂
うんそうどう

以琳派為主題的流行設計

將日本唯一的手工印刷木版和裝本出版社保管的圖案做成紅包袋。活躍於明治到昭和時代的設計作品，現在看來還是很美。

☎075-231-3613　🕐9:00～17:30
休週六、日、假日　所京都市中京区寺町通二条南入妙満寺前町459　P無　MAP116E-1

十八番屋花花 6
おはこやそうか

京都風小盒子的藝術令人醉心

經營版畫紙盒的店。有超過300種圖案，以觀光名勝、舞妓等具京都特色的人事物為主。

☎075-251-8585　🕐11:00～17:00（週日、假日為～18:00）
休週二、三　所京都市中京区寺町通夷川上ル東側常盤町46　P無
MAP114D-1

小盒子
各462円～

充滿茶道美感的
手院

MAP111B-2
LINK P.53

🚏 京都駅前
🚏 七条河原町
步行即到
① 渉成園
步行即到
② 市比賣神社
步行即到
🚏 河原町正面
🚏 四条河原町
步行3分
③ GOOD NATURE
STATION
🚏 四条河原町
🚏 京都市役所前
步行3分
④ 芸艸堂
步行5分
⑤ 一保堂茶舗
步行即到
⑥ 十八番屋花花
步行4分
🚏 京都市役所前
🚏 新葵橋
步行即到
⑦ 河合神社
步行即到
⑧ 下鴨神社
步行即到
⑨ 加茂みたらし茶屋
步行即到
🚏 下鴨神社前
🚏 大徳寺前
步行即到
⑩ 大徳寺
🚏 大徳寺前
45分
🚏 京都駅前

以昭和初期外觀為基礎修建的京都市役所

印月池

渉成園 1
しょうせいえん

充滿個性的數寄屋造建築

真宗大谷派的本山，位於東本願寺的飛地境內。由石川丈山打造的寬廣庭園，四季皆有美麗的花卉綻放。

傍花閣

☎075-371-9210（本廟部 參拜接待所）
🕐9:00～17:00（11～2月為～16:00，受理時間至閉園前30分為止）　休無休　💴500円以上（庭園維護獻金，送導覽手冊）　所京都市下京区下珠数屋町通間之町東入ル東玉水町　P無　MAP109C-3

3 GOOD NATURE STATION
グッドネイチャーステーション

讓人感到美味又快樂有精神的店家

以「愛護人與大自然」為理念的複合型商業設施。進駐的店舖從販售食品的超市到餐廳、咖啡廳都有。

販賣京都產的食品等

☎075-352-3712
🕐視店鋪而異
休不定休　所京都市下京区河原町通四条下ル2丁目稻荷町318-6　P有　MAP119A-4

煎茶 薫風
小罐裝 2700円
（90g入）

一保堂茶舗 5
いっぽうどうちゃほ

包裝也很有老店風格

也附設咖啡廳的日本茶專賣店。甜味及澀味平衡絕佳的煎茶很受歡迎，「煎茶 薫風」以溫和甘甜為其特色。

MAP114D-3
LINK P.21

MAP110D-3
LINK P.22

從久遠以前就供奉
在亂之森中的古社

河合神社 7
かわいじんじゃ

以祈求變美而知名的神社

供奉著女性的守護神，據說能實現變漂亮的願望，而吸引不少信眾前來。

☎075-781-0010（下鴨神社）　🕐9:00～17:00　休無休
💴免費　所京都市左京区下鴨泉川町59 下鴨神社內
P使用下鴨神社的停車場　MAP110D-3

加茂みたらし茶屋 9
かもみたらしちゃや

3串附茶
450円

下鴨神社的知名點心

位於下鴨神社的對面，御手洗團子的發源店。帶有焦痕的團子搭配黑蜜醬汁非常美味。

☎075-791-1652　🕐9:30～18:00　休週三（逢假日則營業）
所京都市左京区下鴨松ノ木町53　P無　MAP110D-3

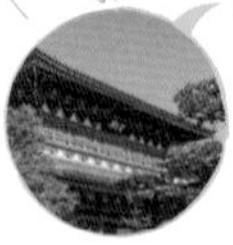

鏡繪馬
800円

搭 1 系統
就玩這些景點！
巴士之旅

30
COURSE

市巴士
205
系統

約7班/時

新手　　　旅遊老手

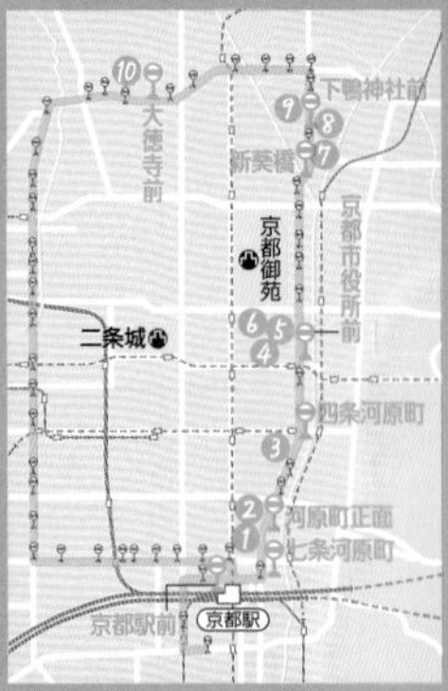

行程介紹

行經流淌於京都中心的鴨川西側、河原町通的行程。在寺町順道逛很棒的商店後，再去下鴨神社和大德寺走走吧。這個行程最適合來過很多次、喜歡可愛御守及選購雜貨的女孩們了。

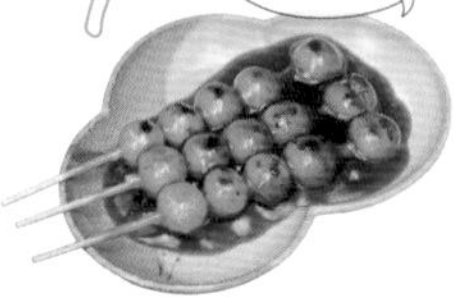

實用資訊

不想去大德寺的話，也能選擇從地鐵北大路站直接搭乘烏丸線返回京都站。另外，也可以從大德寺搭205系統等，前往更遠的金閣寺。

205系統的時刻表
請從這裡確認！

巴士所屬
交通機關

市巴士

用巴士1日券
省下
680円！

以清水寺周邊為主的新手行程

市巴士 206系統 約4班/時

新手 ▶ 旅遊老手

京都駅前
博物館三十三間堂前
步行即到
① 京都國立博物館
博物館三十三間堂前
馬町
步行3分
② 河井寬次郎紀念館
步行6分
③ ゆば泉
步行15分
④ 清水寺
步行3分
⑤ 梅園 清水店
步行即到
⑥ 抹茶館 京都産寧坂店
步行3分
⑦ 八坂庚申堂
步行3分
清水道
百万遍
步行即到
⑧ 百萬遍知恩寺
步行3分
⑨ 阿闍梨餅本舗 滿月 本店
步行3分
百万遍
大宮松原
步行3分
⑩ まるき製パン所
大宮松原
16分
京都駅前

羅丹的代表作〈沉思者〉像

1 京都國立博物館
きょうとこくりつはくぶつかん

傳遞日本文化的京都首屈一指博物館

收藏了約1萬4600件文化財。在寬廣的近代感空間平成知新館，除了能欣賞京都文化精髓的展示室，還有可購買原創商品的商店，處處充滿魅力。

☎075-525-2473（電話客服） 開9:30～17:00（入館時間至閉館前30分為止，特別展時可能變更） 休週一（逢假日則翌日休） 費700円（特別展費用另計） 所京都市東山区茶屋町527 P有（收費） MAP108D-3

2 河井寬次郎紀念館
かわいかんじろうきねんかん

充滿藝術氛圍的美術館

陶藝家河井寬次郎的住宅兼工房，從設計、內裝到家具都是本人親自操刀設計，如今開放參觀。也有展示相關作品。

有機會碰到愛撒嬌的店貓「EKI」

☎075-561-3585 營10:00～16:30 休週一（逢假日則翌日休） 費900円 所京都市東山区五条坂鐘鋳町569 P無 MAP121A-6

3 ゆば泉
ゆばせん

京都豆皮料理 1430円

京都才有的傳統滋味

可品嘗用嚴選日本國產黃豆為原料，在店家2樓工房製作的豆皮。滑順口感與濃厚香氣唯現做的美味才有。盡情享用京都料理不可或缺的傳統滋味。

☎075-541-8000 營11:00～15:00（LO14:30）※時間可能視季節變動 休不定休 所京都市東山区五条橋東6-583-113 P無 MAP121B-5

將願望寄託在觀音與神聖的瀑布

MAP121D-6
LINK P.15

5 梅園 清水店
うめぞのきよみずてん

古民家風格且氣氛輕鬆的店

該店的御手洗團子（5串入450円，10串入880円）頗受歡迎，特色是帶點微焦的痕跡與祕傳醬汁。

說到京都的御手洗團子老店就是這家

☎075-531-8538 營11:00～18:00 休無休 所京都市東山区清水産寧坂339-1 P無 MAP121C-5

因觀光客而人聲鼎沸的清水坂道

掛上色彩繽紛的束猿祈願

MAP119D-6
LINK P.18

6 抹茶館 京都産寧坂店
まっちゃはうすきょうとさんねいざかてん

宇治抹茶提拉米蘇（649円）

以老店的茶製成、放入枡中的人氣提拉米蘇

以亞洲圈為中心發展的抹茶專賣店。店內有庭園也有露台座，可在愜意的空間慢慢品嘗甜點。

☎075-532-5630 營9:00～19:30，可能視季節變動 休無休 所京都市東山区清水3-337 P無 MAP121C-5

因為百萬遍而聞名的佛寺

MAP110E-3
LINK P.56

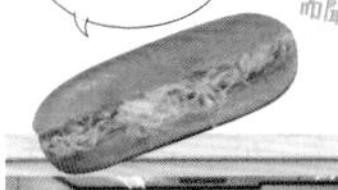

火腿麵包捲 170円

方形吐司250円、葡萄吐司230円等依序排開

10 まるき製パン所
まるきせいパンじょ

延續京都風味而備受喜愛的名店

創業於1947年。名產是口感輕盈且甜味柔和的夾心麵包。從鹹食類到甜點類共有15種左右。

☎075-821-9683 營6:30～20:00（週日、假日為7:00～14:00） 休不定休 所京都市下京区北門前町740 P有 MAP115A-4

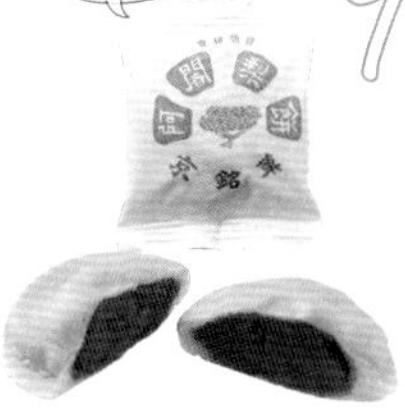

阿闍梨餅 1個119円

9 阿闍梨餅本舗 滿月 本店
あじゃりもちほんぽまんげつほんてん

超經典京都伴手禮！

以糯米粉為基底製成的溫潤餅皮，與丹波大納言紅豆粒餡完美協調的招牌商品。

MAP110E-3 LINK P.56

行程介紹

從東大路通大幅北上，順著北大路通往西，再從千本通南下，繞了京都一大圈的路線。行程稍微偏向適合新手遊玩，清水寺和參道的店家是重點。在回京都站的途中，也可以順路去在當地長年備受喜愛的「まるき製パン所」逛逛。

實用資訊

從京都站行經七條大橋時，可以欣賞鴨川的景色；從東大路通往北時，可以看到八坂神社等有名的社寺；經過京都大學後，就往西彎進寧靜的北大路通，這條路線光是搭巴士就能體驗到滿滿的觀光氣氛。也會經過西陣、上七軒等有許多隱藏名店的地區，不妨列出下次想去的景點。

206系統的時刻表請從這裡確認！

巴士所屬交通機關 市巴士

用巴士1日券 省下450円！

正面寬76m、深58m，全世界面積最大的木造建築物

東本願寺
ひがしほんがんじ

全世界規模最大的木造建築御影堂

真宗大谷派的本山。遼闊的寺內坐落著安置親鸞聖人御照的御影堂，以及放有阿彌陀如來像的阿彌陀堂。

☎075-371-9181　⏰5:50～17:30（11～2月為6:20～16:30）　休無休　費免費　所京都市下京区烏丸通七条上ル　P無　MAP109C-3

茶味評比2750円

○間-MA-
ま

享受日本茶與快樂時光的空間

延續屋齡近100年的町家壽命，重新翻修更更髦。可享受評比200種茶品以及點前、茶懷石的樂趣。需預約。

☎075-748-6198　⏰11:00～17:00　休週三　所京都市南区西九条比永城町59　P無　MAP109B-4

日本第一間密教寺院

MAP109B-4
LINK P.39

笹屋伊織 別邸 8
ささやいおりべってい

享用和菓子餐點

創業於1716年的和菓子老店笹屋伊織所經手的咖啡廳。也有提供將和菓子食材加以變化的菜單。

☎075-322-8078　⏰10:00～18:00　休不定休　所京都市下京区朱雀堂ノ口町20-4 Hotel エミオン 1F　P無　MAP109B-3

抹茶百匯
1430円

行程路線：
- 🚏京都駅前
- 🚏烏丸七条
- 步行3分
- ❶ 東本願寺
- 🚏烏丸七条
- 🚏博物館三十三間堂前
- 步行3分
- ❷ 養源院
- 步行5分
- ❸ GOOD TIME COFFEE 東山
- 步行3分
- 🚏今熊野
- 🚏東福寺
- 步行5分
- ❹ 勝林寺
- 步行5分
- ❺ 東福寺
- 步行10分
- 🚏東福寺
- 🚏九条大宮
- 步行即到
- ❻ ○間-MA-
- 步行5分
- ❼ 東寺（教王護國寺）
- 步行5分
- 🚏東寺南門前
- 🚏梅小路公園・JR梅小路京都西駅前
- 步行即到
- ❽ 笹屋伊織 別邸
- 步行即到
- ❾ 梅小路公園
- 步行即到
- ❿ 京都水族館
- 步行3分
- 🚏七条大宮・京都水族館前
- 10分
- 🚏京都駅前

養源院 2
ようげんいん

將伏見城遺跡移建的寺院

血天井是以伏見城陷落時染上鳥居元忠等人自刎鮮血的走廊地板建成，還有出自俵屋宗達筆下的杉戶繪、白象與唐獅子圖。

秋天的楓葉美景

☎075-561-3887　⏰9:00～16:00　休1、5、9月21日的13:00～16:00　費600円　所京都市東山区三十三間堂廻町656　P無　MAP108D-3

GOOD TIME COFFEE 東山 3
グッドタイムコーヒーひがしやま

品嘗手沖咖啡的芳香氣息

可享用從產地、烘豆方法各異的6種咖啡豆中選一款的手沖咖啡（440円）以及手作蛋糕等烘焙點心。

☎075-354-5498　⏰11:00～17:00　休週一　所京都市東山区東瓦町690　P無　MAP108D-3

美麗的花手水成為話題！

MAP108D-4
LINK P.62

店內給人簡單又清爽的印象

初夏的綠色楓葉也很清涼

MAP108D-4
LINK P.32

梅小路公園 9
うめこうじこうえん

能感受四季變化的都市公園

將JR貨物鐵道站遺址整修而成的都市公園。附近在平安時代為平家的據點，現今則被四季競相綻放的花朵所圍繞。

☎075-352-2500　⏰園內不限，朱雀之森、生命之森為9:00～16:30　休無休，收費設施為週一（逢假日則翌日休）　費朱雀之森、生命之森200円　所京都市下京区観喜寺町56-3　P無　MAP109B-3

京都水族館 10
きょうとすいぞくかん

完全使用人工海水的水族館

展示棲息在鴨川的日本大鯢等河川生物、海豚及企鵝等約250種動物。

☎075-354-3130　⏰10:00～18:00（視日期而異）　休無休　費2200円　所京都市下京区観喜寺町35-1（梅小路公園內）　P無　MAP109B-3

很受歡迎的海豚秀

水母樂園展示約30種5000隻水母

面積約13.7ha。有草原廣場及河濱遊戲區

搭**1**系統 就玩這些景點！
巴士之旅
32 COURSE

市巴士
208 系統

約3班／時

新手 —————— 旅遊老手

七条大宮・京都水族館前 / 梅小路公園・JR梅小路京都西駅前 / 博物館三十三間堂前 / 烏丸七条 / 京都駅前 / 今熊野 / 東福寺 / 東寺南門前 / 九条大宮

行程介紹

2019年新車站梅小路京都西站啟用，推薦給想來蔚為話題的梅小路區域悠哉閒逛的人。會繞行東寺、東福寺、東本願寺與主要的社寺。以京都站為中心精簡循環的208系統，移動時間與距離都比較少，可在各景點滯留的時間很充裕。

實用資訊

208系統順時鐘方向循環的公車站為D2，逆時鐘方向為B3。秋天前往東寺與東福寺特別參觀時，也推薦先搭逆時鐘方向在公園逛一下，欣賞點燈活動。

208系統的時刻表請從這裡確認！

巴士所屬交通機關

市巴士

用**巴士1日券** 省下 **680**円！

バス1日券 One-Day Pass ¥700

一直線往北之旅！
隱藏主題為**連逛多間獨特美術館**

2 龍谷博物館
りゅうこくミュージアム

日本第一個佛教博物館

龍谷大學設立的佛教綜合博物館。透過多樣的視角舉辦展覽，讓人更容易了解佛教。

☎075-351-2500　🕙10:00～16:30
🈺週一（逢假日則翌日休）等
💰1300円（特別展）等
📍京都市下京區堀川通正面下る
Ｐ無　MAP109C-3

> 收藏、展示以佛教為主的珍貴歷史性文化財等

6 晴明神社
せいめいじんじゃ

京都首屈一指的能量景點

鎮守在安倍晴明廣大的住宅遺址。與晴明驅除災厄的事蹟有關，據說驅魔、消災解厄非常靈驗。
MAP111C-4　LINK P.41

> 到達五芒星所在之處

> 據說觸摸就有效的除厄桃

7 Cafe Rhinebeck
カフェラインベック

鬆鬆軟軟的京都鬆餅

在點餐後才開始煎製的麵團上，放上分量感十足的配料，並淋上大量自製糖漿。可在屋齡120年的町家悠閒品味美食。

☎075-451-1208　🕙9:00～17:30
🈺週二、三　📍京都市上京區大宮通中立売上ル石薬師町692
Ｐ無　MAP111B-4

> 水果花園雙層鬆餅 1970円

> 朱紅色的美麗鳥居

【路線表】
🚏京都駅前
🚏西本願寺前
步行即到
❶ 西本願寺
步行5分
❷ 龍谷博物館
步行即到
🚏西本願寺前
🚏堀川三条
步行4分
❸ DariK三条本店
🚏堀川三条
🚏二条城前
步行即到
❹ 元離宮 二條城
🚏二条城前
🚏一条戻橋・晴明神社前
步行5分
❺ 樂美術館
步行5分
❻ 晴明神社
步行5分
❼ Cafe Rhinebeck
步行5分
🚏一条戻橋・晴明神社前
🚏堀川今出川
步行即到
❽ 白峯神宮
🚏堀川今出川
🚏加茂川中学前
步行即到
❾ 高麗美術館
🚏加茂川中学前
🚏上賀茂御薗橋
步行5分
❿ 上賀茂神社
🚏上賀茂御薗橋
39分
🚏京都駅前

---

1 西本願寺
にしほんがんじ

華麗的桃山建築

淨土真宗本願寺派的本山。境內留存著傳遞桃山文化精粹的建築物，多彩的唐門為伏見城遺跡。

☎075-371-5181　🕙5:30～17:00
🈺自由參拜
📍京都市下京區堀川通花屋町下ル
Ｐ有　MAP109B-3

> 國寶 阿彌陀堂

3 DariK三条本店
ダリケーさんじょうほんてん

含有手作心意的巧克力

這間店的巧克力是以高級可可豆製成，能感受到可可原本的香氣與濃醇，很受歡迎。

☎070-5265-6460
🕙11:00～18:00　🈺週二
📍京都市中京區上瓦町63
Ｐ無　MAP115A-2

> 可可夾心餅乾（黑巧克力）6片入1350円

> 留存過去輝煌業績的歷史大賽台
MAP115A-1
LINK P.15

5 樂美術館
らくびじゅつかん

展示樂家代代相傳的陶器

以從樂家初代長次郎所製的適合千利休佗茶的茶碗，到現今第16代當家的作品為主要館藏展出。

☎075-414-0304　🕙10:00～16:00　🈺週一（逢假日則開館）※視展覽而異　📍京都市上京區油小路通一条下ル　Ｐ有　MAP111C-4

> 展覽內容每年會更換3次

8 白峯神宮
しらみねじんぐう

參拜運動賽事的守護神

因為供奉蹴鞠的神明，而有眾多信徒前來祈求球技精進、比賽順利等的神社。境內也收藏許多選手所奉獻的球。

☎075-441-3810　🕙8:00～17:00
🈺自由參拜　📍京都市上京區今出川通堀川東入飛鳥井町261
Ｐ有　MAP111C-3

> 一年會舉辦2次蹴鞠奉納

> 日本唯一的「鬥魂守」很受歡迎

9 高麗美術館
こうらいびじゅつかん

日本唯一專門展示韓國藝術的美術館

收藏高麗、朝鮮王朝時代的美術品。約1700件收藏品以每年2次的換展頻率依序展出。

☎075-491-1192　🕙10:00～16:30　🈺週三、換展期間　💰500円　📍京都市北區紫竹上ノ岸町15　Ｐ有　MAP111C-1

> 展示種類豐富如陶瓷器、繪畫等

新手　　旅遊老手

行程介紹

在連接西本願寺、二條城、晴明神社、上賀茂神社的9系統路線途中，滿是富含京都文化底蘊的美術館。在稍微遠離市中心喧鬧的堀川通逛逛，可感受悠閒漫步的時光。

實用資訊

因為12系統也有在四條堀川到北大路堀川之間行駛，想要節省等待時間的話可以搭看看。

9系統的時刻表請從這裡確認！

巴士所屬交通機關

市巴士

用**巴士1日券**

省下 **1140**円！

朱紅色鳥居與美酒之町
的遊逛行程

多達150株
豪華絢爛的枝垂梅
捎來春意

城南宮 ②
じょうなんぐう
除惡方位、除厄的大社

遷都平安京之際，作為國家守護神而設立。隨著四季更送有枝垂梅、山茶花及楓葉等美景的神苑很受歡迎。

📞075-623-0846 🕐自由參拜（樂水苑為9:00～16:00）❌無休 💰樂水苑800円 📍京都市伏見区中島鳥羽離宮町7 🅿有
MAP 105C-5

家守堂 ④
やもりどう
提供精釀啤酒與日本茶的店家

以屋齡超過150年的町家改裝而成的店鋪，可品嘗用京都水釀造的精釀啤酒、出自安本茶舖原創食譜的綠茶及餐點。

📞075-603-3080 🕐11:00～22:00 ❌週一 📍京都市伏見区中油掛町108 🅿無 MAP 124B-2

House Beer
（200ml）
500円

店內同時有精釀啤酒酒吧「家守堂」、精釀啤酒廠「家守酒造」、日本茶專賣店「安本茶舖」

龍馬通商店街 ⑥
りょうまどおりしょうてんがい
龍馬粉絲的人氣景點

據傳是寺田屋遇襲之際，龍馬沿著屋頂逃走的街道，如今成為人熟知的商店街。

📍京都市伏見区塩屋町231-1 🅿無 MAP 124B-2

來找找龍馬相關景點吧

📍京都駅前
📍稻荷大社前
步行5分
① 伏見稻荷大社
📍稻荷大社前
📍竹田駅東口
步行15分
② 城南宮
📍竹田駅東口
📍京橋
步行5分
③ 鳥せい 本店
步行即到
④ 家守堂
步行即到
⑤ 伏水酒藏小路
步行3分
⑥ 龍馬通商店街
步行即到
⑦ 寺田屋
步行3分
⑧ 十石舟
步行5分
📍中書島
41分
📍京都駅前

寺田屋 ⑦
てらだや
坂本龍馬鍾愛的船宿

因「寺田屋事件」而聞名。歷史悠久的船宿，坂本龍馬也經常投宿於此。時至今日仍有許多龍馬粉絲前來朝聖。

📞075-622-0243 🕐10:00～15:40（住宿為IN18:00～OUT9:00）💰400円；純住宿6500円 ❌週一不定休 📍京都市伏見区南浜町263 🅿無 MAP 124B-2

庭院矗立著龍馬雕像

---

1 伏見稻荷大社
ふしみいなりたいしゃ
蘊含祈願與感謝心意的朱紅色鳥居

據說全日本有將近3萬間分社的稻荷神社總本宮。

MAP 123B-4
LINK P.18

參道上超過1萬基的鳥居散發神祕美感

不久就會看到出現在右手邊的龍谷大學校園

鳥せい 本店 ③
とりせいほんてん
酒廠直營的雞肉料理老店

將1677年創業的酒廠改裝成雞肉料理店。使用大量日本酒調製的醬汁滋味深厚，和日本酒也很配。

📞075-622-5533 🕐11:00～21:30（週五、六、假日前日為～22:30）❌週一（假日、12月為營業）📍京都市伏見区上油掛町186 🅿無 MAP 124B-2

烤雞肉串每串140円～、名水製豆腐530円、烤內臟串680円

酒廠建於大正到昭和初期

伏水酒藏小路 ⑤
ふしみさかぐらこうじ
能評比伏見當地美酒

在酒廠櫃檯可以品嘗比較伏見酒藏組合來自18家酒廠、約120種日本酒。也有8家各類餐廳進駐。

📞075-601-2430 🕐11:00～22:00 ❌週二 📍京都市伏見区平野町82-2～納屋町115 🅿無 MAP 124B-2

餐飲店的料理會直接出餐到吧檯

十八藏的品酒套組2430円

SAKEGLA
2980円

江戶時代作為連結大阪與京都的航運據點而繁榮

十石舟 ⑧
じゅっこくぶね
約50分鐘的航行之旅

以遊覽船的方式重現江戶時代運送物資及旅客的貨船。盡情沉浸在沿岸柳樹林及酒廠等伏見風情中。

📞075-623-1030（十石舟碼頭）🕐10:00～16:20（上午下午都間隔20分鐘）💰1200円（可能變更）❌12月下旬～3月上旬為止 📍京都市伏見区南浜町（月桂冠大倉記念館裏乘船場）🅿無 MAP 124B-2

搭 1 系統
就玩這些景點！
巴士之旅

34
COURSE

市巴士
南5
系統
約2班/時

新手　　　　旅遊老手

行程介紹

以伏見稻荷大社為起點，從市區往南行動，前往酒城伏見的行程。想要尋訪稻荷山的話，可再增加2小時左右的額外行程。在酒廠林立的伏見，可享用名酒與甜點。帶著微醺的心情，在風情滿溢的街道上悠閒漫步吧。

實用資訊

需留意南5系統的班次很少。要從中書島搭回京都駅的時候，南5系統的最後一班是18時前後（週六、日為17時前後）。建議搭乘班次比較多的市巴士81系統（35分）。

南5系統的時刻表請從這裡確認！

巴士所屬交通機關

市巴士

用巴士1日券
省下
220円！

攝影／Forward Stroke inc

新風館 2
しんぷうかん

隈研吾設計監製的京都新地標

將舊京都中央電話局的紅磚造瀟灑外觀保留下來，重新開幕。集結了電影院「UPLINK」、首次進軍日本的「Ace Hotel」等各式各樣店家的複合設施。也有許多關西首創、新業態店家在該店蔚為話題。

☎075-585-6611 ◷11:00～20:00，餐飲為8:00～24:00 ※視店鋪而異 休無休 所京都市中京區烏丸通姊小路下ル場之町586-2 P無 MAP117C-2

設有綠意盎然的庭院

祈求技藝精進很靈驗，境內也有藝能神社

車折神社 3
くるまざきじんじゃ

招來財運、賞櫻隱藏景點

供奉平安時期的儒學家清原賴業。後嵯峨天皇所乘牛車曾因橫軸斷裂而停駐在該神社前，因而得名車折。MAP112D-3 LINK P.61

品嘗各種口味的京萩餅各250円

8 松樂
しょうらく

出自職人之手的和菓子

每個手作的和菓子都與內餡達到絕妙平衡，小巧的草餅「奧嵯峨」最適合當伴手禮。數量有限的12種京萩餅也很受歡迎。

☎075-871-8401
◷9:00～18:00
休週三
所京都市西京區嵐山宮ノ前町23-3
P有
MAP112D-4

只能實現一個願望的幸福地藏寺

往西橫越京都市中心！
從鬧區前往嵐山的行程

📍四条河原町
步行3分
① Rissei Garden Hulic Kyoto
📍四条河原町
📍烏丸御池
步行即到
② 新風館
📍烏丸御池
📍車折神社前
步行即到
③ 車折神社
📍車折神社前
📍嵐山
步行即到
④ 渡月橋
步行即到
⑤ 五木茶屋
步行即到
⑥ 天龍寺
步行3分
📍嵐山
📍松尾大社前
步行即到
⑦ 松尾大社
步行即到
⑧ 松樂
步行即到
📍松尾大社前
📍苔寺・すず蟲寺
步行即到
⑨ 華嚴寺（鈴蟲寺）
📍苔寺・すず蟲寺
📍松尾大社前
搭京都市巴士28系統
38分
📍京都駅前

Rissei Garden Hulic Kyoto 1
りっせいガーデン ヒューリックきょうと

使地區性文化景點魅力重生

讓原本沿著高瀨川而建的舊立誠國小校舍重獲新生的商業設施。可以品嘗京都漬物老店「京つけもの西利」發酵食品的咖啡廳＆酒吧、首次在關西展店的飯店「THE GATE HOTEL 京都高瀨川 by HULIC」等皆有進駐。

◷視店鋪而異 休無休 所京都市中京區蛸藥師通河原町東入備前島町310-2
P無 MAP118A-2

充滿開放感的空間集結了自然與人們

自古便備受喜愛，天下第一的風雅名勝

MAP122C-4
LINK P.33

盡情欣賞廣納嵐山絕景的世界遺產名庭

MAP122B-3
LINK P.17

五種京都丼評比御膳2800円

五木茶屋 5
いつきちゃや

比較看看五道京都丼

以五穀豐收的茶屋餐點為主題，堅持使用當季食材的京都丼蔚為話題。可享用少量多種菜色的評比御膳很受歡迎。

☎075-862-0729 ◷11:00～18:00
休無休 所京都市右京區嵯峨中ノ島町官有地10
P無
MAP122C-4

位於嵐山公園內的寧靜場所

松尾大社 7
まつのおたいしゃ

擁有延年益壽之水的名勝

701年由秦氏所創建，歷史相當悠久的神社。「龜井之水」是著名的延年益壽名水，據說在釀酒時加入能使酒類不腐敗，而製酒業者對此信仰甚篤。

☎075-871-5016
◷5:00～18:00（社務所為9:00～16:30）
休無休 所境內免費，松風苑＆神像館通用券500円
所京都市西京區嵐山宮町3
P有 MAP113C-4

重森三玲打造的昭和名庭「松風苑三庭」

京都巴士
63系統
約2班／時

新手　　旅遊老手

行程介紹

搭京都巴士直接穿過市中心的行程。順道造訪嵐電嵐山本線周邊知名景點的同時，以過了嵐山的松尾大社與鈴蟲寺為目標前進。回程必須要從京都巴士63系統轉乘市巴士。

實用資訊

若搭京都市巴士28系統（京都駅～松尾大社～嵐山），可以從京都站出發。想縮短回程時間的話，建議搭阪急嵐山線（費用另計）。

63系統的時刻表請從這裡確認！

巴士所屬交通機關

京都巴士

用巴士1日券
省下
910円！

走吧！前往大原！
在療癒鄉里的散步路線

- 🚏 京都駅前
- 🚏 三宅八幡
- 🚏 大原

推薦坐左側位置
可以看到鴨川♪

左手邊看見的
高野川河水
令人旅遊情緒高漲

路旁有數草
「大原女的小徑」
的地藏菩薩

從京都駅前巴士站
出發65分

步行15分

巴士轉運站有廁所
及投幣式置物櫃

傳說建禮門院
曾從瀧之清水
看見自身倒影

① 寂光院
步行10分
② KULM OHARA KYOTO
步行15分
③ 三千院
步行3分
④ 實光院
步行即到
⑤ 寶泉院
步行10分
⑥ 味工房 志野
步行5分
🚏 大原
65分
🚏 京都駅前

本堂雖於2000年
遭祝融燒毀，不過
5年後得以重建

1 寂光院
じゃっこういん
秋天散落的黃葉也很美

平清盛之母建禮門院成為尼姑後所居住的寺院。境內還有白河法皇曾歌詠的「汀之櫻」。

📞075-744-3341 🕐9:00～17:00(12～2月為～16:30、1月1～3日為10:00～16:00) 休無休 💰600円 所京都市左京区大原草生町676 P無 MAP125A-3

午餐拼盤
1300円

2 KULM OHARA KYOTO
クルムオオハラキョウト
搭配本節風景享用美食

每天更換菜色的咖哩及義大利麵使用了大量從早市採購的當地蔬菜，顏色五彩繽紛且充滿季節感。從窗戶眺望大原的樸實美景，也令人心情愉悅。

📞090-9234-0770 🕐11:30～15:30 休不定休 所京都市左京区大原来迎院町114 P無 MAP125A-3

堂內有日本最先製作御神籤的元三大師的御神籤(100円)

3 三千院
さんぜんいん
傳教大師所開設的門跡寺院

有名列為重要文化財的往生極樂院、本堂的宸殿等諸多看點。因美麗杉苔而著名的有清園、池泉觀賞式的聚碧園，這兩座庭園精彩萬分。在林立的杉木之間散步，也令人感到愉悅。

MAP125B-3 LINK P.28

有清園的苔景之美
值得一看

從客殿眺望
以心字池為中心
的契心園

4 實光院
じっこういん
被聲明的音色療癒

傳承天台聲明(吟誦佛教樂曲)的文化，展示聲明相關樂器。不斷櫻在春秋兩季都會盛開。

📞075-744-2537 🕐9:00～16:00(可能視季節變更) 休無休 💰500円(附點心800円) 所京都市左京区大原勝林院町187 P無 MAP125B-3

6 味工房 志野
あじこうぼうしの
將山林的恩惠當作伴手禮

柚子醋與沙拉醬的專賣店。帶柚子香氣的柚子醋以及使用大原名產紅紫蘇的沙拉醬很受歡迎。

📞075-744-2141 🕐9:00～17:30 休無休 所京都市左京区大原勝林町109 P無 MAP125B-3

柚子醋
1512円

5 寶泉院
ほうせんいん
邊欣賞庭園邊享用抹茶的奢侈時光

始於平安時代末期作為僧坊而建立。額緣庭園與透過格窗觀賞的鶴龜庭園皆是名庭而為人所知。

📞075-744-2409 🕐9:00～17:00(受理為～16:30) 休無休(1月3日需洽詢) 💰800円(附抹茶、點心) 所京都市左京区大原勝林院町187 P無 MAP125B-3

可從客殿欣賞
有難以起身離去之意
的「盤桓園」

搭1系統
就玩這些景點！
巴士之旅

36
COURSE

京都巴士
17系統
約2班/時

新手 ————— 旅遊老手

行程介紹

從市中心一路直直往大原駛去的行程。經過花園橋巴士站後，順著沿高野川而立的「鯖街道」北上。從八瀨巴士站開始會經過連續彎路，可欣賞近在眼前的壯麗山色。大原是能悠閒漫步、享受田園景色的偏僻鄉村，邊鑑賞名庭邊放鬆心吧。

實用資訊

從京都駅前到大原的乘車時間約1小時，也有從四条河原町發車駛往大原(同為17系統)的班次。回程除了可搭回京都駅及四条河原町，也有往國際会館前(19系統)1小時2班的班次，可以搭配地鐵踏上歸途。

17系統的時刻表
請從這裡確認！

巴士所屬
交通機關

🚌 京都巴士

用地鐵、巴士1日券
省下
20円！

人氣
地區型

旅遊
路線

盡情享受風情滿溢的花街&經典社寺、華麗街區

祇園～清水寺～烏丸 地區

京都站

🚏 京都駅前
乘車處 D2

🚌 市巴士
206系統
21分

🚏 祇園

POINT
春天時，白川沿岸成排的枝垂櫻與染井吉野櫻會進行夜間點燈

祇園巴士站
步行即到

① 在白川南通 悠閒散步

從大和橋沿著河岸散步，可窺見舞妓、藝妓日常居住風景的「巽橋」以及「辰巳大明神」。 MAP118C-2

巽橋周邊因許多觀光客造訪而熱鬧不已

曾作為連續劇等的外景拍攝地

辰巳大明神
たつみだいみょうじん
藝妓舞妓合掌敬奉的神明

作為辰巳方位的守護神而知名，通稱為祇園的稻荷神。由伏見稻荷大社的神官舉行敬神儀式。據說可讓技藝更加精進。 MAP118C-2

想喝茶就來這裡

茶寮都路里
祇園本店
さりょうつじり
ぎおんほんてん

LINK P.45

MAP118C-3
特選都路里百匯
1441円

步行10分

在祇園成為令人憧憬的美人

ぎをん錦 祇園店
ぎをんにしきぎおんてん

由專業人士協助著裝、打理髮型。在定裝技術專業而備受好評的和服租借店，搖身一變成為和服美人！

📞075-708-2111 🕘9:00～19:00
（受理為～17:00，歸還為～19:00）
❌無休 💰大特價方案4180円（前一天之前預約為2090円）📍京都市東山区祇園町北側347 富貴ビル1F 🚌祇園巴士站步行3分 🅿無
MAP118D-3

🚌 市巴士
58・86・202・206・207系統 2分

🚏 祇園
乘車處 A（往南）

八坂神社
やさかじんじゃ
LINK P.15

與祇園關係密切的古社

在遷都至京都之前就受到祭祀，歷史悠久的神社。能保佑去除厄運、疾病退散、商業繁榮，藤原家與德川家等許多歷史人物也曾來此參拜過。 MAP118D-3

建仁寺
けんにんじ
LINK P.19

京都最古老的禪寺

藝術也值得關注！

從中國引進禪法與茶的榮西於1202年所創建的臨濟宗名剎。境內的敕使門、三門、法堂和方丈排成一直線，形成一派莊嚴之景。 MAP119C-4

每年7月舉行的「祇園祭」是八坂神社的祭典

古早美好的京都風情讓心情更加雀躍

祇園巴士站步行即到

② 在花見小路 遇見令人憧憬的風景

說到令人憧憬的祇園風景，當屬四條通到南邊的花見小路這一帶了。原本就是建仁寺境內的部分區域，讓渡給祇園甲部茶屋組合後，成為如今的花街。在藝妓舞妓的根據地有許多美味的店家。 MAP119C-4

想喝茶就來這裡

祇園 北川半兵衛
ぎおんきたがわはんべえ
MAP119D-4
LINK P.80

百變抹茶甜點（附飲料）2800円

行程介紹

沿著白川連綿約200m的石板路白川南通流淌著悠閒時光。從四條通到南邊花見小路一帶的成排町家，其紅色格窗與犬矢來很有特色且情懷滿溢。走路即可抵達，不妨盡情享受散步樂趣。從祇園往清水寺周邊，搭巴士移動比較有效率。前往經典的社寺參拜，或在附近店家享受完購物之旅後，就搭巴士回到市區，在餐廳豐富的烏丸區度過晚餐時光。

四條烏丸地區
白川南通
花見小路
安井金比羅宮
知恩院
八坂神社
圓德院
清水寺
三十三間堂（蓮華王院）
京都駅
東福寺
泉涌寺
光明院

巴士所屬交通機關

🚌 市巴士

用巴士1日券
省下 220円！

バス1日券
Bus 1-Day Pass
成人 ¥700

東山安井巴士站**步行即到**

③ 來**安井金比羅宮**祈求緣分！

男女姻緣自不用說，還能斬斷菸酒、疾病等各種惡緣，締結良緣的神社。邊祈禱邊鑽過「緣斷緣結碑」，好運可能就會到來。

安井金比羅宮
やすいこんぴらぐう
MAP 119C-5 **LINK** P.40

POINT
祈禱的順序是參拜完本殿後，從碑的正面鑽過洞來到後面

把願望寫在作為替身的御札形代（奉獻100円左右）上，邊祈禱邊鑽過去

想喝茶就來這裡

星巴克 二寧坂八坂茶屋店
スターバックスコーヒー
きょうとにねんざかヤサカちゃやてん

在日本住宅飲用咖啡

改裝自留有大正風情的日本住宅。能在有庭園、和式座位、架高地板等的店內休息。

☎075-532-0601
🕐8:00～20:00 不定休
🏠京都市東山區高台寺南門通下河原東入桝屋町349
🚌清水道巴士站步行6分
Ｐ無 **MAP** 121C-4

星巴克有史以來第一間有榻榻米的店鋪！

背著御本尊而立，朝錦雲溪突出的清水舞台

步行 20分

📍 東山安井

清水道巴士站**步行10分**

④ 邊享受找伴手禮的樂趣邊遊逛 **清水寺一帶**

通往清水寺的參道有清水坂、產寧坂、二年坂及八坂通。這一帶的甜品店、餐廳、伴手禮店等櫛比鱗次。前往京都觀光的經典景點──清水寺，虔誠地參拜一番吧。

清水寺
きよみずでら
MAP 121D-6 **LINK** P.15

春季有枝垂櫻、夏季有青楓、秋季有紅葉的夜間點燈活動

高台寺
こうだいじ
LINK P.25

與秀吉有關的寺院
豐臣秀吉的正室寧寧為悼念亡夫所建。四季花草秀麗的名勝庭園值得一看。 **MAP** 120C-3

二年坂まるん
にねんざかまるん **LINK** P.79

（左）とろにゃん麥芽糖各594円、（右）ぴこまるん金平糖各454円 **MAP** 121C-4

陡峭的懸崖邊立著多根櫸木柱，未使用任何釘子就組裝起來的懸造式木造建築

步行 20分

四条烏丸巴士站**步行7分**

⑥ 推薦前往**鬧區**享用晚餐

推薦在集結了許多餐廳的河原町～烏丸一帶用晚餐。充滿京都風味的餐飲店、品酒景點等也很豐富。

サケホール益や
サケホールますや
LINK P.81
提供40種品牌的日本酒晚餐時光
MAP 117C-3

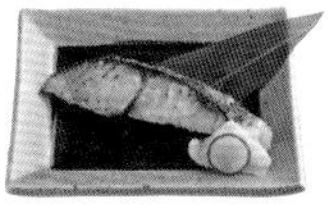

Baitarusain
LINK P.81
可品嘗活用京都靜原產蔬菜的料理
MAP 119A-4

📍 東山安井
乘車處（往北）

🚌 市巴士
207系統
14分

📍 四条烏丸

📍 四条烏丸
乘車處・B（往南）

🚌 市巴士
5・26系統
11分

📍 京都駅前

京都站

東山安井巴士站
步行5分

⑤ 悠閒安坐於此 細細欣賞 **圓德院**的 枯山水庭園

豐臣秀吉的正妻寧寧到77歲過世之前，晚年居住的寺院。從伏見城前庭移建的枯山水造景十分優美。

圓德院
えんとくいん

可欣賞晴朗白天、散發幽玄魅力的夜晚這兩種景致的庭園

☎075-525-0101 🕐10:00～17:00（夜間點燈3月上旬～5月上旬、10月下旬～12月上旬/日落～21:30） 無休（可能視法事公休） 500円；高台寺（含掌美術館）通用券900円 🏠京都市東山區高台寺下河原町530 Ｐ無 **MAP** 120B-3

MALEBRANCHE 清水坂店
（清水道巴士站步行10分）
マールブランシュきよみずざかてん

**將經典京都伴手禮
變成清水坂店限定款**

MALEBRANCHE以嚴選京都宇治茶葉製成的濃茶貓舌餅乾「茶之菓」為人所知。還有清水坂店限定的原創包裝。

☎075-551-5885　🕙10:00～17:00
🈳無休　📍京都市東山区清水2-256
🅿無　MAP121C-5

搭配清水寺的茶之菓（5片入）751円很適合作為伴手禮

天 ten
（清水道巴士站步行7分）
てん

**大理石花紋很可愛的
抹茶乳酪蛋糕**

這間咖啡廳位於清水坂與五條坂交會處的熱鬧區域。口感柔軟的抹茶生乳酪蛋糕為該店的招牌餐點。附設的藝廊也有販售器皿及雜貨。

☎075-533-6252　🕙11:00～17:00
（週六、日、假日為～17:30）
🈳不定休
📍京都市東山区清水2-208-10
🅿無
MAP121C-5

抹茶生乳酪蛋糕套餐1320円。使用了京都產高級抹茶

清水 京あみ
（清水道巴士站步行10分）
きよみずきょうあみ

**桂皮風味的
京都泡芙**

可品嘗甜點師的手作甜點及咖啡。效仿八橋將桂皮揉進麵團，所製成的泡芙及霜淇淋很受歡迎。

☎075-531-6956
🕙10:00～18:00（視季節而異）
🈳不定休　📍京都市東山区清水1-262-2
🅿無　MAP121C-5

可以選要卡士達還是抹茶的八橋泡芙各330円。內用、外帶皆可

店前也有賣伴手禮，方便觀光客順道入內來逛逛

京 八坂プリン
（東山安井巴士站步行即到）
きょうやさかプリン

**可愛的布丁專賣店
適合當伴手禮**

使用天然香草籽，吃起來芳香醇厚的布丁專賣店。從五彩繽紛的布丁，到宇治抹茶等京都風味一字排開。

☎075-533-8338　🕙11:00～17:00
🈳無休　📍京都市東山区星野町87-4
MAP119D-6

京 八坂布丁500円、硬布丁450円、牛奶草莓布丁550円、抹茶布丁500円

普門茶屋
（清水道巴士站步行10分）
ふもんちゃや

**能感受有如音羽瀑布般
清澈涼爽的蕨餅**

位於清水寺附近，仿造茶屋風格的半自助咖啡廳。以該店招牌蕨餅為首，還有茶師十段的特選抹茶「慶福」等多種和風甜點。

☎075-533-8282　🕙10:00～17:00
🈳無休　📍京都市東山区清水2-246
🅿無　MAP121C-5

大蕨餅「清水-KIYOMIZU-」京都黃豆粉／特選抹茶拿鐵1320円。大塊蕨餅搭配深焙京都黃豆粉、黑蜜享用

---

loose kyoto
（清水道巴士站步行3分）
ルースキョウト

**來點咖啡&甜甜圈
在坡道中途小憩片刻**

以白色為基調的時髦空間。使用自家焙煎咖啡豆的咖啡有淺焙、中焙和深焙可選。也很推薦在店內享用現炸的甜甜圈。

☎070-8364-3221　🕙9:00～18:00
🈳不定休　📍京都市東山区清水4-163-6
🅿無　MAP121B-5

甜甜圈（原味250円、巧克力350円）、拿鐵550円

裝潢及餐具等物都統一使用白色、灰色及銀色

將町家重新翻修而成的咖啡店

京東都 本店
（東山安井巴士站步行5分）
きょうとうとほんてん

**以細緻的刺繡
描繪和風世界**

將日本的「傳統」與「現代」相結合的刺繡品牌。搭配和風圖案、京都事物、動植物等的和片（繡章）是細緻又流行的設計。

☎075-531-3155　🕙11:00～18:00
🈳不定休　📍京都市東山区星野町93-28
🅿無　MAP119D-6

髮圈八坂之塔748円。樣式簡單，適合任何穿搭

和片牛若丸1045円。表現故事中經典場景的獨特繡章

総本家ゆどうふ奥丹 清水
（清水道巴士站步行5分）
そうほんけゆどうふおくたんきよみず

**沉浸庭園之美
大啖現做豆腐**

邊欣賞600坪的庭園，邊享用地下工房精心手作的豆腐。也想品嘗看看遵循純古代製法，稍硬而滋味濃郁的古早味豆腐。

☎075-525-2051　🕙11:00～16:00
（週六、日、假日為～17:00）🈳週四
（逢假日則營業，有補休）
📍京都市東山区清水3-340
🅿無　MAP121C-4

經典套餐3300円。有滑嫩湯豆腐、田樂、芝麻豆腐等的套餐

京都蒟蒻しゃぼん
きょうとこんにゃくしゃぼん

從蒟蒻誕生的
滑溜肥皂

招牌商品是摸起來柔軟有彈性的新穎洗臉皂「蒟蒻肥皂」。此款京都限定肥皂是以香草、植物精萃調配而成，有望發揮美肌效果。

☎0120-808-469 ⏰10:00～18:00
休無休 所京都市東山区清水3-340-3
Ｐ無 MAP121C-4

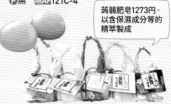

> 蒟蒻肥皂1273円。以含保濕成分等的精萃製成

七味家本舖
しちみやほんぽ

京都七味粉與
山椒的辛辣獨具風味

創業約360年的老店。頗有歷史的七味粉辣度經過調降且香氣十足，更能襯托料理的美味。也有販售下飯的「辣芝麻香鬆」等等。

☎075-551-0738 ⏰9:00～18:00（視季節而異）
休無休 所京都市東山区清水2-221 Ｐ無 MAP121C-5

> （左）山椒之粉（10g）900円。（右）七味唐辛子（15g）864円

> 七味家的炸馬鈴薯餅乾（4包入）540円

くろちく 青龍苑店
くろちくせいりゅうえんてん

能盡情欣賞庭園美景
風情絕佳的雜貨店

在前老字號料亭青龍苑的腹地內經營的雜貨店。供應手巾、包袱巾等布製品，以及帶有京都風設計的包包等時尚和風雜貨。

☎075-532-5959 ⏰10:00～17:00
休無休 所京都市東山区清水3-334 青龍苑內 Ｐ無 MAP121C-5

> 香膏 櫻花550円。有10種香氣

> 古都乃屋超細纖維迷你手帕藝妓娃娃605円

かさぎ屋
かさぎや

充滿大正時代風情的
懷舊甘甜滋味

據說竹久夢二也曾來此造訪，於大正時代創業的甜品店。以灶爐仔細炊煮的自製內餡為傲，菜單從創業到現在幾乎沒有變過。

☎075-561-9562
⏰10:00～17:30
休週二
所京都市東山区高台寺桝屋町349
Ｐ無 MAP121C-4

> 有紅豆粒餡、紅豆沙餡和白豆沙餡（夏天為黃豆粉）的餐點。三色萩乃餅700円

香老舖 松栄堂 産寧坂店
こうろうほしょうえいどうさんねいざかてん

讓人心神寧靜的和風香味
伴人度過片刻放鬆時光

創業300多年的香老店。販售品項種類豐富，從傳統香到適合現代生活風格的香都有。可自選香及包裝的「時之香」為產寧坂店限定商品。

☎075-532-5590 ⏰9:00～18:00
休無休 所京都市東山区清水3-334 青龍苑內 Ｐ無
MAP121C-5

> 優美的香氣引人入店

> 時之香550円～。產寧坂店限定

松韻堂
しょういんどう

原創款式也很多
傳統的清水燒

在清水燒專賣店，可挑選價格親民的酒杯、茶碗當作伴手禮而頗受歡迎。從能感受泥土溫度的品項到圖案艷麗的商品，多種器皿應有盡有。

☎075-561-8520
⏰11:00～16:00
休無休 所京都市東山区清水3-319
Ｐ無 MAP121C-5

> 櫻花筷架套組3024円。也可當作小碟使用

> 小碟2800円。用轆轤成形後，再手繪鳥獸戲畫的場景等圖案

阿古屋茶屋
あこやちゃや

以傳統京都漬物
組成的健康午餐

以自助吃到飽的方式提供活用食材的漬物。推薦第一輪直接搭配白飯品味，第二輪以茶泡飯風格來享用。

☎075-525-1519 ⏰11:00～16:00
休無休 所京都市東山区清水3-343
Ｐ無
MAP121C-4

> 茶漬物吃到飽1600円。色彩鮮豔的多種漬物也可以成為主菜

> 與石板路很搭的沉穩外觀

二年坂まるん
にねんざかまるん

五彩繽紛的點心
超吸睛！

陳列金平糖、京飴等多彩可愛的點心及雜貨。有價格親民的品項，商品的種類也很多，是很適合在此尋找伴手禮的店家。

☎075-533-2111 ⏰10:00～18:00（視季節而異）休不定休
所京都市東山区八坂通二年坂西入ル
Ｐ無 MAP121C-4

> とろにゃん各594円。如彩繪玻璃般鮮豔的糖果

> ぴこまるん金平糖各454円。光是看到成排的小瓶子就覺得很可愛

> 京都的薄糖各486円。京都友禪風的細緻配色很引人注目

> 品項種類豐富，從點心、雜貨、調味料到當地名酒都有

祇園きなな
ぎおんきなな

四条京阪前巴士站 步行6分

**能嘗到活用食材的美味
在口中化開的黃豆粉冰品**

以丹波黑大豆為首，使用眾多天然食材的黃豆粉冰品專賣店。除了原味之外，還有黑芝麻、紅豆、黑蜜、抹茶、艾草等多種口味。

☎075-525-8300 🕐11:00～18:00
🈺不定休 🏠京都市東山區祇園町南側570-119 🅿無 MAP119C-4

現做的黃豆冰700円。由附設的工廠所製，能嘗到現做的美味

焼肉の名門 天壇 祇園本店
やきにくのめいもんてんだんぎおんほんてん

四条京阪前巴士站 步行3分

**搭配高湯享用
京都才有的焼肉**

以牛骨湯為基底熬煮而成的「高湯焼肉」為其招牌。沾取高湯，即可感受肉品原本的鮮美，尾韻也很清爽。務必要品嘗看看京都特有的焼肉。

☎075-551-4129 🕐17:00～23:00：週六、日、假日為11:30～
🈺無休 🏠京都市東山區宮川筋1-225 🅿有
MAP119B-4

天壇里肌沙朗1320円，鮮美滋味在口中蔓延開來

ひさご寿し
ひさごずし

四条河原町巴士站 步行即到

**在雅致沉靜的
知名壽司捲老店用餐**

1950年創業的京都壽司人氣店，供應鯖魚壽司、海鰻壽司、蒸壽司等。不僅能在店內享用，也可以外帶，作為簡單的伴手禮也很方便。

☎075-221-5409 🕐9:30～20:30
🈺週三 🏠京都市中京區河原町通四条上ル塩屋町344
🅿無 MAP118A-3

印有坂本龍馬的維新捲1650円。中間夾有1.5隻蝦子與烤星鰻

面向河原町通的地利之便

MARUZEN café 京都店
マルゼンカフェきょうてん

河原町三条巴士站 步行即到

**在以《檸檬》為舞台的咖啡廳
馳騁思緒至小說中的世界**

以梶井基次郎小說《檸檬》為舞台的書店所附設的咖啡廳。在挖空的檸檬中填入鮮奶油的甜點，與小說有關而誕生。

☎075-708-3408 🕐11:00～19:30
🈺準同京都BAL 🏠京都市中京區河原町通三条下ル山崎町251 京都BAL 2F
🅿無 MAP118A-2

招牌甜點檸檬與咖啡的套餐1050円

WEEKENDERS COFFEE 富小路
ウィークエンダーズコーヒーとみのこうじ

四条高倉巴士站 步行7分

**在鬧區中的隱蔽店家
喝一杯香氣濃郁的絕品**

人氣烘焙咖啡店。告知自己的喜好，老闆就會從常備的8～10種豆子中為客人挑選。水果香氣與酸味交融在一起，形成絕妙滋味。

☎075-746-2206 🕐7:30～18:00
🈺週三（逢假日則營業）
🏠京都市中京區富小路通六角下ル西側骨屋之町560
🅿無 MAP116D-3

聽咖啡師講述豆子的特色也很有趣

本日手沖咖啡470円

Cafe BLUE FIR TREE
カフェブルーファーツリー

四条京阪前巴士站 步行即到

**鬆軟口感讓人忍不住
一口接一口的心型美式鬆餅**

可愛的心型美式鬆餅，厚度高達4.5cm！外酥內軟，彷彿在哪裡吃過的懷舊美味。淋上楓糖漿開動吧。

☎075-541-1183 🕐9:00～18:00
🈺週一（逢假日則營業）
🏠京都市東山區大和大路四条下ル大和町6-1 モア祇園1F
🅿無 MAP118B-3

心型美式鬆餅700円

在吧檯座愜意放鬆的片刻時光

京洋菓子司 Jouvencelle 祇園店
きょうようがしつかさジュヴァンセルぎおんてん

東山安井巴士站 步行即到

**不知要從何吃起好的
和風口味抹茶鍋**

就如法語中有「少女」之意的店名，可享用散發女性感性魅力的甜點。取用和風食材的京都西點讓人目不暇給。

☎075-551-1511 🕐10:00～17:30
🈺週二（逢國日則營業）🏠京都市東山區八坂鳥居前南入清井町482 京ばんビル2F
🅿無 MAP119D-4

祇園抹茶鍋1540円。將糰子及水果沾上美味的抹茶醬食用！

以Jouvencelle的熱門商品「佛羅倫汀脆餅」包夾冰淇淋的祇園冰品1210円

盡情享用與微溫沾醬的絕妙搭配

祇園 北川半兵衛
ぎおんきたがわはんべえ

祇園巴士站 步行即到

**評比日本茶
細辨深邃滋味的差異**

可飲用比較5種日本茶，享受與一口點心成雙搭配的樂趣。盡情體驗最高品質的混合茶、雞尾酒風抹茶等奢侈美味吧。

☎075-205-0880 🕐11:00～22:00
（18:00～夜晚咖啡廳營業）🈺無休
🏠京都市東山區祇園町南側570-188
🅿無 MAP119D-4

茶詠～評比五種茶2800円。抹茶、煎茶、焙茶、和烏龍茶、和紅茶與一口點心的套餐

百變抹茶甜點2800円。有多種品項可選，附茶品

由宇治茶批發商所推出

yasai hori
ヤサイホリ

以蔬菜為主角
非常上鏡的料理

以當季蔬菜為主，還提供沙拉、炭火燒烤、燉煮料理等多種調理方式的菜餚。自製手工醬料，可吃到滿滿蔬菜的健康菜單很有人氣。

☎075-555-2625
🕐17:00～23:00
休週二　所京都市中京区中之町565-11 新京極四条上ル花遊小路　P無
MAP116E-4

炭火燒烤各600円（未稅）與yasai hori mix juice各650円（未稅）

柳小路TAKA
やなぎこうじタカ

以輕鬆立飲的方式享用
義式與京都料理的結合♪

曾任米蘭名店懷石料理總師傅的主廚所開設的立飲店。想搭配各式各樣的酒類，品嘗義式與京都料理融合而成的嶄新菜色。

☎075-708-5791
🕐12:30～22:00
休週二　所京都市中京区中之町577柳小路はちべえ長屋　P無
MAP116E-4

生蛋拌飯605円、酒醪小黃瓜495円、關鯖魚一夜干880円

先斗町ますだ
ぽんとちょうますだ

高品味大人經常光顧的
名店京都傳統料理

櫃檯隨時陳列著20種以上的京都傳統料理可以選擇。以司馬遼太郎為首，還有許多文人墨客皆是這裡的常客，因而聞名。

☎075-221-6816
🕐17:00～22:00
休週日　所京都市中京区先斗町四条上ル下樵木町200
P無　MAP118B-2

醋漬鯖魚880円。使用採購自錦市場的新鮮鯖魚

富歷史感的店內令人心情暢快

サケホール益や
サケホールますや

以生酒為主常備40種以上
成熟高級的酒吧

從入口絕佳到內行人會喜歡的酒，陳列40個品牌美酒的日本酒餐廳。推薦每週更換的品酒套餐（4種1100円～），可以飲用評比不同口味。

☎075-708-7747　🕐11:30～14:30、17:30～22:00；週六、日、假日為15:00～；週五、六為～23:00　休不定休
所京都市中京区蛸薬師通烏丸東入ル一蓮社町298-2　P無　MAP117C-3

牆上裝飾著一瓶瓶日本酒，看起來很時髦

西京味噌烤魚720円

炸章魚塔塔紫蘇漬660円。紫蘇漬要沾塔塔醬吃

Baitarusain
バイタルサイン

有機蔬菜＆自然派葡萄酒
有益健康的迷你全餐

以從京都靜原採購的蔬菜為中心，提供活用食材原味的招牌料理。絕妙的蔬菜組合，展現了其獨到眼光。搭配自然派葡萄酒一起享用吧。

☎080-9126-0831　🕐12:00～14:00（僅週六、日）、18:00～22:00　休週二
所京都市下京区西木屋町通四条下ル船頭町235　P無　MAP119A-4

全餐4800円。大量取用京都靜原產蔬菜的6道菜餚＋自製酵母麵包，附飯後飲料

常備的自然派葡萄酒約50種

祇園 いわさ起
ぎおんいわさき

午餐就輕鬆吃點京都料理！
透過五感品嘗季節料理

從下酒菜到酒水，都能感受將季節魅力大量入菜的京都料理店。全8道的午間全餐6000円（含稅），繽紛菜色與精緻的餐具都讓人移不開目光。

☎075-531-0533　🕐12:00～14:00、18:00～20:00　休不定休
所京都市東山区祇園町南側570-183
P無　MAP119C-4

擺有柿子佐芝麻醬、秋刀魚壽司磯部捲等秀色可餐料理的下酒菜（2人份）

おかる

湯頭的鮮美滿溢而出！
名菜咖哩烏龍麵

藝妓、舞妓們也鍾愛不已，創業約100年的老店。名菜咖哩烏龍麵的湯頭鮮美無比，再加上辛辣相佐，著實美味。夏天的冷咖哩也很受歡迎。

☎075-541-1001　🕐11:00～15:00、17:00～翌日2:30；週五、六為～翌日3:00；週日晚上營業時間需洽詢　休週日不定休　所京都市東山区八坂新地富永町132
P無　MAP118C-3

濃稠的勾芡將咖哩的美味包裹起來，一試成主顧！肉咖哩烏龍麵990円

松葉
まつば

甜辣口味別具滋味的
鯡魚蕎麥麵發源店

京都名產「鯡魚蕎麥麵」，是松葉第二代老闆著眼於對距海遙遠的京都而言很珍貴的海產「去頭去內臟鯡魚乾」所發想的菜色。湯頭的風味讓人無法抗拒。

☎075-561-1451　🕐11:00～21:15※可能變動　休週三、四（可能視季節變動）　所京都市東山区四条大橋東入ル川端町192　P無　MAP118B-3

鯡魚蕎麥麵1650円。吃起來甜甜辣辣的鯡魚軟到入口就碎

伏見稻荷大社～東福寺～東寺地區

暢遊千本鳥居絕美的能量景點、欣賞寺院的庭園與佛像

京都站

京都駅前
乘車處·C4

市巴士
南5系統 16分

稻荷大社前

整座山有超過一萬基鮮豔的朱紅色鳥居

狐狸口中銜的是收藏重要穀物的倉庫鑰匙

有表參道和裏參道，裏參道有較多以觀光客為取向的店家

稻荷大社前巴士站步行10分

① 虔誠參拜 伏見稻荷大社

以祈求五穀豐收、生意興隆而聞名的伏見稻荷大社。若是從京都駅前搭乘南5系統的巴士，則不用轉乘即可抵達這個人氣景點。在境內迎接來客的狐狸像很引人注目。

伏見稻荷大社
ふしみいなりたいしゃ

LINK P.18
MAP123B-4

以山頂為目標 LINK P.84
御山巡禮

時間、體力都還夠的話，不妨挑戰看看「御山巡禮」。以攻頂一峰為目標繞行一圈的路線，在第84頁有詳細介紹。

稻荷大社前巴士站步行即到

② 在伏見稻荷參道商店街 採購知名伴手禮及美食

位於JR稻荷站與伏見稻荷大社之間的綿長商店街。有許多伴手禮店及販賣狐狸面具的店家、餐飲店等林立。還有神具店、烤麻雀店等罕見店家櫛比鱗次。

荒木神社
あらきじんじゃ
帶著笑臉的狐狸超療癒

在稻荷山中締結良緣很靈驗的神社。有狐狸造型的御神籤、繪有鳥居的明信片等多種授與品。

狐狸御神籤 500円

📞075-643-0651
🕙境內不限（授與所為9:00～17:00） 無休
免費 🏠京都市伏見区深草開土口町12-3
🚶稻荷大社前巴士站步行15分
🅿無 MAP123C-4

想喝茶就來這裡

稻穗百匯 1300円

稻荷茶寮
いなりさりょう
在稻荷山山麓吃點可愛的點心

伏見稻荷大社的境內咖啡廳。招牌百匯上放有與五穀豐收有淵源的炸稻穗及鳥居。

📞075-286-3631
🕙11:00～15:30（週三（逢假日則營業） 🏠京都市伏見区深草藪之内町68 啼鳥菴内 🚶稻荷大社前巴士站步行8分 🅿無 MAP123C-4

天座位休息片刻的露

在環繞八島池內

狐狸煎餅
大3片入550円、
小3片入
400円

総本家 宝玉堂
そうほんけほうぎょくどう
一片片親手烤製的稻荷煎餅

創業約90年的煎餅店。狐狸煎餅以代代相傳的白味噌口味最受歡迎。

📞075-641-1141 🕙7:30～18:00
無休 🏠京都市伏見区深草一ノ坪
27-7 🚶稻荷大社前巴士站步行即到
🅿無 MAP123B-4

にしむら亭
にしむらてい
大啖烏龍麵及豆皮壽司

創業約150年的茶店。建於御山巡禮的中繼站四辻，可以邊俯瞰京都南部一帶邊享用輕食。

狐狸烏龍麵 700円、豆皮壽司900円

📞075-641-2482 🕙10:00～17:00 不定休
🏠京都市伏見区稻荷山官有地四ツ辻 🚶稻荷大社前巴士站步行15分 🅿無 MAP123C-3

行程介紹

巡遊世界知名的能量景點、寺院歷史悠久的庭園、鑑賞佛像的行程。從京都駅前搭巴士16分左右，即可抵達以朱紅鳥居聞名的伏見稻荷大社。盡情沉浸神祕的氛圍後，移動到東福寺欣賞庭園、鑑賞東寺的佛像。最後別忘了到京都塔採買伴手禮！就在京都站附近的該區範圍不大，搭巴士能夠有效率地遊玩。

京都水族館
京都塔
三十三間堂（蓮華王院）
清水寺
京都駅
東寺（教王護國寺）
泉涌寺
東福寺
光明院
伏見稻荷參道商店街
伏見稻荷大社

巴士所屬交通機關

市巴士

用巴士1日券
バス1日券 Bus 1 Day Pass
¥700

省下 450円！

代表昭和的造園家重森三玲所設計的庭園。石塊與青苔交織成市松花紋

東福寺道巴士站步行6分

③ 在**東福寺**欣賞日本首屈一指的溪谷美景與名庭

由室町時代的九條道家所建，從東大寺、興福寺各取一字，冠以東福寺之名。重森三玲經手的本坊庭園，至今看來依舊時尚的設計是一大看點。

東福寺
とうふくじ
MAP 108D-4
LINK P.32

從紅葉、新綠季節都很美的通天橋眺望

靈雲院
れいうんいん

藉白沙表現雲與水

傳說在江戶時代末期，西鄉隆盛與清水寺成就院的住持月照在此密會商談。「臥雲之庭」為重森三玲所設計。

重森三玲經手修復的九三八海之庭

☎075-561-4080　⏰10:00～15:00
休不定休　💰500円※12歲以下不可參觀　所京都市東山区本町15-801　🚶東福寺道巴士站步行5分　P無　MAP 108D-4

光明院
こうみょういん

白沙與綠苔構成的時髦名庭

1391年創建，位於東福寺內的塔頭之一。重森三玲設計的池泉式枯山水庭園「波心之庭」由苔與沙構成和諧美景，被譽為「虹之苔寺」。

☎075-561-7317
⏰7:00～日落
休無休
💰自由奉獻（300円左右）　所京都市東山区本町15-809
🚶東福寺道巴士站步行10分　P有
MAP 106E-4

三座石組有如佛光照射呈斜線狀立在園中

📍東福寺道（往北）	📍東福寺道
🚌市巴士 **南5系統** 10分	🚌市巴士 **南5系統** 4分
📍京都駅前 乘車處 C4	📍稻荷大社前（往北）

琥珀調色盤
1080円（4個入）

十代目伊兵衛菓舖
じゅうだいめいへえかほ
LINK P.85

小巧豆皮壽司
1000円（8個入）

玄米 京都ぎへゑ
げんまいきょうとぎへゑ
LINK P.85

白天自不用說，晚景也很浪漫美麗

京都駅前巴士站步行即到

⑤ 登上代表京都的地標 京都塔

京都車站正對面131m高的象徵性高塔。1964年以燈塔為設計概念打造而成，從離地100m高的瞭望台可以將京都街景盡收眼底。也去逛逛京都站周邊的百貨商店及地下街的伴手禮店吧。

京都塔
きょうとタワー
☎075-361-3215
⏰9:00～21:00
休無休　💰800円
所京都市下京区烏丸通七条下ル東塩小路町721-1
P無　MAP 109C-3

📍東寺西門前
🚌市巴士 **16系統** 14分
📍東寺西門前

東寺西門前巴士站步行即到

④ 在**東寺**（教王護國寺）與立體曼荼羅相會

雖然大家暱稱為「東寺」、「弘法」，然而寺號為教王護國寺。擁有日本最高的五重塔、收藏在寶物塔內的無數日本國寶及重要文化財等，處處都是看點。

東寺（教王護國寺）
とうじ（きょうおうごこくじ）
MAP 109B-4
LINK P.39

POINT
為紀念弘法大師圓寂之日，每月21日都會在東寺境內舉辦「弘法市集」。擺出古董、二手衣、名產等的攤位一字排開！

📍東寺西門前（往北）
🚌市巴士 **16系統** 12分
📍京都駅前

京都站

金堂為1603年豐臣秀賴重建的東寺本堂。內部安置著正尊藥師如來像。

伏見稻荷大社
御山巡禮

御山巡禮
是什麼？

伏見稻荷大社是神域廣及整座稻荷山的廣闊神社。知名的鳥居一路綿延至山頂，參拜散布在該路徑的神社就稱為「御山巡禮」。約2小時左右即可來回，務必挑戰看看。

⑤ 一峰（上社神蹟）
いちのみね（かみしゃしんせき）

海拔233m的稻荷山山頂。尊崇末廣大神，祈求生意興隆很靈驗。下山時順著從四辻上山的路徑返回，會依序經過二峰、間峰、三峰。

⑥ 二峰（中社神蹟）
にのみね（なかしゃしんせき）

御山巡禮走到供奉青木大神的二峰時，疲憊也到了最高點。清少納言也曾在《枕草子》中寫道爬這條坡很辛苦。

① 奧社奉拜所
おくしゃほうはいしょ

「御山巡禮」路線的起點。信仰名為「命婦神」的狐狸使。狐狸造型的繪馬、御守等的種類很豐富。

占卜願望是否能實現的「重輕石」。祈願時將石頭拿起，若比想像中輕則願望比較容易實現

④ 眼力社
がんりきしゃ

這間神社不僅能治療眼部疾病，還能獲得先見之明及鑑別能力。有眼部疾病困擾的人自不用說，也有許多企業家、證券交易相關人士前來參拜。

② 熊鷹社（新池）
くまたかしゃ（しんいけ）

傳說面朝池子拍手，朝回音的方向尋找的話，就能遇見行蹤不明的人。

將每個願望以不同表情畫上去，掛在神社裡吧！

奧社奉拜所限定的一願命婦繪馬500円

御劍社（長者社神蹟）
稻荷山 ▲
⑤一峰（上社神蹟）
薬力社
⑥二峰（中社神蹟）
御膳谷奉拜所
④眼力社
間ノ峰（荷田社神蹟）
三ノ峰（下社神蹟）
清瀧
にしむら亭
荒神峰（田中社神蹟）
③四辻
御幸奉拜所
可以一覽京都南部
三德社
非常陡峭難走
三ツ辻
新池
②熊鷹社（新池）
這裡就是御山巡禮的起點
荒木神社
重輕石
①奧社奉拜所
千本鳥居
石峰寺
Vermillion-cafe.
八島ケ池
產湯稻荷・稻荷茶寮・社務所
本殿 ぬりこべ地蔵
樓門
京都活版印刷所
大鳥居
參道
攝取院
果菓伊藤軒
稻荷駅 JR奈良線
総本家 宝玉堂
伏見稻荷大社 境内圖
伏見稻荷駅 京阪本線

③ 四辻
よつつじ

御山巡禮4個參道的交會處。這裡也有茶店，很適合稍作休息。視野絕佳，可越過鳥居一覽京都南部風景。

京都駅前巴士站步行即到

JR京都伊勢丹

ジェイアールきょうといせたん

從老店到現在正夯的絕品 挑選伴手禮來這就對了！

京都站大樓西側的百貨公司。以出自京都名店的新風貌、限定商品等，以及只有百貨公司才有辦法陳列的眾多商品為傲。地下1樓還有許多京都點心及漬物。

☎075-352-1111 營10:00～20:00（7～10F餐廳為11:00～23:00）※視店鋪而異
休不定休 MAP109C-3

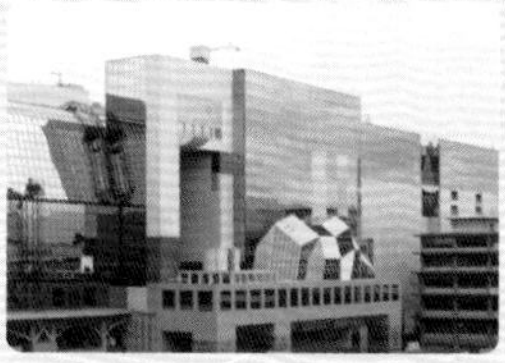

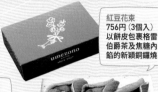

離京都駅前巴士站、JR京都站、觀光服務處都很近，到哪都方便

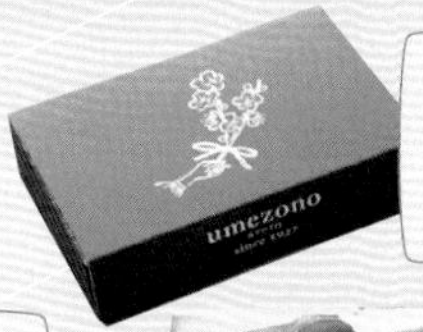

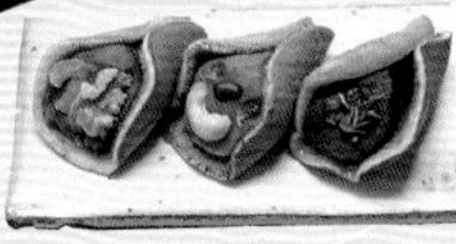

紅豆花束
756円（3個入）
以餅皮包裹格雷伯爵茶及焦糖內餡的新穎銅鑼燒

梅園 oyatsu
うめぞのオヤツ

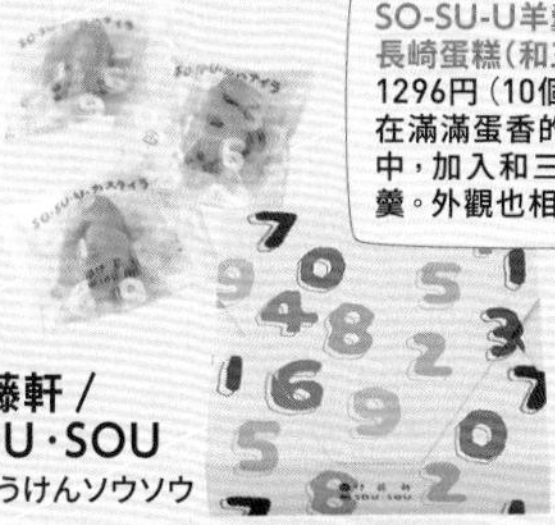

SO-SU-U羊羹
長崎蛋糕(和三盆)
1296円（10個入）
在滿滿蛋香的長崎蛋糕中，加入和三盆糖製羊羹。外觀也相當可愛！

伊藤軒 / SOU·SOU
いとうけんソウソウ

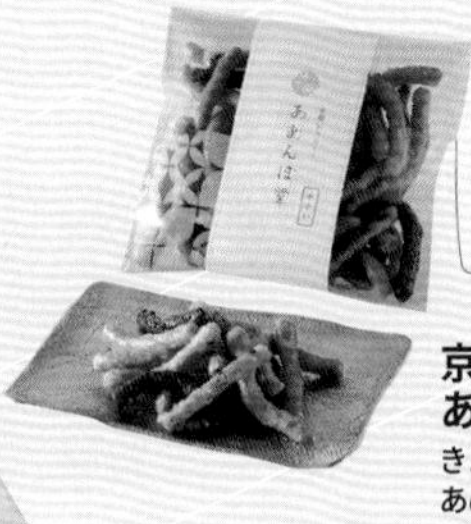

蔬菜花林糖
420円
帶有古早樸實風味，口感酥酥脆脆讓人上癮

京都 かりんとう あめんぼ堂
きょうとかりんとう あめんぼどう

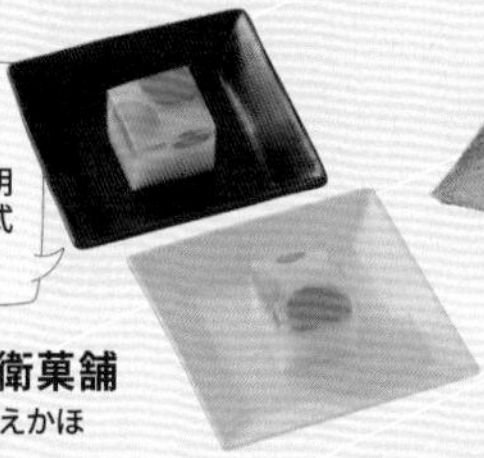

琥珀調色盤
1080円（4個入）
寒天獨有的透明感很漂亮。款式會視季節而異

十代目 伊兵衛菓舗
じゅうだいめいへえかほ

◎洽詢各店請致電JR京都伊勢丹（075-352-1111）。

京都駅前巴士站步行即到

Porta KITCHEN

ポルタキッチン

輕鬆外帶美食♪ 把名店的美味帶回家

位於京都站前地下街Porta東區，供應許多設計成方便外帶、別具特色的名店餐點。可以輕鬆買到現做的美味，多種商品讓人目不暇給！

☎075-365-7528（代表） 營10:00～20:30
休不定休 MAP109C-3

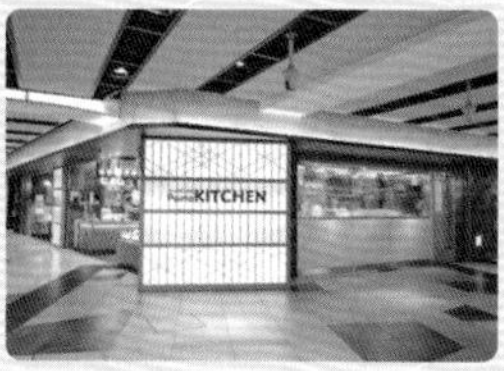

對觀光客自不用說，對經常利用車站的當地居民來說也很方便

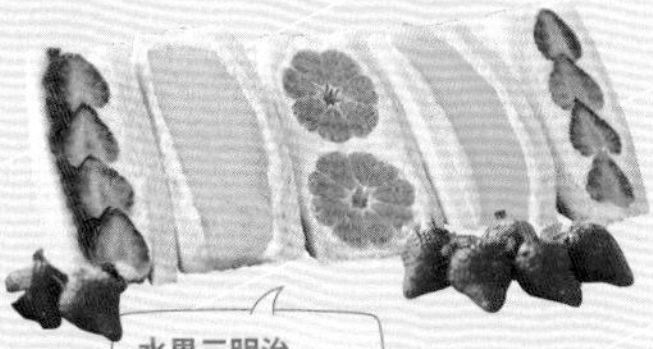

水果三明治
626円～
以添加豆漿的柔軟吐司包夾嚴選當季水果！

京都 古都果
きょうとことか
☎070-7565-5826

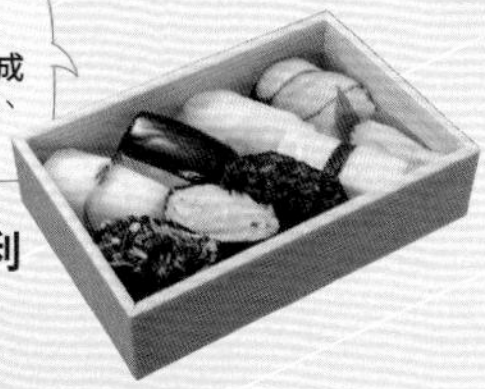

京漬物壽司 864円
以季節京都漬物製成握壽司，適合出遊、觀光時享用

京つけもの 西利
きょうつけものにしり
☎075-343-2685

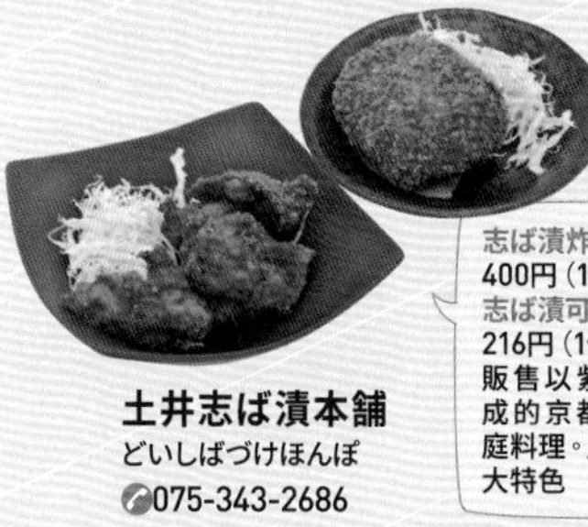

志ば漬炸物
400円（100g）
志ば漬可樂餅
216円（1個）
販售以紫蘇漬製成的京都傳統家庭料理。風味是一大特色

土井志ば漬本舗
どいしばづけほんぽ
☎075-343-2686

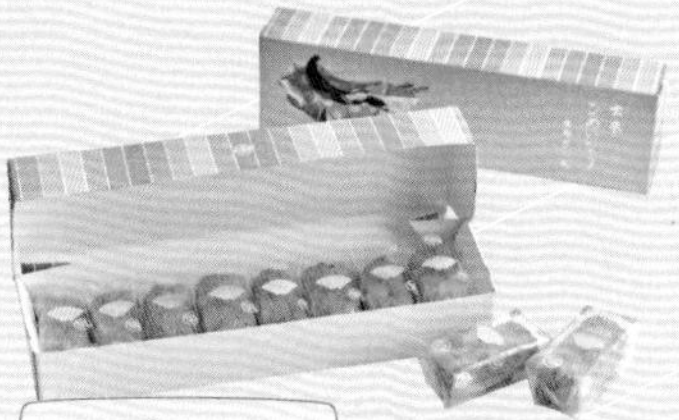

小巧豆皮壽司
1000円（8個入）
芝麻、柚子、起司等獨特的7種豆皮壽司一字排開。使用「金息吹」玄米製成

玄米 京都ぎへえ
げんまいきょうとぎへえ
☎075-365-8181

稲荷大社前巴士站步行3分

果菓伊藤軒

かかいとうけん

主題是水果＆點心 狐狸和菓子讓人心動

1864年創業的和菓子老店經手的咖啡廳。供應心型的蘋果派、狐狸造型的點心等，伏見稻荷風格十足的菜單一應俱全。

☎0120-929-110（客服專線）
營10:00～18:00 休不定休
所京都市伏見区深草稲荷御前町82-2
P無 MAP123B-4

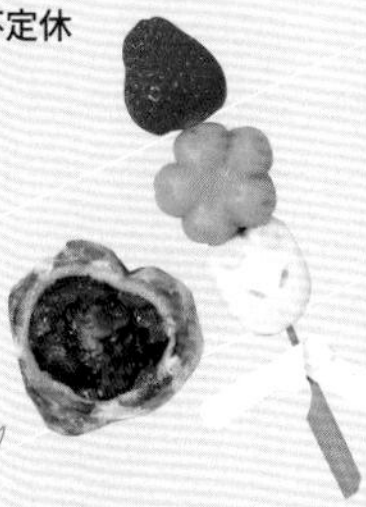

（左）現烤心型蘋果派165円
（右）水果串和菓子440円。串和菓子有附御神籤！ ※此為內用價格

稲荷大社前巴士站步行4分

京都活版印刷所

きょうとかっぱんいんさつしょ

值得玩味的印刷 紙雜貨超迷人

創業超過60年的印刷廠活版印刷工作室。不但可以買到活用活版特有凹凸製成的設計文具，還能製作自己選紙、選封面的原創筆記本等。

☎075-645-8881 營15:00～19:00
休週二、四、日 所京都市伏見区深草稲荷中之町38-2 P無
MAP123B-4

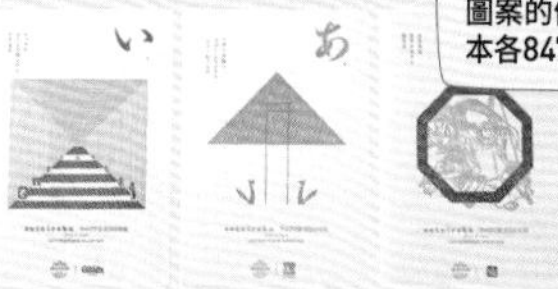

具獨特質感的封面上有活版印刷圖案的假名筆記本各847円

稲荷大社前巴士站步行8分

Vermillion-cafe.

バーミリオンカフェ

在伏見稻荷漫步後 來這休息一下

以酸味恰到好處的招牌咖啡為首，還可以享用自製馬芬蛋糕等烘焙點心及大拼盤早午餐。被樹林圍繞的水池畔邊優美愜意，位置絕佳。

☎非公開 營9:30～16:00
休不定休 所京都市伏見区深草開土口町5-31
P無 MAP123C-4

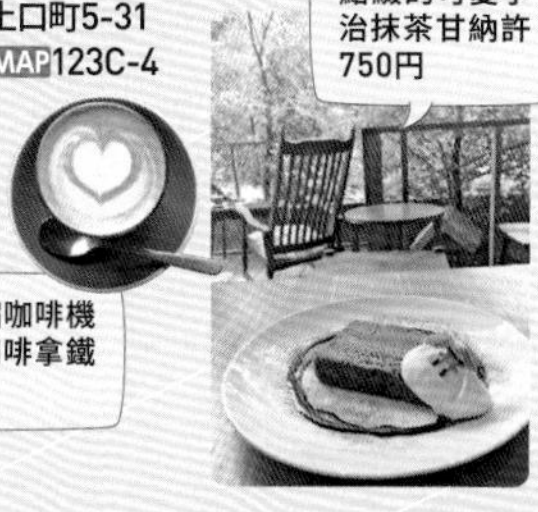

上面放有鳥居點綴的可愛宇治抹茶甘納許750円

正統濃縮咖啡機沖泡的咖啡拿鐵450円

京都站

京都駅前
乘車處 **C6**

市巴士
28系統
54分

大覚寺

沉浸在平安時代貴族也鍾愛的雅致風景勝地

嵯峨野、嵐山 地區

有嵯峨菊妝點的玄關。境內多處為時代劇的拍攝景點

位在境內東側的大澤池面積寬廣，為平安時代所建。周邊約1km為日本最古老的林泉式庭園

大覚寺巴士站**步行即到**

① 在舊嵯峨御所 **大本山大覺寺**
感受平安時代的魅力

風光明媚的這間寺院前身為嵯峨天皇離宮的門跡寺院，為真言宗大覺寺派的本山。以插花世家嵯峨御流的掌門地位而聞名。可盡情享受充滿歷史感的風景。

舊嵯峨御所 大本山大覺寺
きゅうさがごしょだいほんざんだいかくじ
☎075-871-0071 ⏰9:00～16:30
休無休(視寺內活動有不可入內參拜日)
佛堂500円・大澤池300円
京都市右京区嵯峨大沢町4
P有 MAP122C-1

大覚寺
(北起)

市巴士
28・91
系統
3分

嵯峨釈迦堂前

嵯峨釈迦堂前
(往北)

想吃午餐就來這裡

京料理ゆどうふ 竹仙 LINK P.38
きょうりょうりゆどうふちくせん

在清涼寺境內品味湯豆腐

欣賞絕美庭園的同時，還能享用以季節食材製成、附會席料理的全餐。以獨門配方做出來的芝麻豆腐美味醇厚。

中午限定的湯豆腐招牌料理3850円

嵯峨釈迦堂前巴士站**步行即到**

② 到 **清涼寺（嵯峨釋迦堂）**
欣賞四季更迭的不同面貌

始自平安時代建於嵯峨天皇皇子源融的山莊故址的阿彌陀堂。後來供奉奝然在宋朝時帶回來的釋迦如來佛像。許多堂宇在火災及應仁之亂時毀於祝融，後於江戶時代重建。

清涼寺（嵯峨釋迦堂） LINK P.38
せいりょうじ（さがしゃかどう）
MAP122B-2

1.據說是小堀遠州打造的枯山水式大方丈庭園
2.從迴廊眺望的紅葉風景美得像幅畫

寬廣的境內在4月時會舉辦嵯峨大念佛狂言

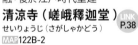

嵯峨豆腐
1盒443円

就在清涼寺附近，方便順道而行

嵯峨豆腐 森嘉 LINK P.88
さがとうふもりか

嵯峨野的名產——豆腐

受惠於優質地下水，在嵯峨野誕生的嵯峨豆腐。除了創業150年的「森嘉」店門口有在販售之外，寺院、旅館和以「京料理ゆどうふ 竹仙」為首的京都料理店等都有進貨。

行程介紹

走訪嵯峨野及嵐山的路線，這裡是平安時代起宮廷貴族就深受其吸引、意趣十足的風景勝地。從京都駅前搭上巴士，首先盡情享受大覺寺、清涼寺風光明媚的風景，午餐大啖湯豆腐料理。其後，到愛宕念佛寺被羅漢洗滌心靈，再去常寂光寺欣賞茅草屋頂的仁王門。最後前往嵐山，在野宮神社祈求良緣♡買點嵐山特色伴手禮吧。

愛宕念佛寺
舊嵯峨御所大本山大覺寺
清涼寺（嵯峨釋迦堂）
祇王寺 落柿舍
二尊院
常寂光寺
野宮神社
大河內山莊庭園
天龍寺
嵐山駅
渡月橋
嵐山

巴士所屬交通機關

市巴士　京都巴士

用巴士1日券
省下
450円!

夏夜會舉行千燈供養

化野念佛寺
あだしのねんぶつじ

祭祀眾多無緣佛

空海建了五智山如來寺，奉養亂葬崗的無緣佛，後來法然將其作為常念佛道場。境內大約8000多座石佛、石塔。

☎075-861-2221 ⏰9:00~16:30
（視季節而異）千燈供養8月最後週六、日為17:30~20:30
❌視天氣、活動可能臨時公休
💴500円，千燈供養為1000円
🏠京都市右京区嵯峨鳥居本化野町17 🚌鳥居本巴士站步行5分
🅿無 MAP122A-1

落柿舍
らくししゃ

寫下嵯峨日記的庵舍

松尾芭蕉門下名列蕉門十哲的向井去來度過晚年的草庵。芭蕉在此寫下《嵯峨日記》。季節花草與紅葉景致相當美麗。

☎075-881-1953 ⏰9:00~17:00
（1~2月為10:00~16:00）❌12月31日、1月1日 💴300円
🏠京都市右京区嵯峨小倉山緋明神町20
🚌嵯峨小学校前巴士站步行8分 🅿有 MAP122B-2

柿子果實會在一夜間落盡因而得名

残留江戶時代的街景

嵯峨鳥居本
さがとりいもと

位於愛宕神社一之鳥居前一帶，過去曾為門前町而熱鬧不已的古老街區。如今尚存舊時風貌，被選定為重要傳統建築物群保存地區。

🅿有 MAP122A-1

愛宕寺前巴士站步行即到

③
前往**愛宕念佛寺**
被山寺的羅漢療癒一番

奈良時代建於現在的東山區弓矢町一帶，1922年搬遷至奧嵯峨。鎌倉時代的本堂為和樣建築，是很珍貴的遺跡。1200多尊羅漢石像的表情變化多端，可使參拜者的心情平靜下來。

愛宕念佛寺
おたぎねんぶつじ
☎075-285-1549
⏰8:00~16:30 ❌無休
💴300円 🏠京都市右京区嵯峨鳥居本深谷町2-5
🅿有 MAP113B-1

能用手觸摸祈禱的「觸愛觀音堂」

長滿青苔的石像配上紅葉飄落的風景充滿情調

📍愛宕寺前（往南）
🚌京都巴士 62・72・92・94系統 6分

📍愛宕寺前
🚌京都巴士 62・72・92・94系統 8分

📍嵯峨小学校前

嵯峨小学校前巴士站步行10分

④
茅草屋頂與紅葉隧道相映成趣的山寺
常寂光寺

位於小倉山山腹的賞楓名勝。寂靜的模樣會讓人聯想到永遠的淨土——常寂光土，因而得名。採用和樣與禪宗樣的多寶塔與嵯峨野的風景融為一體。

建於1620年的多寶塔

常寂光寺
じょうじゃっこうじ
☎075-861-0435 ⏰9:00~16:30
❌無休 💴500円 🏠京都市右京区嵯峨小倉山小倉町3 🅿有 MAP122A-2

步行7分

嵐山天龍寺前巴士站步行7分

⑤
《源氏物語》中登場的古社
在**野宮神社**祈求良緣

被選入伊勢神宮齋宮的皇女清淨身心3年的古社。《源氏物語》〈賢木之卷〉有段別離的故事是以此地為背景。祈求良緣很靈驗，有許多參拜者造訪。

野宮神社
ののみやじんじゃ
☎075-871-1972
⏰9:00~17:00
❌無休 💴免費 🏠京都市右京区嵯峨野宮町1
🅿無 MAP122B-3

結緣御守 1000円
繡有光源氏與六條御息所的圖案

染上黃、紅的秋景更加美麗

還帶著樹皮的罕見黑木鳥居

穿過具有罕見茅草屋頂的仁王門，眼前驛現的紅葉隧道堪稱絕景

步行8分

POINT
Hannari Hokkori Square一隅的和服森林。矗立著京友禪花色的600根圓柱，很適合在此拍照留念

嵐山天龍寺前巴士站步行即到

⑥
在**嵐山**吃美食&
採買伴手禮

以渡月橋為首，能感受雄偉美景的嵐山是知名觀光景點。車站周邊有豐富的嵐山風格伴手禮店和諸多美食，很適合作為旅途的收尾。

📍嵐山天龍寺前（往南）
週六・日・假日為從📍嵐山搭車
🚌市巴士 28系統 46分
📍京都駅前
京都站

嵐山站Hannari Hokkori Square
あらしやまえきはんなりほっこりスクエア
LINK P.89
MAP122C-3
「嵐山桃肌化妝品總店」的和風洗顏膏迷你包裝各330円

「MALEBRANCHE嵐山店」的茶茶棒401円

嵐山 昇龍苑
あらしやましょうりゅうえん
LINK P.89
MAP122C-3
「まめものとたい焼き」的鯛魚燒 紅豆奶油 350円

POINT
境內有藤原定家歌詠百人一首的時雨亭遺址

嵐山うどん おづる

あらしやまうどんおづる

嵐山天龍寺前巴士站 **步行5分**

柔軟又帶有彈性的
自製京都烏龍麵

以富有嚼勁卻口感柔軟的自製麵條為傲。使用小鱗脂眼鯡、花鰹、鯖魚刨成的柴魚片煮成的湯頭風味絕佳，與沾麵等特色十足的烏龍麵很搭。

☎075-881-5514 ⏰11:00～19:30
休無休 所京都市右京区嵯峨天龍寺芒ノ馬場町22-4 Ｐ無
MAP122B-3

生麩與豆皮的京都烏龍麵990円。加500円可升級附朧豆腐和炊飯的套餐。

日本茶茶房 茶三楽

にほんちゃさぼうちゃさんらく

嵐山天龍寺前巴士站 **步行3分**

使用高級抹茶的甜點
讓人回味無窮

位於天龍寺旁的日本茶專賣店。泡沫刨冰與盛於茶棗上的蛋糕等甜點很受歡迎。從店內的器皿及擺設等可感受茶道文化。

☎075-354-6533 ⏰11:30～17:00
休不定休 所京都市右京区嵯峨天龍寺造路町7 Ｐ無 MAP122C-3

抹茶泡沫刨冰1540円。融冰吃到最後就像在喝抹茶一樣

脫鞋入內，在店內度過悠閒時光

舞妓飯 嵐山店

まいこはんあらしやまてん

下嵯峨巴士站 **步行即到**

邊享用小巧可愛的天婦羅
邊欣賞桂川絕景

將天婦羅串做成小型尺寸，連舞妓的櫻桃小口也容易食用。以萬願寺甜辣椒、豆皮為首，供應豐盛的京都當地菜色。欣賞嵐山壯麗的風景也令人心情愉悅。

☎075-871-5108 ⏰11:00～15:00※預約制 休週四 所京都市右京区嵯峨柳田町45-1 Ｐ無 MAP113C-3

十六色一口天婦羅膳 附土瓶蒸2860円，附鯛魚涮涮鍋3740円

MOMI CAFE

モミカフェ

嵯峨釈迦堂前巴士站步行7分

以天然食物
品味季節風味

在這家咖啡廳，從有陽光灑落的大片窗戶可以一覽花朵爭豔、綠意蓊鬱的庭院。可以在隱蔽小巧的空間內，盡情享受手工甜點。

☎075-882-6982 ⏰11:00～17:00
休不定休 所京都市右京区嵯峨二尊院門前北中院町15 Ｐ有
MAP122B-2

葛餅套餐990円

最適合至嵯峨野散步時順道拜訪

儘

まま

阪急嵐山駅前巴士站 **步行4分**

享用以大量當地食材入菜
活用食材風味的料理

位於嵐山中之島公園旁的獨棟餐廳。將曾為阪急電鐵保養廠的建築物重新翻修，打造成採光良好的超棒空間。盡情在寬敞店內享用講究的美食吧。

☎075-366-3885 ⏰11:00～14:30、18:00～20:00。週五、六、日、假日、假日前日晚餐是17:00～ 休不定休 所京都市西京区嵐山西一川町1-5 Ｐ無
MAP122C-4

炙烤京鴨佐紅酒山椒醬3300円。享受山城縣產的京都鴨肉搭配紅酒與山椒醬、生胡椒粒的刺激辣度

懸掛著全白暖簾的氣派門口

天龍寺 篩月

てんりゅうじしげつ

嵐山天龍寺前巴士站 **步行4分**

能使內心溫和平靜的
一湯五菜精進料理

由天龍寺直營，能在庭園內「龍門亭」享用的精進料理店。嚴選四季食材仔細烹調而成，吃起來相當溫且美味。

☎075-882-9725 ⏰11:00～14:00
休無休 所京都市右京区嵯峨天龍寺芒ノ馬場町68 Ｐ有 MAP122B-3

一湯五菜「雪」3300円。（參拜費另計500円）

嵯峨豆腐 森嘉

さがとうふもりか

嵯峨釈迦堂前巴士站步行即到

專業廚師御用的
當地名產嵯峨豆腐

創業於江戶時代安政年間（1855～1860），據說這著名的豆腐連司馬遼太郎等文人也鍾愛不已。也常進貨給寺院、料亭、京都料理店等，連專業的廚師都讚不絕口。

☎075-872-3955 ⏰9:00～17:00
休週三（逢假日則翌日休）、週二不定休 所京都市右京区嵯峨釈迦堂藤ノ木町42 Ｐ有 MAP122B-2

嵯峨豆腐443円。使用嵯峨野地下水製成的豆腐口感軟嫩

鶴屋長生 嵐山店

つるやちょうせいあらしやまてん

嵐山天龍寺前巴士站 **步行5分**

富有彈性又滑嫩！
令人著迷的超人氣口感

將京菓子的技藝傳承至今的和菓子老店。每天手作的生麩饅頭吃起來彈牙有勁、口感滑順，在當地有許多粉絲。不論男女老少都會喜歡的絕品。

☎075-366-6470 ⏰9:00～17:00
休週三 所京都市右京区嵯峨天龍寺今堀町4-1 Ｐ無 MAP122C-3

京生麩饅頭432円（2個入）

嵐山站Hannari Hokkori Square
あらしやまえきはんなりほっこりスクエア

從美食、伴手禮到足湯都有非常方便的站前景點

位於嵐山站的複合設施，人氣美食餐飲店、伴手禮店等林立的便利景點。另外，也有引自嵐山溫泉的足湯，可以來這邊休息一下。

📞075-873-2121（資訊服務中心）
🕐1F9:00～20:00（12月下旬～3月下旬為10:00～18:00），2F11:00～20:00（12月下旬～3月下旬為～18:00）❌無休
📍京都市右京区嵯峨天龍寺造路町20-2 🅿無 MAP122C-3

也有自行車租借處、ATM、宅急便等，許多對旅行很方便的設施

> 繽紛霜淇淋
> 各650円
> 淡色的糖球超級可愛

SASAYA IORI+
ササヤイオリプラス

> 嵯峨野丼 1500円
> 使用引以為傲的汲上湯葉及朧豆腐

京都嵐山 嵐丼
きょうとあらしやまらんどん

> 京都蛋糕捲
> （左）百年蔗糖油 1234円、（右）抹茶饗宴 1543円
> 宇治抹茶的奢華美味與醬油的鹹香簡直是絕配

> 和風洗顏膏迷你包裝
> 各330円
> 以桃子萃取精華調配而成的洗面乳。店鋪限定

ARINCO嵐山本店
アリンコあらしやまほんてん

嵐山桃肌化妝品總店
あらしやまももはだこすめほんてん

琴きき茶屋
ことききちゃや

距離渡月橋很近的茶屋創業至今對櫻餅貫徹始終！

由熟練職人所製的櫻餅非常知名。將白色道明寺餅以鹽漬櫻花葉或紅豆泥包裹，供應2種櫻餅。在店內還可以搭配抹茶一起享用。

📞075-861-0184 🕐10:00～16:30，外帶～17:00 ❌週四、週三不定休
📍京都市右京区嵯峨天龍寺芒ノ馬場町1 🅿無 MAP122C-4

> 櫻餅組合
> 1620円
> （10個入）

芋栗パーラー BURIKITOTAN 京都店
いもくりパーラーブリキトタンきょうとてん

輕鬆單手品嘗番薯＆栗子甜點♪

提供拔絲地瓜、烤布蕾、蒙布朗、烤地瓜等多種番薯＆栗子甜點。由於盡是可以單手品嘗的甜點，所以能一邊眺望渡月橋美景，一邊享受點心時光。

📞無
🕐11:00～18:00
❌無休 📍京都市右京区嵯峨中ノ島町官有地10 🅿無
MAP122C-4

> 番薯霜淇淋 綜合700円。京都店限定的抹茶冰淇淋番薯甜點

嵐山 昇龍苑
あらしやましょうりゅうえん

集結了代表京都的店家輕鬆品嘗老店的滋味

嵐山站前集結了16家店鋪。1樓有種類豐富的京都代表甜點、伴手禮，2樓則集結了散發傳統魅力的老店。

📞075-873-8180 🕐10:00～17:00
❌無休 📍京都市右京区嵯峨天龍寺門前 🅿無 MAP122C-3

滿是精心製作的嵐山限定商品

> 茶茶櫂 401円
> 將濃厚的抹茶冰淇淋擠進閃電泡芙

MALEBRANCHE 嵐山店
マールブランシュあらしやまてん

> 鯛魚燒 紅豆奶油
> 350円
> 紅豆奶油的香醇美味讓人忍不住一口接一口！

まめものとたい焼き
まめものとたいやき

> 高湯茶泡飯
> 540円
> 可以從6～7種漬物中選一種放到烤飯糰上

京つけもの 西利 嵐山 昇龍苑店
きょうつけものにしり あらしやま しょうりゅうえんてん

> 櫻酒火焰可麗餅
> 500円
> 以米粉為原料的可麗餅與特製柑橘醬汁味道絕配

本家西尾 八ッ橋
ほんけにしお やつはし

---

zarame -gourmet cotton candy-
ザラメグルメコットンキャンディ

幾乎要把臉遮住般巨大！大人也會喜歡的自然甜味

追求砂糖自然甜味的棉花糖專賣店。使用了京都產抹茶、丹波產高級黑豆黃豆粉等，有原味及抹茶金時等共7種口味。

📞075-600-2959
🕐10:00～18:00
❌無休 📍京都市右京区嵯峨天龍寺車道町1 🅿無 MAP122C-3

> 京都棉花糖650円～。（左）櫻花牛奶、（右）京都抹茶拿鐵

棉花糖及店外觀都很時尚，適合拍照

靜靜佇立在東山山麓的雅致建築與文化景點大集合

銀閣寺～岡崎～南禪寺 地區

象徵東山文化的雙層建築觀音殿

京都站

京都駅前
乘車處 **A1·A2**

市巴士
5·17系統
37分

銀閣寺道

銀閣寺道巴士站 步行5分

① 沉浸在世界遺產
銀閣寺的侘寂之美

由室町幕府第八代將軍足利義政所建，前身為東山山莊。象徵「侘、寂」的建築，沉靜的境內流淌著寂靜的時間。靜靜地欣賞日本傳統之美吧。

銀閣寺 LINK P.17
ぎんかくじ
MAP 123C-1

步行5分

錦林車庫前巴士站 步行3分

② 在**哲學之道**漫步

名稱源自於哲學家西田幾多郎在此一邊思索一邊散步。從銀閣寺到熊野若王子神社，綿延約1.5km的小徑。

哲學之道 LINK P.27
てつがくのみち
MAP 123C-2

POINT
春季有櫻花、秋季有紅楓等，隨著四季變換風情。小徑沿路也有咖啡廳及商店

安樂寺 あんらくじ
花開時節開放一般參觀

法然上人為了悼念因觸怒後鳥羽上皇而被賜死的弟子安樂與住蓮所建。春秋及7月25日的南瓜供養時開放一般參觀。

☎075-771-5360 🕐10:00～16:00（4月上旬的週六日、5月上旬的週六日、假日、5月下旬～6月上旬的週六日、7月25日、11月的週六日、假日、11月第3週六～12月第1週每日開開） 休開放參觀時無休 💰500円 📍京都市左京区鹿ケ谷御所ノ段町21番地 🚉錦林車庫前巴士站步行7分 🅿無 MAP 123C-2

錦林車庫前
（往南）

市巴士
5系統
7分

岡崎公園 美術館·
平安神宮前

法然院 ほうねんいん
沙畫藝術一定要看

鎌倉時代初期，建於法然上人與弟子一起搭建的臨時草庵舊址。參道兩旁的白沙壇會根據季節繪出各式各樣的圖案。

☎075-771-2420 🕐6:00～16:00：本堂9:30～16:00（4月1日～7日、11月18日～24日） 休無休 💰本堂800円（春、秋） 📍京都市左京区鹿ケ谷御所ノ段町30 🚉浄土寺巴士站步行10分 🅿無 MAP 123C-1

岡崎公園 美術館·平安神宮前巴士站 步行即到

③ 在**岡崎**走訪平安神宮
與現正流行的藝術

平安神宮所在的岡崎集結了美術館、圖書館、動物園等設施。附近散布著幾家咖啡廳，讓人想入店談論剛剛所欣賞的藝術品。

平安神宮 LINK P.25
へいあんじんぐう
如平安繪卷般的
世界拓展的神苑
MAP 114F-1

為紀念平安時代遷都1100年，於1895年所建。祭拜桓武天皇與孝明天皇，社殿是以平安京的朝堂院為模型建造而成。

聳立於參道上，超過24m的鳥居

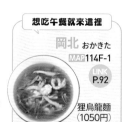

想吃午餐就來這裡

岡北 おかきた
MAP 114F-1 LINK P.92
狸烏龍麵
（1050円）

山元麵蔵 やまもとめんぞう LINK P.92
MAP 114F-1
炸牛牛蒡天婦羅烏龍麵
（1000円）

京都市京瓷美術館 LINK P.47
きょうとしきょうセラびじゅつかん
現代建築的美術館

為紀念在京都舉行昭和天皇即位大典而開館。以80週年為契機啟動重新整修計畫，2020年時翻新成更具開放感的空間。

MAP 114F-2

行程介紹

這個行程推薦給想實際感受隨四季更迭的自然美景，而且喜歡鑑賞傳統建築之美及現代藝術的人。先在銀閣寺盡情欣賞「侘寂」建築，之後一邊聽著潺潺流水，一邊在哲學之道漫步。在文化聚集地岡崎，應該會接觸到各種藝術而深受感動。走訪美景精彩絕倫的寺社、名勝，連同身心一起煥然一新吧！

銀閣寺
法然院
哲學之道
岡崎地區
永觀堂
平安神宮
南禪寺
蹴上傾斜鐵道

**巴士所屬
交通機關**

市巴士

用巴士1日券

省下
220円!

在蓊鬱的新綠季節漫步，心情十分舒爽！

金地院
こんちいん

華麗的祝儀之庭

足利義持於北山創建，後來崇傳將其移建至南禪寺的小院。小堀遠州設計的「鶴龜之庭」和茶室「八窗席」很有名。

☎075-771-3511
🕐9:00～17:00（12～2月為～16:30）　無休　￥500円
📍京都市左京区南禪寺福地町86-12　🚌南禪寺‧永觀堂道巴士站步行10分
🅿使用南禪寺停車場
MAP 108F-1

天授庵
てんじゅあん

在兩座庭園
欣賞紅葉美景

1339年創建。可在枯山水的東庭、書院南庭的池泉迴遊式庭園這兩座庭園，欣賞新綠和紅葉美景。

☎075-771-0744
🕐9:00～16:30　❌11月11日下午～12日上午　￥500円
📍京都市左京区南禪寺福地町86-8　🚌岡崎法勝寺町巴士站步行10分　🅿使用南禪寺停車場　MAP 108F-1

岡崎法勝寺町巴士站步行6分

④ 在蹴上傾斜鐵道
沿著鐵軌遺跡悠閒散步

從琵琶湖疏水處大津到伏見一帶的船運航道中途，在有高低差的兩處設立的傾斜鐵道遺跡。春天的櫻花就像遮蓋住頭頂般美不勝收。

蹴上傾斜鐵道
けあげインクライン
MAP 108E-1　P.27

想喝茶就來這裡

藍瓶咖啡 京都店
ブルーボトルコーヒー
きょうとカフェ
MAP 108E-1　P.92

Drip Coffee
(550円～)

步行
5分

🚏 岡崎法勝寺町

市巴士
5系統
3分

天花板描繪了天人與鳳凰的三門

🚏 岡崎公園 美術館‧平安神宮前
乘車處 B
（往北）

步行
5分

像石川五右衛門那樣從三門眺望絕景吧

南禪寺‧永觀堂道巴士站步行10分

⑤ 在日本三大門之一
南禪寺的三門
大讚「真是絕景！」

前身為龜山天皇的離宮。境內有名為「幼虎渡河」的枯山水庭園等諸多名庭，歌舞伎演員石川五右衛門從三門上誇張地說出「真是絕景」的台詞很有名。

南禪寺
なんぜんじ
MAP 108F-1

P.16

POINT
琵琶湖疏水的分流流經橋上的水路閣。紅磚砌成的橋墩形成優美的拱形

1.建於境內最高處的多寶塔。可一覽京都市內的遠景
2.放生池水面倒映著紅綠交錯的美景

1　2

南禪寺‧永觀堂道巴士站步行5分

⑥ 在京都出眾的紅葉名勝永觀堂
與回首的阿彌陀佛相見

正式名稱為禪林寺，因第七世永觀將其作為淨土念佛的道場，而改稱為永觀堂。正尊阿彌陀如來佛像呈現回首之姿，很罕見。

永觀堂
えいかんどう
P.16
MAP 108F-1

會舉行紅葉夜間點燈！

秋之永觀堂

自古就以紅葉之寺素負盛名，秋天會舉行特別參觀與夜間點燈活動。被鮮豔紅葉包圍的多寶塔及放生池不容錯過。

🕐11月6日～12月5日
🕐17:30～20:30
￥600円

🚏 南禪寺‧永觀堂道
（往南）

市巴士
5系統
33分

🚏 京都駅前

京都站

藍瓶咖啡 京都店

岡崎法勝寺町巴士站 **步行5分**

ブルーボトルコーヒーきょうとカフェ

**在屋齡百年的京都町家
品嘗講究的咖啡**

將位於南禪寺附近的京都町家加以
改裝的咖啡廳。在天花板挑高的開闊
店內，飄來咖啡師仔細沖泡的濃醇咖
啡香。

☎無　🕐9:00～18:00　休無休
所京都市左京區南禪寺草川町64
P無　MAP108E-1

挑高的天花
板與大片玻
璃窗構成舒
適的空間

京都Modern Terrace

岡崎公園ロームシアター京都・みやこめっせ前巴士站 **步行即到**

きょうとモダンテラス

**在日本名列前茅的摩登建築
享受特別的下午茶**

「ROHM Theatre Kyoto」內的咖
啡餐廳。搭配2種特製法式吐司（15
時～）度過優雅的午後時光。也很推
薦季節百匯。

☎075-754-0234　🕐11:00～19:00
休不定休　所京都市左京區岡崎最勝寺
13 ROHM Theatre Kyoto Park Plaza 2F
P無　MAP114F-1

法式吐司1760
円。照片為附
當季水果與相
思樹花蜜

岡北

岡崎公園動物園前巴士站 **步行即到**

おかきた

溫和的湯頭緩緩地暖人心脾

傳承四代的烏龍麵店。使用利尻昆
布、一脈相傳的湯頭廣受好評。吸飽
湯汁的炸豆腐條以勾茨鎖住鮮美滋
味，這碗狸烏龍麵是一定要來品嘗一
次的京都美味。

☎075-771-4831　🕐11:00～18:00
休週二、三　所京都市左京區岡崎南御
所町34　P無
MAP114F-1

狸烏龍麵1050
円。勾茨上放
滿了薑

日の出うどん

東天王町巴士站 **步行3分**

ひのでうどん

**濃醇香辣的咖哩烏龍麵
深受當地居民喜愛**

在多種菜單中最受歡迎的，就是加入
炸豆腐、甜辣燉牛肉、青蔥的特咖哩
烏龍麵。濃厚和風高湯與特製咖哩醬
調製而成的湯頭，與麵是絕配且非常
美味。

☎075-751-9251
🕐11:00～15:00
休週日、
週一不定休
所京都市左京區
南禪寺北ノ坊町36
P有
MAP108F-1

特咖哩烏龍麵1050円。
辣度可以選擇普通、
中辣、辣或超辣

京都岡崎 蔦屋書店

岡崎公園ロームシアター京都・みやこめっせ前巴士站 **步行即到**

きょうとおかざきつたやしょてん

**透過書本和雜誌
提案生活風格**

由於星巴克進駐而成為書香咖啡廳，
以藝術、日本的生活、ON JAPAN這
三個主題拓展。陳列許多由專業選書
人提案的書籍及雜貨等。

☎075-754-0008　🕐8:00～20:00
休無休　所京都市左京區岡崎最勝寺町
13　P無　MAP114F-1

店內的書可以在咖啡廳空間閱覽

山元麵蔵

岡崎公園動物園前巴士站 **步行即到**

やまもとめんぞう

**滋味豐富的湯頭與
彈牙的麵條備受好評**

混合了日本國產小麥，經過確實揉製
加以熟成的彈牙麵條為其特色。彈嫩
且亮澤的麵條、滋味豐富的湯頭與配
料相得益彰。

☎075-751-0677　🕐11:00～18:00（週
三為～14:30）　休週四、第4週三（逢假
日則翌日休）　所京都市左京區岡崎南
御所町34　P無　MAP114F-1

炸土牛蒡天婦羅烏
龍麵1000円。炸土牛
蒡天婦羅另外裝盤

菓子・茶房 チェカ

岡崎法勝寺町巴士站 **步行即到**

かしさぼうチェカ

**綿密布丁與
冰涼刨冰的組合**

活用食材、追求單純美味的西點店。
布丁刨冰是將招牌菜單「純生布丁」
蓋在冰上，再淋上卡士達醬及焦糖醬
製成。

☎075-771-6776　🕐10:00～17:00
休週一、二　所京都市左京區岡崎法勝
寺町25
P無　MAP108E-1

布丁刨冰1000
円。冰本身也很鬆
軟的刨冰為7～9
月期間限定

店內也有架高的和
式座位

---

essence kyoto

岡崎公園 美術館・平安神宮前巴士站 **步行3分**

エッセンスキョウト

**透過器皿感受作者創意
手作魅力滿溢**

店內擺滿了老闆夫婦從日本全國精
挑細選而來的創作者器皿。為了將手
作的美好推廣到國內外，所選之物以
符合現代感的作品居多。

☎075-744-0680　🕐11:00～18:00
休週一、不定休　所京都市左京區岡崎
円勝寺町36-1 2F　P無　MAP114F-2

陳列著陶器、
木湯匙等各式
皿的作品
木湯匙等各樣
玻璃器
各式各樣

岡崎茶寮 豆狸

神宮道巴士站 **步行5分**

おかざきさりょうまめだ

**放有滿滿新鮮海產！
大啖精緻的京都料理**

四周被名勝圍繞的京都料理店。除了
吧檯座、和式座位之外也有宴會廳，
來客數眾多時也能入內享用。直接取
用在店內水槽裡游動的海鮮進行烹
調，非常新鮮！

☎075-771-0234
🕐11:00～19:30
休週一（春、秋除外）
所京都市左京區
岡崎円勝寺町
149-3
P無
MAP114F-2

京舞御膳2750
円。外觀也相當
華麗

Qu-an 花樣術
クアンかようじゅつ

可愛的日式雜貨
最適合當京都伴手禮

以屋齡160年以上的倉庫改裝而成的店鋪。店門口販售季節花草和苔球植物，倉庫內則有縮緬小物、器皿等多種原創和風雜貨。

☎075-761-3662　🕙10:00～17:00
休週四不定休
所京都市左京区銀閣寺町39
Ｐ無　MAP123C-1

縮緬小花別針
2530円

迷你束口袋
1100円

窄口花瓶
3080円

風の館 風子のモビール
かぜのやかたふうこのモビール

和風平衡吊飾
搖曳晃動的樣子很溫馨

店內有許多五顏六色的平衡吊飾在擺動。題材以京都風兒童人偶、季節代表物為主。以纖細絲絹編成的球中有小物件在擺動的手鞠很受歡迎。

☎075-751-1007
🕙9:00～18:00
休無休　所京都市左京区浄土寺上南田町67
Ｐ無
MAP123C-1

絲絹手
鞠擺飾
1870円

店內就像夢境般
的童話世界

SIONE 京都銀閣寺本店
シオネきょうとぎんかくじほんてん

將餐桌妝點得繽紛美麗
蘊藏著故事的器皿

在留存舊旅館風情的白色基調日式摩登空間，以「閱讀器皿」為概念陳列許多有故事的餐具及茶具。細緻又有設計感的美麗器皿值得關注。

☎075-708-2545　🕙11:30～17:30
休週二、三、四（可能不定休）　所京都市左京区浄土寺石橋町29
Ｐ無　MAP123B-1

店內擺滿個性豐
富的作品

星之信號3300
円。一個個手工描
繪而成的迷你杯

忘我亭 哲學之道店
ぼうがていてつがくのみちてん

將縮緬和古典圖案
設計成現代風

有口金包、背包、髮圈等，時尚的和風雜貨一應俱全。除此之外，還有玻璃飾品、將和服布料改造成新商品等充滿個性的品項，從中找找看自己喜歡的吧。

☎075-771-5541　🕙10:30～17:00
休不定休　所京都市左京区浄土寺上南田町86　Ｐ無　MAP123C-1

京都限定圖
案的玻璃飾
品一例

鮮綠色的建築非常顯眼

京都ちどりや 銀閣寺店
きょうとちどりやぎんかくじてん

重視與自然調和的
有機美妝商品

在粉餅中加入吉野葛，或在護膚油、美容液中加入玫瑰等，販售許多堅持使用日本自古以來原料的護膚商品。帶有京都風格的包裝也很受歡迎。

☎075-751-6650　🕙10:00～18:00
休週日、四　所京都市左京区浄土寺上南田町65-1　Ｐ無　MAP123C-1

粉餅（白粉添加葛
粉調製）3465円

舞妓肥皂（迷
你）990円

復古美人套組
（護膚油3種＋美
容液1種＋有機親
膚棉）7480円

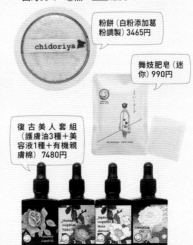

お菜ところ
おさいところ

享用古早味的
京都家庭料理

每樣家常菜都是仔細手工製成，重現古老美好年代的餐桌佳餚。卯之花、鹿尾菜、高野豆腐等京都家庭料理很受歡迎。也有豆皮和湯豆腐的定食等。

☎075-771-5157　🕙11:30～15:30
休週一　所京都市左京区浄土寺上南田町78-1　Ｐ無　MAP123C-1

お菜ところ的
家常菜1870
円、附自製芝
麻豆腐2200円

GOSPEL
ゴスペル

彷彿童話故事即將開始
被常春藤攀附的洋樓

這間咖啡廳可以一望從大文字山連綿到東山的遼闊風景。可在古典氛圍的洋樓品嘗剛出爐的司康等學自英國的手工甜點。盡情享受優雅的氛圍吧。

☎075-751-9380　🕙12:00～18:00
休週二、可能不定休
所京都市左京区浄土寺上南田町36
Ｐ無　MAP123C-1

與空間印象很搭的
司康套餐1500円

六角形的沙
龍室為特等
座。在此度
過優雅的午
茶時光

建於1982年，出自Vories建築
事務所之手的洋樓

前往金黃燦爛的世界遺產、不可思議的石庭與名建築

金閣寺～龍安寺～仁和寺 地區

自古流傳只要撫摸牛頭及牛身，即可實現願望的「撫牛信仰」

POINT

楓紅時節不妨順道前往豐臣秀吉修築的土壘「御土居」的遺址紅葉苑

京都站

京都駅前
乘車處 B2

市巴士
50系統
33分

北野天滿宮前

好幾層屋頂堆疊而成的八棟造御本殿

北野天滿宮前巴士站步行即到

① 參拜賞梅賞楓的名勝**北野天滿宮**

祭祀學問之神菅原道真，日本全國約有1200座分社的天滿宮、天神社的總本社。於2月上旬～3月下旬盛放的1500株梅樹，以及11月上旬～12月上旬變色的紅葉苑值得一看。每月25日會舉辦天神市。

北野天滿宮
きたのてんまんぐう
MAP 111A-3　LINK P.52

北野天滿宮前
（往西）

市巴士
10·50·203系統
3分

北野白梅町
乘車處 G
（往北）

市巴士
204·205系統
5分

金閣寺道

名店齊聚一堂的天神市集

天神市 てんじんいち

北野天滿宮每月25日會舉辦的市集。除了古董、古董和服等稀有商品之外，也有擺出許多帶有京都風情的點心。

每月25日的6:00左右～日落
P無　MAP 111A-3

想吃午餐就來這裡

knot café
ノットカフェ

享用可愛的日式三明治與紐約咖啡的著名組合

供應紐約咖啡、與老字號點心店的聯名商品等。使用漢堡包的日式三明治備受喜愛。

📞 075-496-5123　🕐 10:00～18:00
休 週二（逢25日則營業）
所 京都市上京区今小路通七本松西入東今小路通758-1　 北野天滿宮前巴士站步行5分
P無
MAP 111B-4

高湯玉子燒三明治與紅豆奶油三明治各363円

金閣寺道巴士站步行5分

② 將閃閃發亮的**金閣寺**樣貌深深烙進腦海

金黃燦爛的外觀令人印象深刻自不用說，金閣寺的舍利殿從下層到寢殿造、武家造、禪宗佛殿造，層層相異的建築樣式搭配得十分和諧。映在鏡湖池的倒影金閣寺堪稱一絕。

金閣寺
きんかくじ
MAP 111A-3　LINK P.14

系佳享是將茶人金森宗和所搭建的茶室於明治初期重建而成

屋頂頂端裝飾著神聖天子的使者——鳳凰

松鼠神諭800円。以祭神使者松鼠為造型的御神籤

平野神社
ひらのじんじゃ

祭祀廚房之神的古社

奉為祭神的久度神是廚房爐灶的神明，其起源自於京都將爐灶稱為「OKUDOSAN」（與久度同音）。境內種有約60種、400株櫻花。

📞 075-461-4450　境內不限，夜間特別參觀為3月下旬～4月中旬的日落～21:00　休無休　免費　所京都市北区平野宮本町1　衣笠校前巴士站步行3分　P有　MAP 111A-3

在世界遺產品嘗抹茶的美味

茶席體驗

可以在境內的金閣寺不動釜茶所享用抹茶與點心500円

行程介紹

繞行供奉菅原道真的北野天滿宮、金黃的金閣寺、石庭很有名的龍安寺等景點的行程。參拜完因學問之神而聲名遠播的北野天滿宮後，接著朝金閣寺進發。走在樹木茂密的參道上，情緒也跟著雀躍了起來，在水一方的耀眼金閣美景在眼前乍然擴展開來。之後移動到美術館，盡情欣賞堂本印象的藝術。最後來欣賞龍安寺枯山水的石庭與仁和寺的五重塔。也別忘了買伴手禮！

（地圖：金閣寺、龍安寺、京都府立堂本印象美術館、千本釈迦堂、北野天滿宮（大報恩寺）、仁和寺、等持院、妙心寺、法金剛院、円町駅）

巴士所屬交通機關

市巴士

用巴士1日券
省下
910円！

③ 立命館大学前巴士站 步行即到

前往從建築物到庭園皆為藝術的
京都府立堂本印象美術館

活躍於大正～昭和時期的日本畫家堂本印象的美術館。從外牆到扶手、庭院的椅子，全部都是印象的作品。也會舉辦近現代美術的企畫展、戶外活動等。

京都府立堂本印象美術館
きょうとふりつどうもといんしょうびじゅつかん
☎075-463-0007
⏰9:30～16:30 休週一（逢假日則開館，翌日平日休） 💴510円
📍京都市北区平野上柳町26-3
🅿無 MAP111A-3

浮雕和窗框等也都很特別

玻璃裝飾品「菟核」很引人注意的1樓大廳。到大廳為止都能免費入內參觀

📍立命館大学前（往西）

🚌 市巴士 **59**系統 **1**分

📍竜安寺前

📍立命館大学前

---

④ 竜安寺前巴士站 步行即到

來到龍安寺
看著庭園休息片刻

創建於室町時代的枯山水庭園很有名。要一次看到15個大大小小的石頭有點困難，雖然不清楚作者的意圖，不過庭園充滿禪意的簡樸風格仍吸引了許多人。

🚌 市巴士 **12·59**系統 **5**分

龍安寺
りょうあんじ
LINK P.14
MAP112F-1

知足蹲踞上的「吾唯足知」代表「知足常樂」

📍金閣寺道 乗車處 A（往西）

以白沙和15顆石頭表現禪思想的枯山水庭園

在龍安寺境內品嘗湯豆腐
西源院 せいげんいん

能一邊欣賞庭園美景，一邊享用精進料理。從名料理七草湯豆腐中，可以吃到白菜、香菇等蔬菜以及滋味滿滿的豆腐。

☎075-462-4742 ⏰11:00～15:00
休無休 📍京都市右京区龍安寺御陵ノ下町13龍安寺內 🚶竜安寺前巴士站步行5分 🅿有 MAP112F-1

湯豆腐3300円

📍竜安寺前（往西）

🚌 市巴士 **59**系統 **4**分

📍御室仁和寺

等持院
とうじいん

足利家的菩提寺

室町時代足利尊氏創建的臨濟宗禪寺。在尊氏過世後，成了足利家的廟所。池泉迴遊式庭園為夢窗疎石的作品。

☎075-461-5786 ⏰9:00～16:00 休無休 💴500円
📍京都市北区等持院北町63 🚶竜安寺前巴士站步行15分 🅿有 MAP112F-1

1.山茶花落在綠色青苔上，形成色彩鮮明對比
2.天龍寺原管長關牧翁老師所畫的達摩圖

想喝茶就來這裡

御室さのわ
おむろさのわ

啜飲香氣豐厚的日本茶

能重新發現日本茶美味的咖啡廳。將宇治茶等香氣豐富的5種日本茶，以天然水一杯杯仔細沖泡而成。

☎075-461-9077
⏰11:00～17:30
休週一（逢假日則營業）
📍京都市右京区御室堅町25-2 1F 🚶御室仁和寺巴士站步行3分 🅿有 MAP112F-2

ことか煎茶套餐 1100円

📍御室仁和寺（往東）

🚌 市巴士 **26**系統 **44**分

📍京都駅前

京都站

---

⑤ 御室仁和寺巴士站 步行即到

在門前寺院仁和寺
欣賞知名建築

創建於平安時代的真言宗御室派總本山。以國寶金堂為首，還有安置金剛力士像的二王門、五重塔等眾多重要文化財坐落於此。櫻花種類及株數也很多，尤以從江戶時代就為人所知的御室櫻出名。

仁和寺
にんなじ
LINK P.24
MAP112F-1

五重塔的特徵是大小幾乎相等的屋頂層層相疊

包餅 1個240円

御室和菓子いと達
おむろわがしいとたつ

顏色美麗的包餅

使用傳統素材及技法的時尚和菓子店。效法平安王朝時代襲色目的人氣包餅，務必要買來當伴手禮。

☎075-203-6243
⏰10:00～17:00 休週三、日
📍京都市右京区龍安寺塔ノ下町5-17 🚶御室仁和寺巴士站步行6分 🅿無 MAP112F-2

京都站

京都駅前
乗車處 A1

市巴士
**5系統
53分**

修学院離宮道

造訪吸引了眾多文化人的美麗庭園、品嘗老店甜品

一乘寺～下鴨神社 地區

據說後水尾上皇曾在上離宮的浴龍池舟遊享樂

修学院離宮道巴士站**步行15分**

① 前往修學院離宮
透過自然美景療癒身心

後水尾上皇建於比叡山山麓的離宮。耗費十多年的時間選址，後於1659年完工。利用地勢的高低差，分成上、中、下3座離宮。盡情欣賞生動明豔的美麗景觀吧。

修學院離宮
しゅうがくいんりきゅう **LINK P.50**
MAP 110F-1

修学院離宮道
（往南）

市巴士
**5系統
4分**

一乘寺下り松町

曼殊院
まんしゅいん **LINK P.34**

盡情賞庭園與絕美紅葉

延曆年間（782～806）由最澄建立的天台宗寺院，於1656年遷至現今所在地。本堂、書院、書庫皆為國家重要文化財。
MAP 110F-2

赤山禪院
せきざんぜんいん

封住災厄方位的寺院

石製大鳥居前面為有山門的神佛習合之寺。也因為作為除惡方位及七福神之一福祿壽的寺院而廣為人知。

☎075-701-5181 ⏰9:00～16:30
休無休 ￥境內免費 所京都市左京区修学院関根坊町18 交修学院離宮道巴士站步行15分
Ｐ無 **MAP** 110F-1

一乘寺下り松町巴士站
步行7分

② 眺望詩仙堂的
唐樣庭園吧

江戶初期的文人石川丈山所搭建的草庵，正式名稱為詩仙堂丈山寺，為曹洞宗之寺。鋪設白沙的庭園有種簡樸卻風雅的氛圍。

詩仙堂
しせんどう **LINK P.34**
MAP 110F-2

石川丈山將原本用來驅趕鹿的鹿威拿來布置庭園

從詩仙之間眺望的唐樣庭園。秋天被似在燃燒的紅葉給染紅了

圓光寺
えんこうじ

表現禪宗教誨的十牛之庭

始於德川家康學問所的寺院。從「上牛之庭」眺望庭園的話，柱子會變成畫框，看起來就像一幅畫。

☎075-781-8025
⏰9:00～17:00 休無休 ￥500円
所京都市左京区一乘寺小谷町13
交一乘寺下り松町巴士站步行10分
Ｐ有 **MAP** 110F-2

行程介紹

以後水尾上皇鍾愛的修學院離宮為首，能盡情欣賞美麗風景的地區。在與文人有淵源的詩仙堂，能坐在詩仙之間眺望庭園美景，令人不知不覺忘了時間的流逝。前往特色店鋪齊聚的一乘寺，能享受遊逛咖啡廳與雜貨店的樂趣，最後再走訪充滿大自然綠意的下鴨神社參拜。這個行程會路經多間歷史悠久的和菓子店等甜品店，也推薦給喜愛甜食的人！

タイ料理 AOW
タイりょうりアオ

輕鬆享用道地泰式料理

原本是從泰國鄉下發跡的店家，可以享用泰式咖哩及打拋豬等菜色。流行的裝潢也讓人感到舒適。

📞075-286-4038　⏰11:30～17:00：週五、六、日為～22:00　休週四　所京都市左京区一乘寺払殿町12-17-1　交高野巴士站步行6分
🅿無　MAP110E-2

每週更換的泰式紅咖哩附鮮蝦900円

店內也有販售雜貨

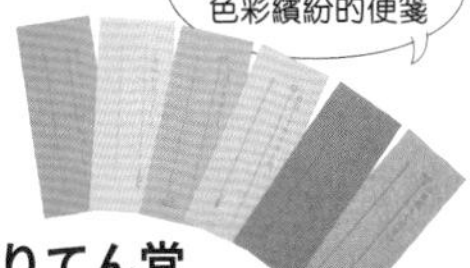

傳遞吧390円(12張入)。色彩繽紛的便箋

りてん堂
りてんどう

將心情寄託在活版印刷

陳列許多以活版印刷設計的便箋、明信片、紅包袋等紙雜貨。透過復古懷舊的商品，傳達自己的心情吧。

📞075-202-9701　⏰10:00～18:00　休週日、假日、不定休　所京都市左京区一乘寺里ノ西町95　交一乘寺下り松町巴士站步行4分　🅿無　MAP110E-2

むしゃしない

沉浸在小巧的花朵中

以地產地銷為主題，開發獨創的蛋糕。豆漿甜點、以鬆餅機烤製麻糬製成的酥脆麻糬鬆餅(Moffle)午餐廣受好評。

📞075-723-8364　⏰10:30～18:00　休週一、二　所京都市左京区一乘寺里ノ西町78　交一乘寺下り松町巴士站步行4分　🅿有　MAP110E-2

時尚花朵寶石箱Lunch 3240円(需3天前預約。內用限定)

一乘寺下り松町巴士站步行即到

③ 在京都首屈一指的文化區域
一乘寺遊逛雜貨店&咖啡廳

在左京區中藝術氣息特別濃厚的一乘寺。以惠文社為首，散布著很多個性豐富的店家。逛逛雜貨店、咖啡廳和藝廊等，體驗京都的另一種風貌吧。

惠文社 一乘寺店 LINK P.58
けいぶんしゃいちじょうじてん

書籍精品店

說到一乘寺絕對不會漏掉的知名書店。陳列著文學、建築、藝術等多種領域的書籍，文具和雜貨等也很豐富。

MAP110E-2

步行 **10**分

🚏一乘寺下り松町(往南)

市巴士 北**8**系統 **14**分

🚏洛北高校前(往南)

市巴士 **4·205**系統 **2**分

🚏下鴨神社前

下鴨神社前巴士站步行即到

④ 在下鴨神社的
糺之森散步親近大自然

旅途最後就來參拜下鴨神社吧。參道上的糺之森矗立著許多巨樹，光是步行其中就能感受到神聖的氛圍。境內的相生社和河合神社分別可以祈求良緣和變美麗。

下鴨神社 LINK P.21
しもがもじんじゃ

MAP110D-3

穿過糺之森，朱紅色的雄偉樓門矗立眼前

大黑屋鎌餅本舗
だいこくやかまもちほんぽ

為祈求豐收而做成鎌刀形狀的麻糬

明治時代創業的和菓子店的招牌，就是這款以甜味溫和的麻糬風味內餡包裏黑糖風味內餡的鎌餅。滑順的餅皮與甜度適中的內餡，交織成高雅的風味。

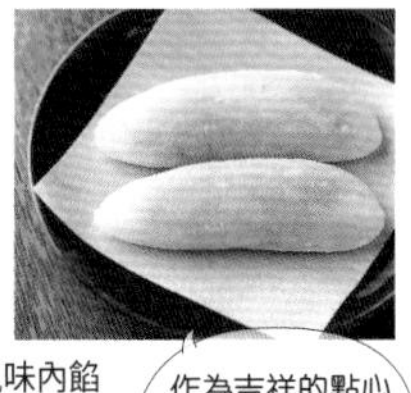

📞075-231-1495　⏰8:30～18:30　休週三、第2、4週四　所京都市上京区寺町通今出川上ル4丁目西入ル阿弥陀寺前町25　交下鴨神社前巴士站步行16分　🅿無　MAP110D-3

作為吉祥的點心也很熱門的鎌餅240円(1個)

🚏下鴨神社前(往南)

市巴士 **4·205**系統 **31**分

🚏京都駅前

京都站

樹齡200年以上，群木茂盛的原生林——糺之森

さるや
MAP110D-3

LINK P.29

申餅(黑豆茶套餐)760円

出町ふたば
でまちふたば
MAP110D-3

LINK P.66

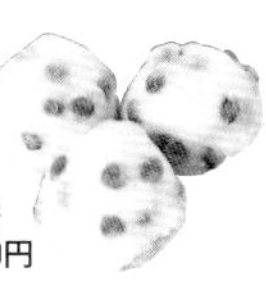

名代豆餅(1個)220円

想買伴手禮就來這裡

美玉屋　みたまや

裹滿黃豆粉的團子

在甜味溫和又柔軟的團子表面，淋上沖繩產黑糖製成的黑蜜，再裹上滿滿的黃豆粉！味道簡單卻又讓人難以忘懷的美味。

📞075-721-8740　⏰9:30～18:00(售完打烊)　休週二　所京都市左京区下鴨高木町西下東本町18-1　交下鴨神社前巴士站步行12分　🅿無　MAP110D-2

黑蜜團子(10串入)1080円

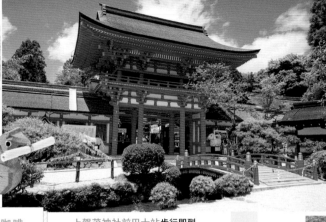

朱紅色的美麗樓門雄偉之
中卻有種難以明言的雅致

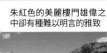

細殿前的立沙是在
模仿御神體神山

馬御神籤500
円，以祭神祭
典的賀茂賽馬
為造型

巡遊歷史悠久的神社和佛寺，補充能量！

上賀茂～大德寺～北山 地區

京都站

京都駅前
乘車處 A2

市巴士
4系統
51分

上賀茂神社前

邊欣賞庭園邊喝咖啡

神山湧水珈琲｜煎
こうやまゆうすいこーひーせん

位在上賀茂神社內的咖啡店，
使用境內流淌的御神水「神山
湧水」。參拜完之後，就來這裡
品嚐一杯講究的咖啡吧。

☎075-781-0011（上賀茂神社）
⏰10:00～16:00 ❌不定休
📍京都市北區上
賀茂本山339上賀
茂神社內 🚌上
賀茂神社前巴士站
步行即到 🅿有
MAP 111C-1

① 上賀茂神社前巴士站步行即到
前往朱漆樓門極美的
上賀茂神社

因為「上賀茂神」而廣為人
知的神社。供奉具有除厄、
除雷、必勝、守護電力相
關產業神德的賀茂別雷大
神。也有白沙參道、草地等
休憩場所。

上賀茂神社
かみがもじんじゃ
LINK P.24
MAP 111C-1

上賀茂神社前
乘車處 1

市巴士
46系統
14分

千本北大路

市巴士
12·204·
205·206
系統
3分

大德寺前

大田神社
おおたじんじゃ

鳶尾花很出名的神社

供奉能使技藝進步、長壽、締結
良緣的神。參道旁的沼地「大田
之澤」長滿了遍地的鳶尾花。5月花開
時有許多人前來欣賞而熱鬧不已。

☎075-781-0907 ⏰境內不限
❌無休 💰免費，鳶尾花開花
時奉獻300円 📍京都市北區
上賀茂本山340 🚌上賀茂神
社前巴士站步行10分
🅿無 MAP 111C-1

② 大德寺前巴士站步行即到
在大德寺
感受茶道之美

鎌倉時代宗峰妙超在紫野創建的
禪寺。自從舉辦了織田信長的葬
禮之後，各方武將也相繼在此建
立小寺院。與千利休有深厚淵源，
因此又稱為「大德寺的茶面」。

大德寺
だいとくじ
LINK P.53
MAP 111B-2

山門的上層
部分由千利
休捐贈而成

面對北大路通的
南門內，參道上有
成排綿延不絕的
松樹

想吃午餐就來這裡

蕎麦と料理 五
そばとりょうりいつつ

輕鬆享用料亭的美味

高台寺門前的料亭「和久傳」所經營的
蕎麥製品及單點料理店。將嚴選的蕎
麥果實製成粉，僅用少許調和粉打出的
香濃蕎麥麵纖細又有嚼勁，口感絕佳。

☎075-494-0500 ⏰11:30～15:00、
17:30～20:30
（售完打烊）
❌週四 📍京都市
北區紫野雲林院町
28 2F 🚌大德寺前
巴士站步行即到
🅿無 MAP 111B-2
蕎麥冷麵1080円

總見院
そうけんいん

參拜莊嚴的織田信長

豐臣秀吉為織田信長祈冥福而建立。以名
列重要文化財的織田信長坐像為首，還
有茶室、織田家一族的墓等精彩看點。

☎075-492-2630（特別開放需洽詢
075-231-7015／京都春秋）
⏰通常不開放參觀 💰600円
📍京都市北區紫野大德寺町59
🚌大德寺前巴士站步行5分
🅿有
MAP 111B-2

行程介紹

參拜蘊藏著能量的社寺，祈求願望能
夠實現吧。首先，前往作為京都最古老
神社之一而知名的上賀茂神社。接著，
欣賞大田神社的鳶尾花、大德寺的整排
松樹等，透過境內美麗的自然療癒身
心。在紫竹地區邊散步邊遊逛高品味的
店家時，或許可以發現超讚的商品。最
後，來欣賞魄力十足的陶板名畫吧。千
萬別忘了拍照留念喔！

巴士所屬
交通機關

市巴士

用巴士1日券
省下
680 円!

想喝茶就來這裡

烤麻糬
1人份600円

かざりや

外觀樸素的除厄點心

建於今宮神社東門前的烤麻糬店。據說將小巧麻糬炙烤而成的烤麻糬，也有除厄的效果。糯軟的口感與白味噌的甜味讓人停不下來！

📞075-491-9402 🕙10:00～17:00
🈺週三（逢1日、15日、假日則營業，翌日休）📍京都市北区紫野今宮町96 🚌今宮神社前巴士站步行即到 🅿使用今宮神社的投幣式停車場
MAP 111B-2

招牌烤麻糬1人份600円。外帶為3人份1800円起

一文字屋和輔
いちもんじやわすけ

日本最古老的店鋪

據說創業超過1000年的最古老和菓子店。沾裹黃豆粉再炙烤的麻糬以白味噌調味，備受好評。

📞075-492-6852 🕙10:00～17:00
🈺週三（逢1日、15日、假日則營業，翌日休）📍京都市北区紫野今宮町69 🚌今宮神社前巴士站步行即到
🅿有 MAP 111B-2

因前來祈求良緣的參拜客而熱鬧不已

今宮神社前巴士站**步行即到**

③ 在今宮神社參拜 品嘗烤麻糬

據說是994年京都受瘟疫肆虐時，為了鎮壓疫病所建的神社。此外，也與從蔬果店女兒變成德川綱吉之母的桂昌院有關，因此能在此祈求「嫁入豪門」。

今宮神社
いまみやじんじゃ
MAP 111B-2
LINK P.53

POINT
每年4月舉辦的YASURAI祭，據說走進花傘底下的話，一整年都會過得健健康康

步行 10分

みたて

透過花卉 感受季節移轉

在京都町家經營的花店。以樹葉、果實、花朵等對應美麗自然風物的「季節木箱」為首，隨四季更迭的盆栽也很受歡迎。

📞075-203-5050
🕙12:00～17:00 🈺週一、日 📍京都市北区紫竹下竹殿町41 🚌上堀川巴士站步行10分
🅿無 MAP 111B-1

4寸季節木箱4400円。需1週前預約

上堀川巴士站**步行即到**

④ 享受日常居家感的京都 在紫竹逛遍名店

處處都殘留著古老美好年代的精髓，滿是時髦雜貨店及咖啡廳等的紫竹地區。可以感受未經妝點的古樸京都風貌，適合悠閒漫步其中。

原創馬戲團圓罐咖啡豆200g與套組2062円～

濾掛咖啡3包組合583円

步行 5分

CIRCUS COFFEE
サーカスコーヒー

街上的可愛咖啡店

在顏色繽紛、外觀很有特色的這家店，可以買到味道和香氣都不同的高品質咖啡豆。也不妨向老闆請教推薦哪款比較適合。

📞075-406-1920 🕙10:00～18:00
🈺週日、一、假日 📍京都市北区紫竹下緑町32 🚌上堀川巴士站步行6分
🅿無 MAP 111B-2

老闆娘設計的時尚店面讓人好心動！

屋齡100年的建築，顏色生動的暖簾及看板引人注目

也有販售未在市場流通的天然植物

🚏 上堀川
（往東）

市巴士
北8系統
5分

🚏 植物園北門前

🚏 植物園北門前
乗車處 C
（往西）

市巴士
北8系統
6分

🚏 上堀川

市巴士
9系統
35分

🚏 京都駅前

京都站

達文西的〈最後的晚餐〉

米開朗基羅的〈最後的審判〉。設施為3層樓的迴廊，觀看方式會隨觀看場所而異這點也很有趣

植物園北門前巴士站**步行即到**

⑤ 可在戶外欣賞 多幅世界名畫的 京都府立 陶板名畫之庭

透過耐風耐雨的陶板畫來重現莫內的〈睡蓮〉、〈最後的晚餐〉、〈鳥獸人物戲畫〉等名畫。由安藤忠雄設計的建築，在戶外也能鑑賞藝術的繪畫庭園。

京都府立 陶板名畫之庭
きょうとふりつとうばんめいがのにわ

📞075-724-2188 🕙9:00～16:30 🈺無休
💰100円（與植物園的通用券為250円）
📍京都市左京区下鴨半木町
🅿無 MAP 110D-2

京都市內的 簡易巴士指南

可以邊悠閒遠眺街景邊移動的巴士最棒了！在此詳細介紹從京都站出發的主要轉運站乘車處、巴士路線圖，這樣就不必擔心迷路，可享受一路順暢的京都觀光之旅！

主要

也有刊載容易搞混的巴士站位置

巴士轉運站導覽圖

※根據2022年4月時的資料。

掌握京都站前巴士轉運站的乘車處，巴士之旅就會瞬間變簡單！
此外，也包含了容易搞混的巴士站，不妨參考看看。

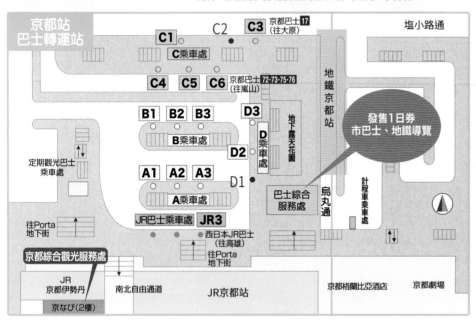

A1	5	平安神宮、南禪寺、永觀堂、銀閣寺、詩仙堂
	5 (經五條通)	
A2	4	四條河原町、出町柳 (往叡電鞍馬)、下鴨神社、深泥池
	17	四條河原町、出町柳 (往叡電鞍馬)、銀閣寺
	205	四條河原町、下鴨神社、北大路BT
A3	6	四條大宮、佛教大學、源光庵
	206	四條大宮、建勳神社、大德寺
B1	9	西本願寺、二條城、晴明神社、上賀茂神社
B2	50	二條城、北野天滿宮、立命館大學
B3	86	水族館、梅小路公園、京都鐵道博物館
	88	
	205	水族館、梅小路公園、下鴨神社、北野白梅町、金閣寺、大德寺
	208	水族館、梅小路公園
C1	205	東寺道、九條車庫
C3	京都巴士 17 (往大原)	

C4	16	東寺西門、羅城門、市民防災中心
	19	東寺南門、市民防災中心、城南宮
	42	東寺東門、市民防災中心、中久世
	78	東寺南門、久世工業團地
	81	西大手筋、中書島
	南5	伏見稻荷大社、竹田站東口、中書島 (部分)
C5	33 特33	桂離宮、阪急桂站、洛西BT
	73	西京極運動公園、洛西BT
	75	西本願寺、太秦電影村
C6	28	松尾大社、嵐山、大覺寺
	京都巴士 72・73・75・76 (往嵐山)	
D2	86	三十三間堂、清水寺、祇園
	88 208	三十三間堂、泉涌寺、東福寺
	206	三十三間堂、清水寺、祇園、百萬遍、高野
D3	26	王生寺、妙心寺、仁和寺、宇多野青年旅館
JR3	高雄京北線	

四条河原町

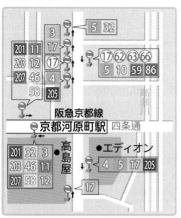

三条京阪前

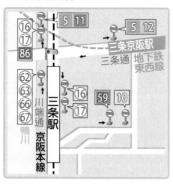

也確認一下其他
**主要轉運站的
巴士乘車處**

四条烏丸

清水道・五条坂

祇園

銀閣寺前・銀閣寺道

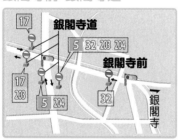

金閣寺道

四条京阪前

四条大宮

西大路四条

嵐山天龍寺前
嵐山・嵐山公園

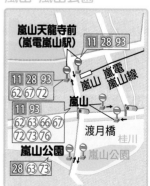

範例 6 京都市巴士　⑰京都巴士

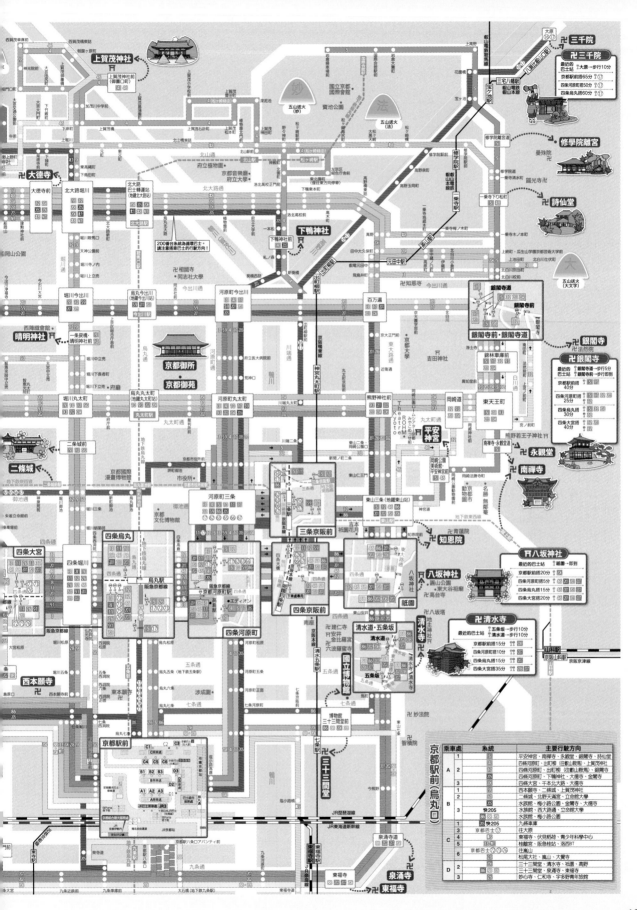

旅行一身輕！
聰明 行李打包術

出外旅行的時候，行李比平常更容易增加，
掌握盡可能小型＆輕便的訣竅，
來打包行李吧！

訣竅 1 不易產生皺褶而且體積小！
衣服的摺法

體積大的衣服只要捲起來就不易產生皺褶，還
能輕易地塞到行李的縫隙間。下身衣物也用一樣
的方法來縮小體積吧！

1 將下擺往外翻摺
2 將左右邊往內側摺疊
3 從衣領開始捲成筒狀
4 捲到底之後，把剛才外翻的下擺翻回來，包住筒狀部分
5 完成！

訣竅 2 重物也感覺變輕了!?
背包的收納法

適合在小旅行使用的背包，只要下點功夫收納就
可以使重量感有所改變。打包的時候，記得把重
心保持在較高的地方。

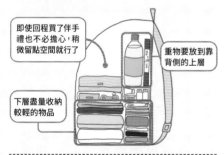

即使回程買了伴手禮也不必擔心，稍微留點空間就行了

重物要放到靠背側的上層

下層盡量收納較輕的物品

訣竅 3 這樣完美了！事先學起來
分類、行李的收納法

行李較多時會派上用場的硬殼行李箱與軟殼行
李箱。重物要擺在下層是收納重點。

硬殼行李箱
打開的時候，如果箱蓋比較重會很難開，所以書本等重物收納在承重側底部為佳

軟殼行李箱
有時候不耐撞擊，所以衣物收納在外側，容易損壞的物品放中間會比較好

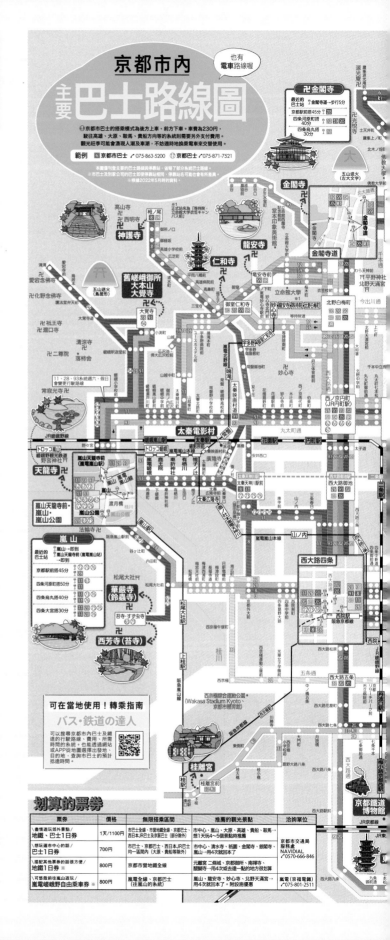

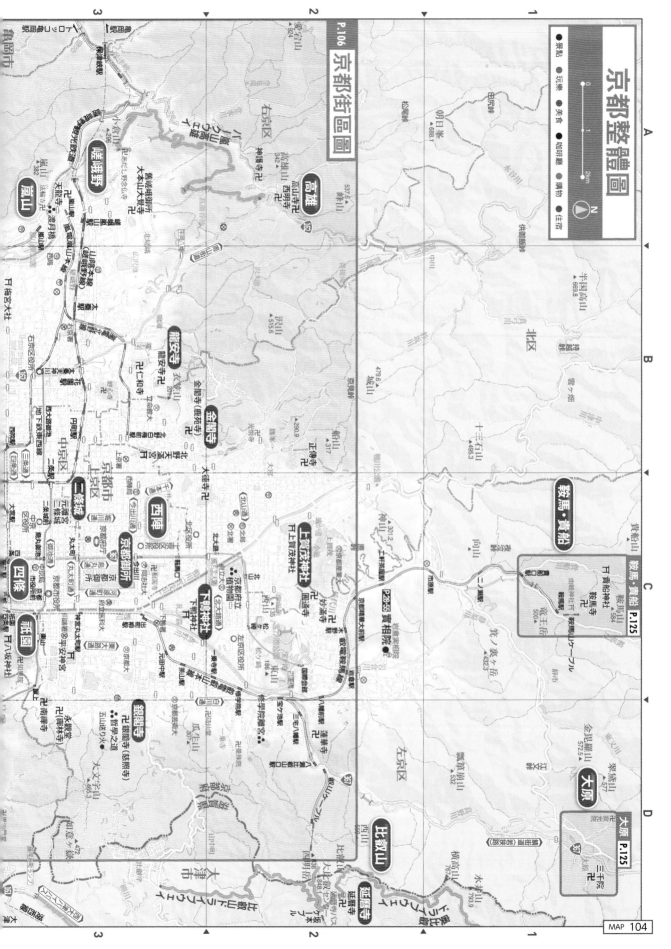

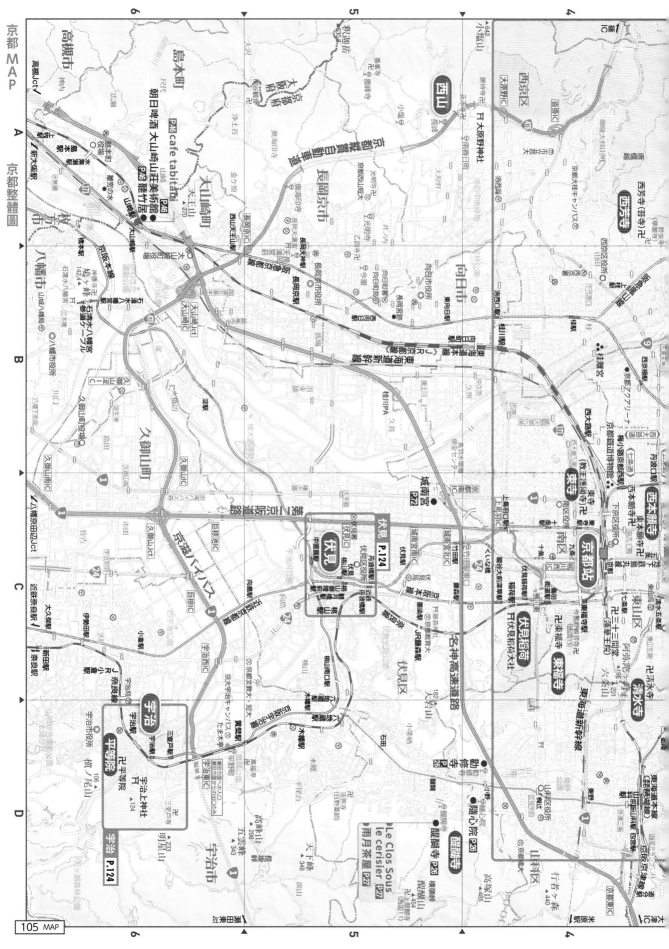

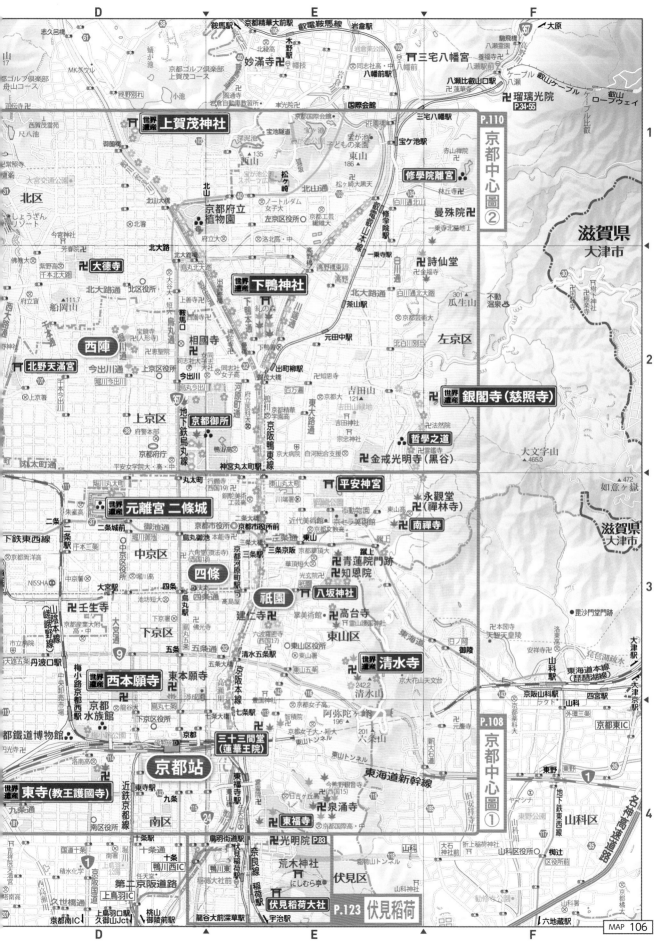

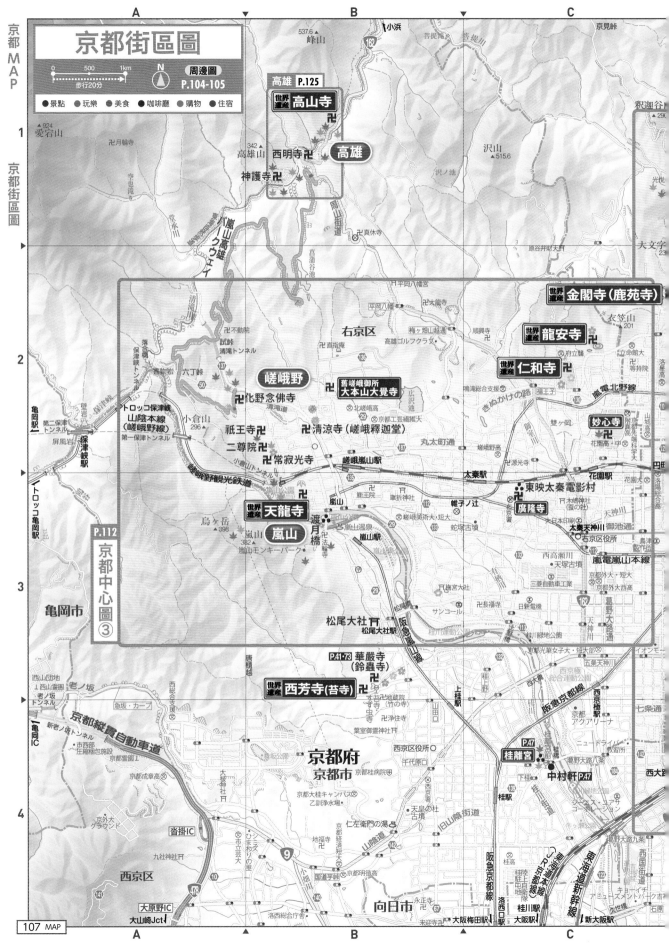

D · · E · · F

銀閣寺周邊 P.123

左京区

P.92日の出うどん

東天王 岡崎神社 P.65

熊野若王子神社

永觀堂 P.16·35·91

菓子・茶房 チェカ P.92

藍瓶咖啡 京都店

新島襄之墓

南禪寺 P.16·35·91

天授庵

南禅寺 順正 P.17

金地院 P.91

蹴上傾斜鐵道 P.27·91

名勝 無鄰菴 P.21

平安神宮

東大路通

丸太町通

二条通

青蓮院門跡

蝸藥師堂 (永福寺)

四條

祇園

知恩院

八坂神社

建仁寺

高台寺

八坂塔 (法觀寺)

世界遺產 清水寺

P.118 **祇園**

P.120 **清水寺**

三十三間堂 P.67

サウナの梅湯 P.59

市比賣神社 P.68

七條甘春堂 本店 P.42

京都國立博物館

茶匠 清水一芳園 京都本店 P.45

GOOD TIME COFFEE 東山 P.70

養源院 P.70

梅香堂 P.42

大谷園茶舖 P.67

東山区

山科区

勝林寺 P.62·70

靈雲院 P.83

新善光寺 P.62

泉涌寺

東福寺 P.32·67·70·83

京都中心圖①
清水寺〜京都站〜二條城

0　200　400m
步行8分

N

周邊圖 P.106-107

● 景點　● 玩樂　● 美食　● 咖啡廳　● 購物　● 住宿

MAP 108

往P.111

上京区

京都御所

P.116
四條河原町

世界遺産 元離宮 二條城

西大路御池駅

中京区

往P.112

P.116

P.53 元祇園梛神社

壬生寺

P.114
東山・四條

右京区

京都市
下京区

P.53
角屋待客文化
美術館

世界遺産 西本願寺
P.71

P.70 東本願寺

渉成園
P.68

龍谷博物館

P.70 笹屋伊織 別邸

P.83 京都塔

紡 cafe P.45

梅小路京都西駅

京都水族館

P.70

P.85 JR京都伊勢丹
P.43 梅園 oyatsu
P.43 伊藤軒/SOU・SOU
P.43 FUKUNAGA901

京都鐵道
P.60 博物館

京都站
近鉄京都駅

KINTETSU MALL みやこみち
おたべ八条口店

ASTY京都
P.43 鶴屋吉信
IRODORI

世界遺産 東寺(教王護國寺)
P.39・70・83

東寺駅

P.67

P.85 Porta KITCHEN
P.23 京つけもの大安
P.23 京つけもの 西利
P.23 土井志ば漬本舗
よーじやカフェ お茶のクレープ
京都ヴェネト 京都ポルタ店

南区

京都南IC

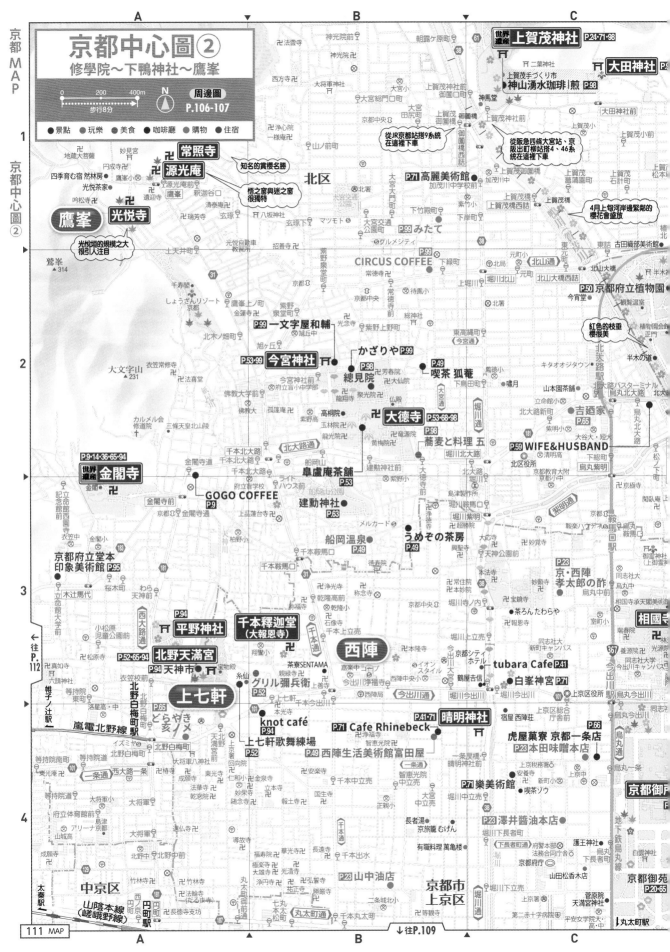

京都中心圖②
修學院～下鴨神社～鷹峯

0 200 400m
步行8分

N

周邊圖
P.106-107

● 景點　● 玩樂　● 美食　● 咖啡廳　● 購物　● 住宿

世界遺產 上賀茂神社 P.24·71·98

大田神社

神山湧水珈啡┃煎 P.98

從JR京都站搭9系統在這裡下車

從阪急四條大宮站、京阪出町柳站搭4、46系統在這裡下車

北区

P.71 高麗美術館

常照寺
源光庵

知名的賞櫻名勝

悟之窗與迷之窗很獨特

鷹峯
光悦寺

光悦垣的規模之大很引人注目

4月上旬河岸邊緊鄰的櫻花會盛放

古田織部美術館

P.99 みたて

P.50 京都府立植物園

CIRCUS COFFEE

P.99 一文字屋和輔

かざりや P.99

P.53·99 今宮神社

總見院 P.98

P.49 喫茶 狐菴

紅色的枝垂櫻很美

P.65 吉宛家

大文字山 231

大德寺 P.53·68·98

蕎麦と料理 五

P.59 WIFE&HUSBAND

烏丸紫明

P.9·14·36·65·94
世界遺產 金閣寺

卓盧庵茶舗 P.53

GOGO COFFEE P.9

建勲神社 P.63

船岡温泉

うめぞの茶房 P.49

京都府立堂本印象美術館 P.95

京·西陣
孝太郎の酢 P.23

茶ろんたわらや

相國寺

平野神社 P.94

千本釋迦堂
(大報恩寺)

西陣

tubara Cafe P.41

北野天満宮
P.52·65·94

天神市 P.94

鶴屋吉信

白峯神社 P.71

上七軒 P.65

グリル彌兵衛 P.52

knot café

晴明神社 P.41·71

上七軒歌舞練場 P.52

Cafe Rhinebeck P.71

虎屋菓寮 京都一条店

本田味噌本店 P.23

西陣生活美術館富田屋 P.49

P.71 樂美術館

京都御所

澤井醬油本店 P.23

山中油店 P.23

京都市
上京区

京都御苑 P.20·65

中京区

太秦駅

山陰本線
(嵯峨野線)

往P.112

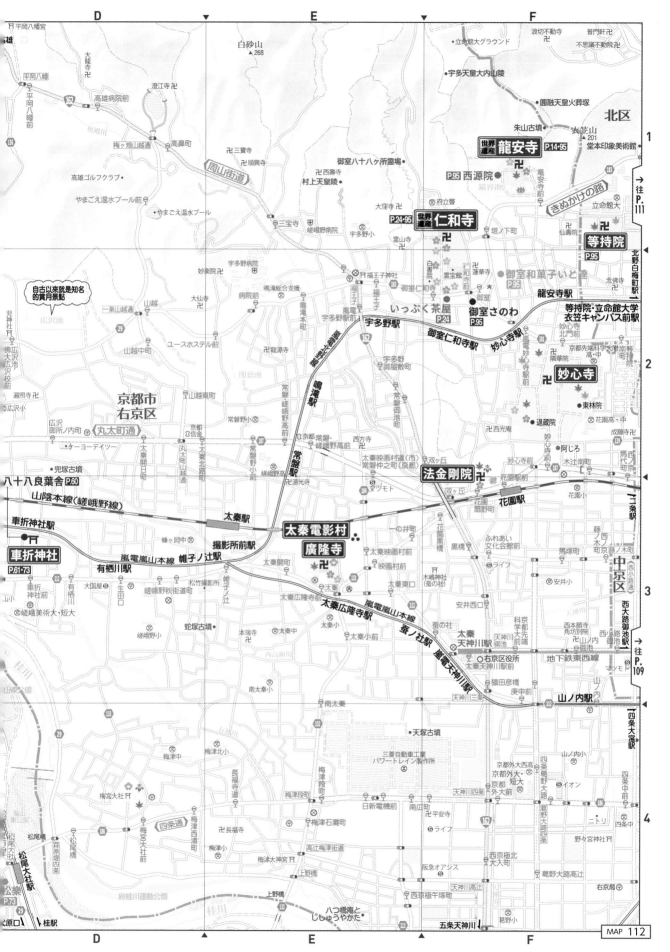

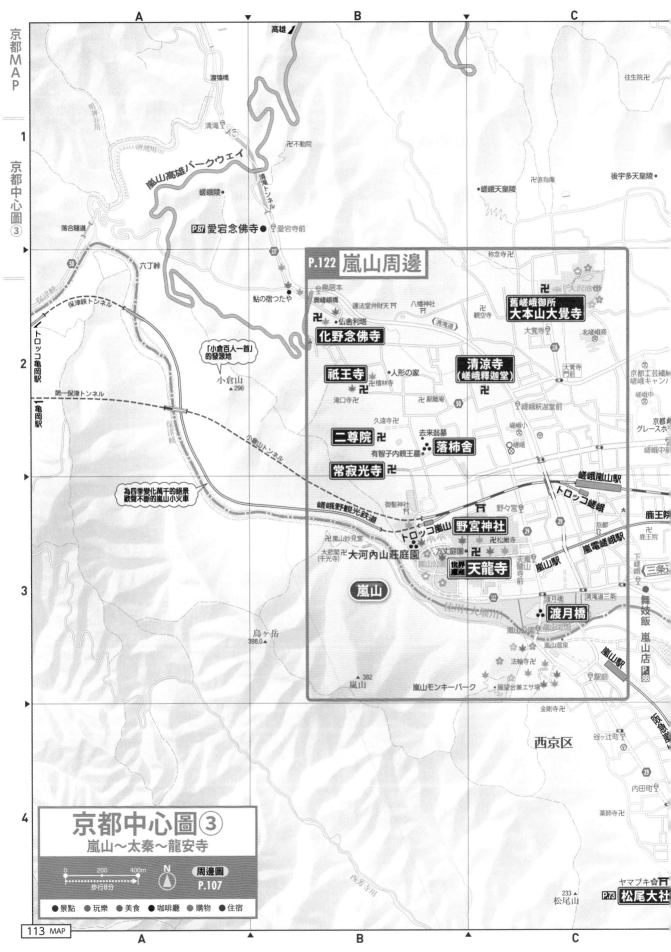

渡猿橋

高雄

清滝

嵐山高雄パークウェイ

嵯峨陵

清滝トンネル

卍不動院

往生院卍

落合隧道

六丁峠

137

愛宕寺前

愛宕念佛寺 P.87

嵯峨天皇陵

卍直指庵

後宇多天皇陵

称念寺卍

卍大沢池

保津峡トンネル

トロッコ
亀岡駅

第一保津トンネル

亀岡駅

「小倉百人一首」
的發源地

小倉山
▲296

小倉山トンネル

為四季變化萬千的絕景
歡愛不斷的嵐山小火車

鮎の宿つたや

鳥居本

奥嵯峨橋

護法堂弁財天卍

八幡神社卍

卍観空寺

清滝道

大覚寺

北嵯峨高

卍

仏舎利塔

化野念佛寺

卍

祇王寺

卍

人形の家

卍檀林寺

滝口寺卍

50

嵯峨釈迦堂前

京都工芸繊維
嵯峨キャン

大覚寺
門前

P.122 **嵐山周邊**

舊嵯峨御所
大本山大覺寺

清涼寺
(嵯峨釋迦堂)

嵯峨小

嵯峨中

京都
グレースポ

嵯峨中

二尊院

卍

去来翁墓

卍献離庵

久遠寺卍

卍

常寂光寺

有智子内親王墓

落柿舎

卍

嵯峨

嵯峨嵐山駅

トロッコ嵯峨

嵐山妙見堂

大悲閣卍
(千光寺)

嵯峨野観光鉄道

御髪神社
卍

トロッコ嵐山

野宮神社

野々宮

卍松巌寺

29

29

嵐電嵯峨駅

鹿王院
卍

鹿王院

下嵯峨

三条

大河內山莊庭園

方丈庭園

卍天龍寺

嵐山

天龍寺
世界遺産

嵐山駅

天龍寺
前

111

嵐山公園

渡月橋

清滝道三条

舞妓飯

嵐山店
P.88

渡月橋

烏ヶ岳
398.0▲

嵐山公園

嵐山温泉

法輪寺卍

駅前

嵐山
▲382

嵐山モンキーパーク

展望台兼エサ場

29

嵐山駅

金剛寺卍

西京区

谷ヶ辻町

内田町

薬師寺卍

京都中心圖③
嵐山~太秦~龍安寺

0　200　400m
步行8分

N

周邊圖
P.107

●景點　●玩樂　●美食　●咖啡廳　●購物　●住宿

四芳谷川

233▲
松尾山

ヤマブキ

松尾大社
P.73

A　　　　　B　　　　　C

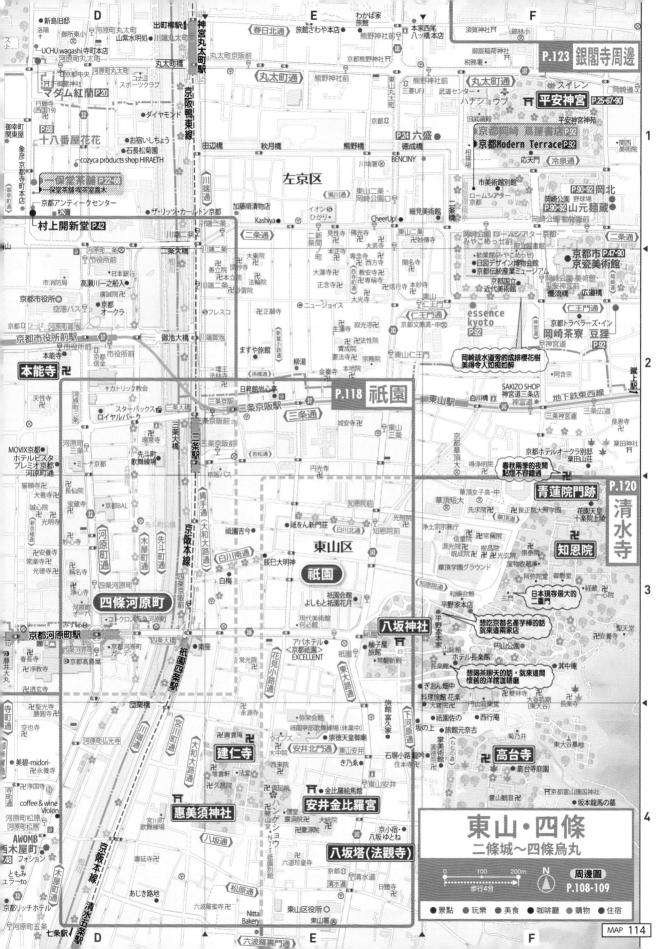

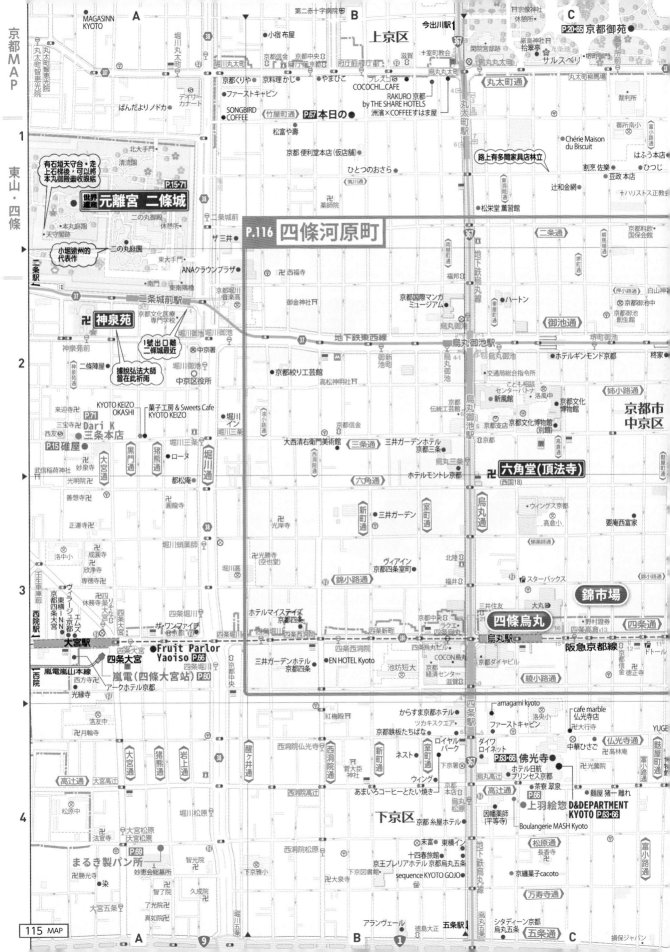

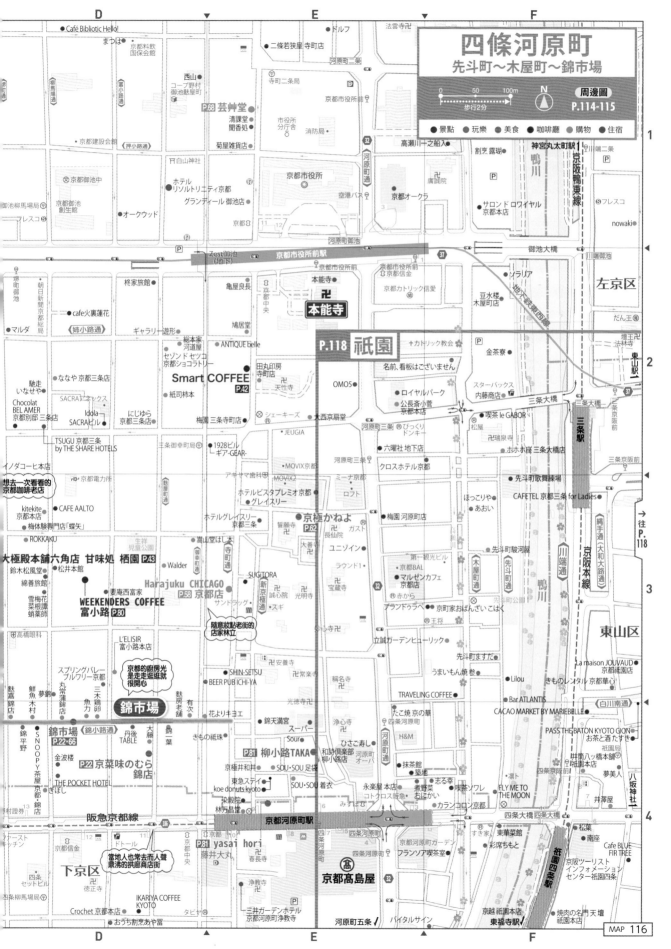

A | B | C

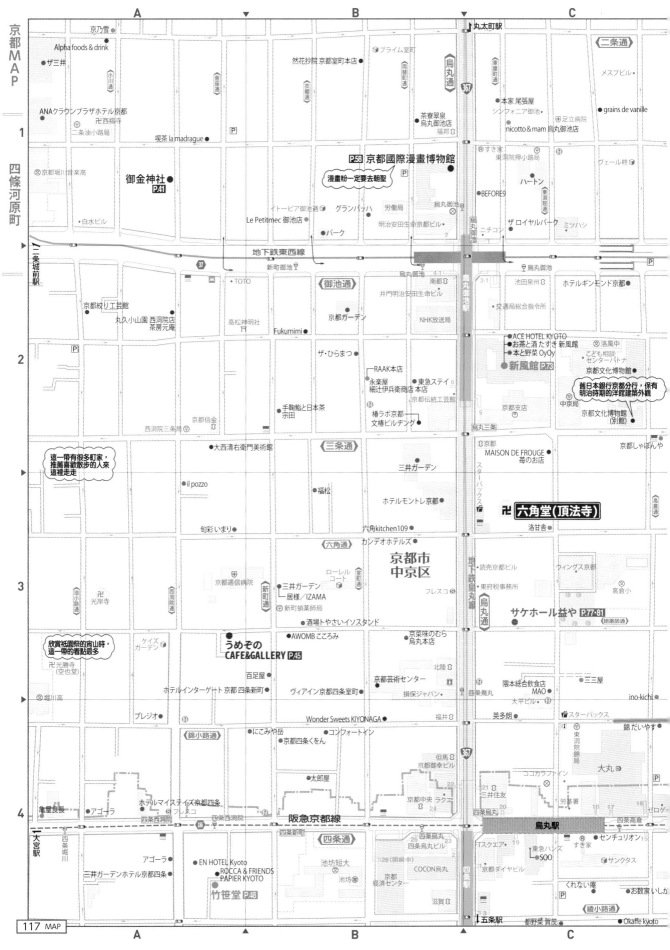

↓ 丸太町駅

（二條通）

京乃雪
Alpha foods & drink
ザ三井
然花抄院 京都室町本店
プライム室町
本家 尾張屋
メスプビル
grains de vanille
ANAクラウンプラザホテル京都
卍西福寺
二条油小路局
茶寮翠泉 烏丸御池店
シンフォニア御池
足立病院
nicotto&mam 烏丸御池店
福邦
喫茶 la madrague
京都堀川音楽高
すき家
東洞院押小路局
ヴェール柊

P.58 京都國際漫畫博物館
漫畫粉一定要去朝聖
ハートン
BEFORE9
御金神社 P.41
ザ ロイヤルパーク
ミツハシ
白水ビル
イトーピア御池通
グランパッハ
労働局
烏丸御池
ニチコン
Le Petitmec 御池店
明治安田生命京都ビル
パーク

二条城前駅
地下鉄東西線
烏丸御池 4-1
3-1 池田泉州
ホテルギンモンド京都
新町御池
TOTO
烏丸御池
交通局総合指令所
京都絞り工芸館
御池通
井門明治安田生命ビル
ACE HOTEL KYOTO
洛चू
こども相談
センターパトナ
丸久小山園 西洞院店
茶房元庵
高松神明社
京都ガーデン
お茶と酒 たすき 新風館
本と野菜 OyOy
京都文化博物館
Fukumimi
NHK放送局
新風館 P.73
旧日本銀行京都分行，保有明治時期的洋館建築外觀
ザ・ひらまつ
京都支店
京都文化博物館（別館）
RAAK本店
永楽屋
細辻伊兵衛商店 本店
東急ステイ
中京局
手鞠鮨と日本茶
宗田
京都伝統工芸館
烏丸三条
京都しゃぼんや
京都信金
椿ラボ京都
文椿ビルヂング
三条通
MAISON DE FROUGE
苺のお店
西洞院三条局

這一帯有很多町家，推薦喜歡散步的人來這裡走走
大西清右衛門美術館
三条通
il pozzo
三井ガーデン
卍 六角堂（頂法寺）
光岸寺
福松
ホテルモントレ京都
スターバックス
洛甘舎
高島
旬彩いまり
六角kitchen109
六角通
カンデオホテルズ
京都通信病院
ローレルコート
読売京都ビル
ウィングス京都
京都市中京区
三井ガーデン
居様／IZAMA
東府税務所
高倉小
光勝寺
（空也堂）
新町蛸薬師局
フレスコ
烏丸通
サケホール益や P.77・81
蛸薬師
欣賞祇園祭的宵山時，這一帯的看點最多
ケイズガーデン
酒場やさいイソスタンド
京菜味のむら
烏丸本店
北陸
うめぞの
CAFE&GALLERY P.45
AWOMB こころみ
百足屋
京都芸術センター
損保ジャパン
隈本総合飲食店
MAO
三三屋
堀川高
ホテルインターゲート 京都 四条新町
ヴィアイン京都四条室町
大平ビル
四条烏丸
ino-kichi
プレジオ
Wonder Sweets KIYONAGA
福井
英多朗
スターバックス
錦だいやす

錦小路通
にこみや岳
コンフォートイン
亀屋良長
アゴーラ
ホテルマイステイズ京都四条
フレスコ
京都四条くをん
但馬
京都御幸ビル
ココカラファイン
大丸
四条西洞院
四条新町
太郎屋
京都中央
ラクエ
三井住友
労署
ゼロゲ
大宮駅
四条堀川
阪急京都線
四条烏丸
烏丸駅
四条高倉

四条通
アゴーラ
四条新町
四条烏丸
四条烏丸ビル
FTスクエア
東急ハンズ
すき家
EN HOTEL Kyoto
COCON烏丸
SOO
サンクタス
ROCCA & FRIENDS
PAPIER KYOTO
池坊短大
センチュリオン
三井ガーデンホテル京都四条
京都経済センター
京都ダイヤビル
くれない庵
お数家いしつ
竹笹堂 P.48
池坊
滋賀
綾小路通

↓ 五条駅
都野菜賀茂
Okaffe kyoto

A | B | C

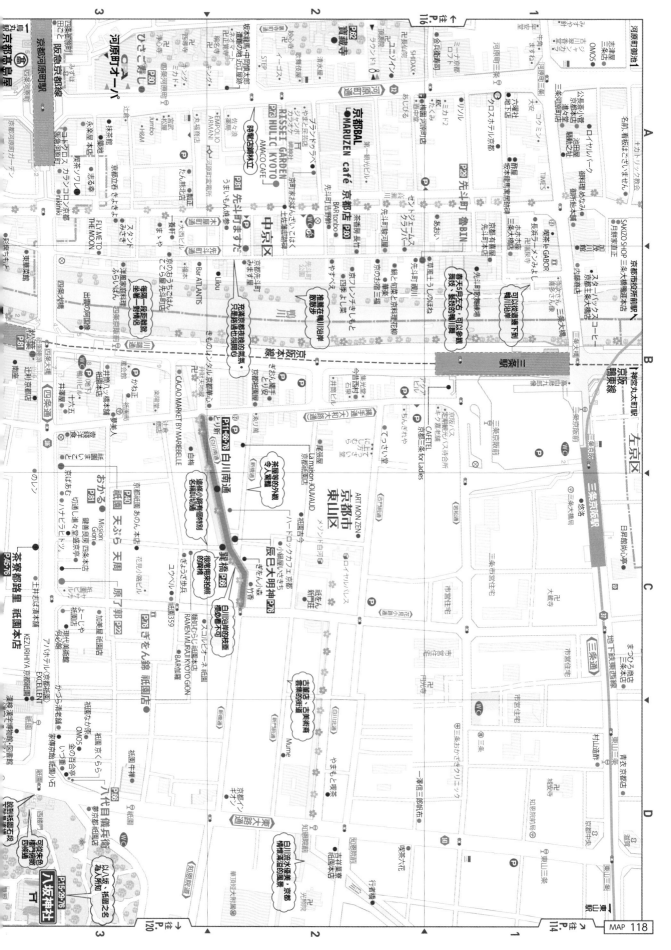

MAP 118

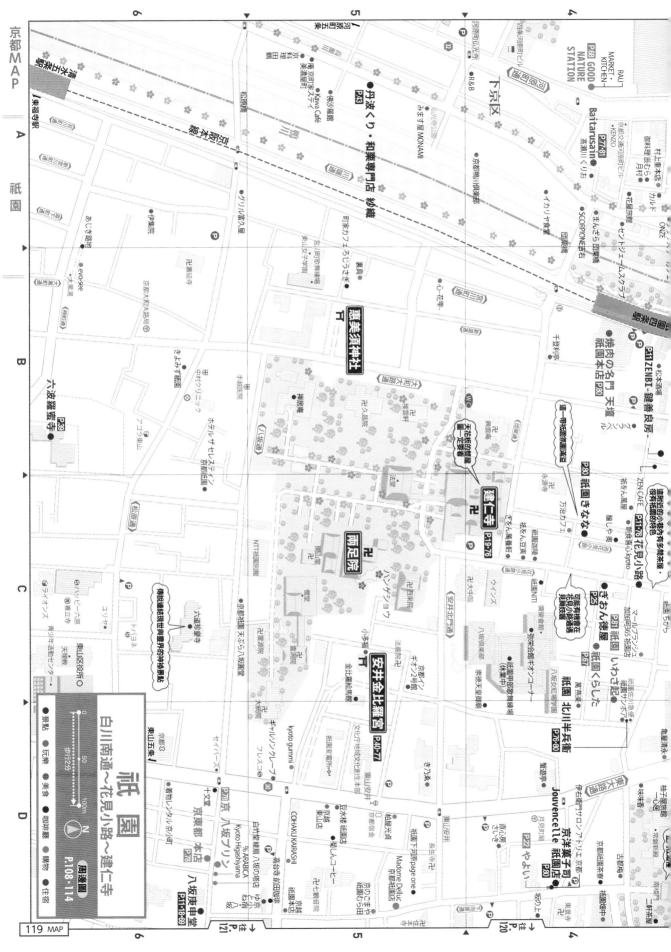

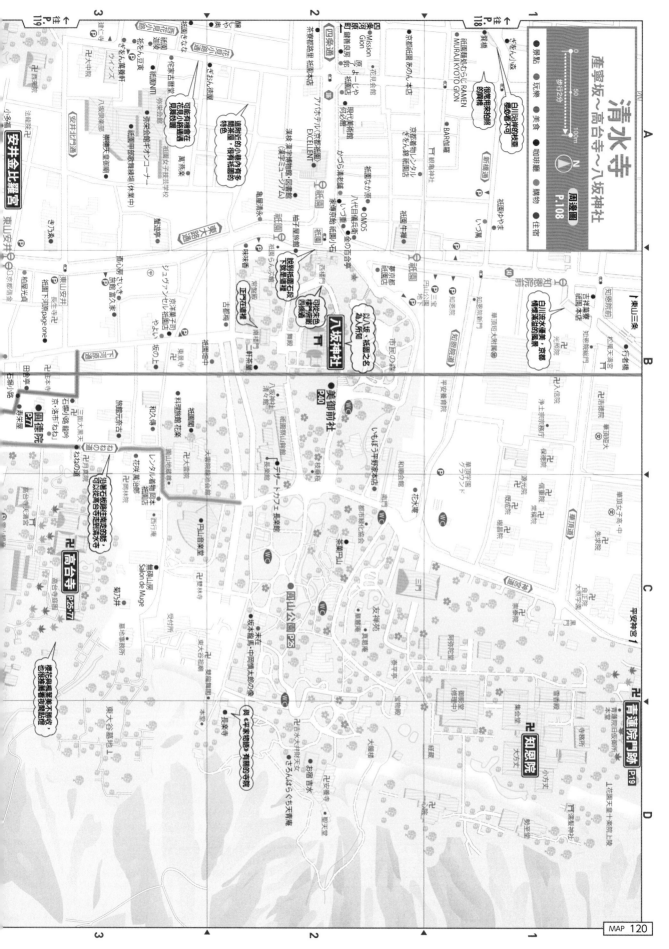

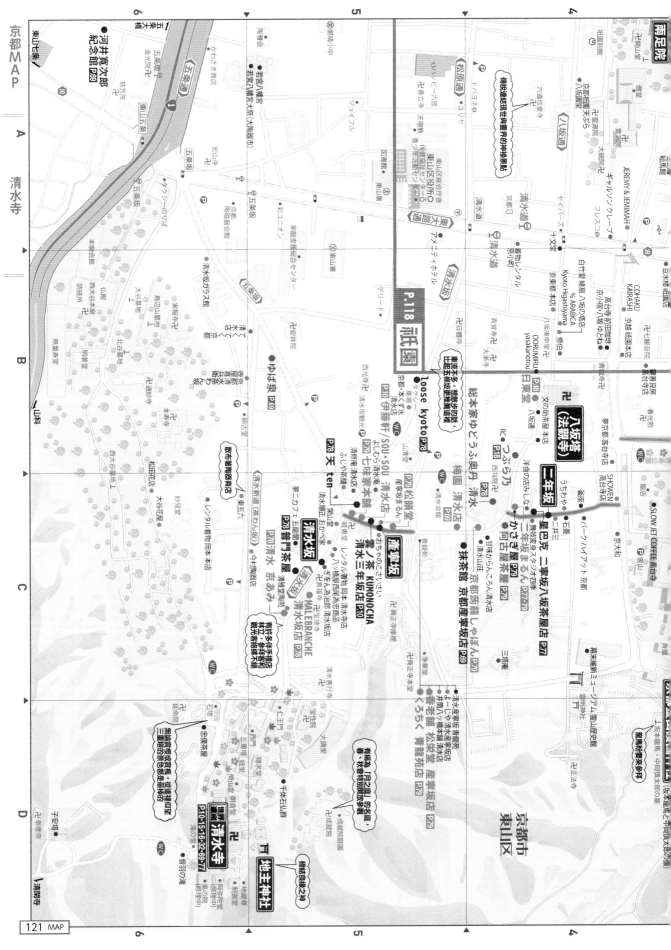

嵐山周邊
渡月橋～天龍寺～大覺寺

● 景點　● 玩樂　● 美食　● 咖啡廳　● 購物　● 住宿

MAP 122

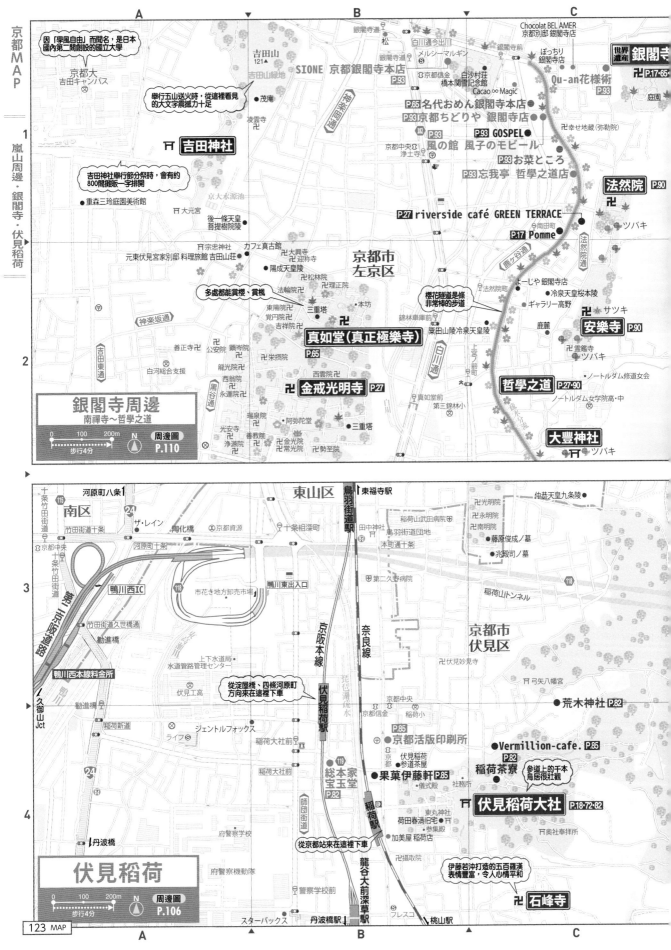

A ▼ **B** ▼ **C**

因「學風自由」而聞名，是日本國內第二間創設的國立大學

京都大吉田キャンパス

吉田山 121▲

吉田山緑地

SIONE 京都銀閣寺本店 P.93

舉行五山送火時，從這裡看見的大文字震撼力十足

● 茂庵

● 凌雲寺 卍

Chocolat BEL AMER 京都別邸 銀閣寺店

松

銀閣寺前

銀閣寺道

メルシーマルギン

ぽっちり 銀閣寺店

世界遺産 銀閣寺 卍 P.17·65

白川通今出川

京都信曇 白沙村荘 橋本関雪記念館

Cacao ∞ Magic

Qu-an花様術 P.93

庭園

吉田神社 卍

P.65名代おめん銀閣寺本店

P.93京都ちどりや 銀閣寺店

卍幸せ地蔵(弥勒院)

吉田神社舉行節分祭時，會有約800間攤販一字排開

重森三玲庭園美術館 ●

京大水源池

京都中央 P.93

浄土寺

P.93 GOSPEL

風の館 風子のモビール

法然院 卍 P.90

P.93お菜ところ

後一條天皇 菩提樹院陵 卍

大元宮 卍

P.93忘我亭 哲學之道店

卍

P.27 riverside café GREEN TERRACE

● 南田町

京都市 左京区

宗忠神社 卍

カフェ真古館

卍大興寺

元東伏見宮家別邸 料理旅館 吉田山荘

卍迎称寺

P.17 Pomme

ツバキ

● 陽成天皇陵

卍松虫院

法然院通

多處都能賞櫻、賞楓

卍理正院

● 法然院町

よーじや 銀閣寺店

櫻花隧道是條非常棒的步道

神楽坂通

卍善正寺

卍公安院

卍顕彰院

東陽院 卍

三重塔

本坊

● 冷泉天皇桜本坊

ギャラリー高野

安樂寺 P.90

吉田東通

卍覚円院

吉祥院 卍

錦林車庫前

粟田山陵冷泉天皇陵

鹿麓

卍霊鑑寺

卍サツキ

真如堂(真正極樂寺) P.65

白川通

● ツバキ

龍光院 卍

卍栄摂院

西翁院 卍

哲學之道 P.27·90

● ノートルダム修道女会

卍善正寺

卍西翁院 龍光院 卍

金戒光明寺 P.27

真如堂前

● 錦林小

ノートルダム女学院高・中

黒谷通

卍永運院

西雲院 卍

第三錦林小

永運院 卍

瑞泉院 卍

大豊神社

光安寺 卍

阿弥陀堂 卍

● 三重塔

善教寺 卍

金光院 卍

ツバキ 卍

浄源院 卍

勢至院 卍

常光院 卍

卍

銀閣寺周邊
南禪寺〜哲學之道

0　100　200m
步行4分

N ↑

周邊圖 **P.110**

▶

A ▼ **B** ▼ **C**

十条竹田街道
竹田街道十条
115

河原町八条1

南区

ザ・レイン 24

陶化橋

● 京都資源

東山区

東福寺駅

東福寺駅

卍光明院

仲恭天皇九条陵 ●

卍永明院

河原町十条

十条相深町

稲荷山武田病院

田中神社 卍

鳥羽街道駅

卍南明院

藤原俊成ノ墓

京都中央

竹田街道久世橋通

名神高速道路京都南部IC線

鴨川西IC 118

勧進橋

市花き地方卸売市場

鴨川東出入口

鳥羽街道団地

本町通十条

● 兆殿司ノ墓

第二久野病院

稲荷山トンネル 118

京阪本線

奈良線

鴨川西本線料金所

上下水道局 水道管路管理センター

第二久野病院

京都市 伏見区

伏見工高

卍伏見妙見寺

久御山Jct

從淀屋橋、四條河原町方向來在這裡下車

伏見稲荷駅

琵琶湖疏水

弓矢八幡宮 卍

勧進橋

荒木神社 ● P.82

稲荷新道

ジェントルフォックス

ライフ

京都信金

稲荷小

京都中央

Vermillion-cafe. P.85

24

稲荷大社前

総本家 宝玉堂 119

京都活版印刷所 ●

伏見稲荷 参道茶屋 P.85

稲荷茶寮 ●

參道上的千本鳥居很壯觀

稲荷大社前

師団街道

果菓伊藤軒 P.85 ●

卍

社務所

儀式殿

伏見稲荷大社 P.18·72·82

師団街道

府警察学校

P.82

稲荷駅

東丸神社 卍

荷田春満旧宅 卍

參集殿

從京都站來在這裡下車

加美屋稲荷

奥社奉拝所 卍

伏見稻荷

0　100　200m
步行4分

N ↑

周邊圖 **P.106**

府警察機動隊

警察学校前

丹波橋 ●

スターバックス

龍谷大前深草駅

丹波橋駅

フレスコ

桃山駅

伊藤若冲打造的五百羅漢表情豐富，令人心情平和

石峰寺 卍

A ▼ **B** ▼ **C**

MAP 124

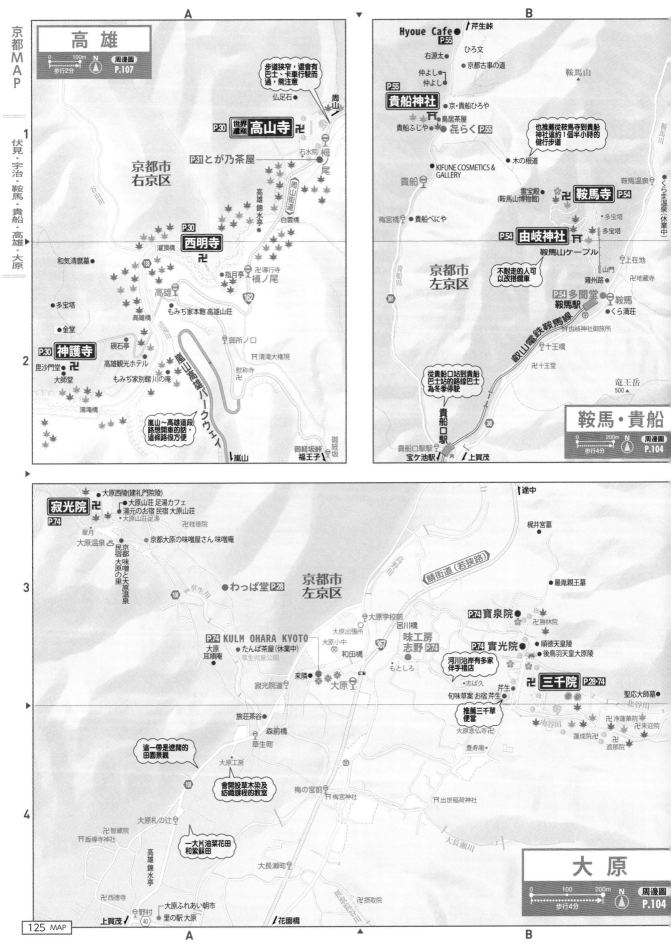

INDEX

【 MM 哈日情報誌系列 39 】

京都一日乘車券
搭巴士×地鐵暢遊43條路線

作者／MAPPLE昭文社編輯部
翻譯／李詩涵、林庭安
編輯／林庭安、蔣詩綺
發行人／周元白
排版製作／長城製版印刷股份有限公司
出版者／人人出版股份有限公司
地址／23145 新北市新店區寶橋路235巷6弄6號7樓
電話／（02）2918-3366（代表號）
傳真／（02）2914-0000
網址／www.jjp.com.tw
郵政劃撥帳號／16402311 人人出版股份有限公司
製版印刷／長城製版印刷股份有限公司
電話／（02）2918-3366（代表號）
香港經銷商／一代匯集
電話／(852)2783-8102
第一版第一刷／2022年11月
第一版第二刷／2023年4月
定價／新台幣380元
　　　港幣127元

國家圖書館出版品預行編目（CIP）資料

京都一日乘車券：搭巴士×地鐵暢遊43條路線／
MAPPLE昭文社編輯部作；
李詩涵、林庭安翻譯. 第一版.-- 新北市：
人人出版股份有限公司, 2022.11
面；　公分.--（MM哈日情報誌系列；39）
譯自：一日乗車券でめぐる京都
ISBN 978-986-461-312-0（平裝）

1.CST：旅遊 2.CST：日本京都市

731.75219　　　　　　　111016097

昭文社ムック
■一日乗車券でめぐる京都

STAFF

編集
昭文社出版メディア編集部（久我奈津子）

取材・執筆
STORE（今井寿美子、角佳苗、牧野椎菜、金田さえ子）

撮影
昭文社出版メディア編集部（保志俊平）

表紙デザイン
bee'sknees-design（野村道子）

本文デザイン
SATO DESIGN

DTP制作
アド・エモン

地図制作協力
エムアイケイ（出射洋充、山野智草）
ヒカミ写真製版

取材協力
関係諸施設、関係各市観光課、観光協会

写真協力
平等院

印刷所
大日本印刷